TISIMU
TA
IVANGELI

"Tanani, a hi dumise hi ko-
rame; a hi kizame mahlweni
ka Jehova Mumahi wa hina."
Lisimu 95-6

PUBLISHED BY
THE MISSIONARY SOCIETY
OF THE
METHODIST EPISCOPAL CHURCH
FOR THE INHAMBANE DISTRICT OF THE EAST CENTRAL
AFRICA MISSION CONFERENCE
FOURTH EDITION
1908

PREFACE

This fourth edition of Tisimu ta Evangeli includes for the first time, music which is much of it adapted to the peculiar accent of the native rhythm. It is difficult to fit native accent to foreign tunes. "From Greenland's icy mountains" will not sing to "Rock of Ages cleft for me," though the measures are the same. A few of the tunes cling to the book from the very beginning, when writers had to do as they could, for lack of better knowledge, and others more or less defective in accent come from the translation by native from hymns prepared in other languages. Since these tunes have become part and parcel of our service, and would occasion much confusion if changed, they are retained as they are. The hymns prepared by the natives are all of them, save one, translations from either the Zulu or the Sheronga. However the Mission is under deep and lasting obligation to these native translators, for they have added valuable and much excellent music and thought to our own otherwise rather scanty collection.

The standard Church hymns of the ages, of which the mission has made free use, are not pure translations, but rather a transfer of the thought of the author, since meter and words as written in the original are impossible in the Sheetswa language, as in all African languages. The word for "God" has four syllables. "Heaven" has three most of the time, hence, difficulty in meter. Accent is always in one place in the native, while in English it is accommodated in any of some four or more choices.

The Mission has made use of several popular airs—a few of the better class, which are sung the world over—but in each instance the words are original and conform strictly to Scriptural teaching. "Old Kentucky Home" is the Parable of the Prodigal Son. "John Brown's Body" is the triumphant march of the Army militant, of the Church of God, etc., etc. Any association of secular words can have no influence among our people since the original has not yet reached our land. These religious hymns possess the right of way at present, and will doubtless enter into the life of the whole Church permanently.

The Ten Commandments, the Psalms of David, the Lord's Prayer, and the Beatitudes are all translated directly from the American Revised Version diligently compared by able workers with both the Greek and Zulu. The Apostles' Creed is directly from the Greek. The same Catechism which has been used in all previous editions is still continued, nothing better having yet been found.

The mission is under great obligation for the generous courtesy shown to it by the members of the Zulu Mission of Natal, the Swiss Mission at Delagoa Bay, and the Right Reverend the Lord Bishop of Lebombo, and also to the authors and publishers of "Uplifted Voices" and to the Mother Church for selections from the Methodist Hymnal, for either words, or music, or both, and especially for the rich inspiration which springs from the possession of such inestimable aids in the preparation of our present Sheetswa Hymnal.

The mission is also greatly indebted to Bishop Hartzell for his very gracious offer to not only aid to his utmost in the preparation of this work, but also to supply the funds necessary for the publication of this first thousand volumes. Among the great things he has accomplished for Africa and for the Church of God, his name will go down these earthly ages closely inter-twined in the affections of the Church for the music he has furnished for the worship of thousands who hitherto have been tuneless.

It is not presumed that excellence is already attained; every new effort must prove its own efficiency by trial. It is hoped that this volume, with all its imperfections, will prove a link in the long and growing chain of earthly excellencies. "By their fruits shall ye know them." However, if Batswa Christians shall by means of it be able to sing sweeter, and more intelligently than ever before the purpose of this work will have been accomplished.

INHAMBANE, Oct. 14, 1905.   —E. H. R.

TISIMU ᴛᴀ IVANGELI

1. BAMANI LABA YIMBELELAKO.

Doh is E Flat.

1 Ba-ma-ni la-ba ba yi-mbe-le-lako,　Na ba wo-ni - le　ku-fa le ku tako?

Ba hla - si - lwe　hi　nta-mo:　"Ko-ta ya Je-su Yi-van'."

CHORUS.

Ba en-ge-na kwa-tai Ka-ya le ti-lwe-ni;　Ba-ga si-nye-ni ya ku-ha-nya;

Ba hu-nzi-le ku-fa,　Oi-ma a ba ca-bi:　"Ko-ta ya Je-su　Yi-van'."

7

1 Bamani laba ba yimbelelako,
Na ba wonile kufa lo ku tako?
Ba hlazilwe hi ntamo:
"Kota ya Jesu Yivan'."

CHORUS—
Ba engena kwatsi
Kaya le tilweni;
Ba ga sinyeni ya kuhanya;
Ba hunzile kufa,
Cima a ba cabi:
"Kota ya Jesu Yivan'."

2 Bona hi laba na ba hi banana,
Ba mu zwa Jesu, na a ba bitana;
Ba mu lanza ku suhani:
"Kota ya Jesu Yivan'."
CHORUS—

3 Bona hi laba na ba xaniseka,
Ba tsumba Jesu, ba kongela kakwe:
Hi lezi ba hlakana:
"Kota ya Jesu Yivan'."
CHORUS—

4 Makunu ba hanyile le tilweni:
Laho zo biha zi nga ta engena:
Ba susilwa le zonhweni
"Kota na Jesu Yivan'."
CHORUS—

2. YIMBELELANI KA MINA KAMBE.

Doh is G.

1 Yi—mbe—le—la—ni ka mi—na ka—mbe.— Mha—ka yo hi ha—nyi—sa. Nzi ta wo—na

CHORUS.

ma—tse—nya ya—kwe, Mha—ka yo hi ha—nyi—sa. Mha—ka yo sa—se—ki—sa: Je—su

wa hi ha—nyi—sa! Mha—ka ya—tsi, mha—ka ne—ne, Mha—ka yo sa—se—ki—sa:
Mha—ka ya—tsi, mha—ka ne—ne, Mha—ka yo hi ha—nyi—sa.

1 Yimbelelani ka mina kambe,—
Mhaka yo hi hanyisa.
Nzi ta wona matsenya yakwe,—
Mhaka yo hi hanyisa.

CHORUS—
Mhaka yo sasekisa:
Jesu wa hi hanyisa!
Mhaka yatsi, mhaka nene,
Mhaka yo sasekisa:
Mhaka yatsi, mhaka nene,
Mhaka yo hi hanyisa.

2 Banhu bonkle ba nyikwa leyi,—
Mhaka yo hi hanyisa:
Vumelani, mu kolwe leyi,—
Mhaka yo hi hanyisa.

8 Kwatsi kuzwala kubita kakwe,—
Mhaka yo hi hanyisa:
Aku, ngonani mubuza kakwe,—
Mhaka yo hi hanyisa.

---

3. HI YENA SATANI A NALA WA HINA.

Doh is B Flat.

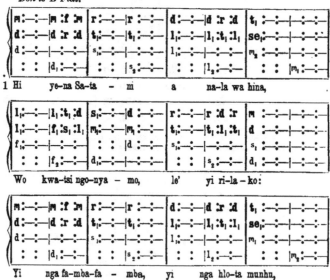

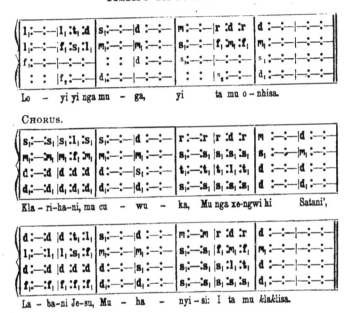

Lo - yi yi nga mu - ga, yi ta mu o - nhisa.

CHORUS.

Kla - ri - ha - ni, mu cu - wu - ka, Mu nga xe-ngwi hi Satani',

La - ba - ni Je-su, Mu - ha - nyi - si: I ta mu klaklisa.

1 Hi yena Satani a nala wa hina,
Wo kwatsi ngonyamo, le' yi rilako:
Yi nga fambafamba, yi nga hlota munhu,
Loyi yi nga mu ga, yi ta mu onhisa.

CHORUS—
   Klarihani, mu cuwuka,
   Mu nga xengwi hi Satani',
   Labani Jesu, Muhanyisi:
   I ta mu klaklisa.

2 Mu ngayi xengweni; mu nga fambi lomo:
Ba nga biha banhu, ba mu kohlwa Jesu;
Mu nga alakanyi zilo zo biha:
Labelani a Jesu, ni zomaha zakwe.

CHORUS—

3 Loyi a hlulako, i ta kuma kwatsi
Ncacazelo wakwe, kona le tilweni:
Muhanyisi wakwe, I ta vunetela,
A mu lwela kubiha, a mu cikelisa.

CHORUS—

4. HI JEHOVA I NA NTAMO.

Do—mi 3.   D. C.

1 Hi Je-ho - va   I na nta-mo: I ma-hi - le   zi-lo zonkle.
Le-yi Ho - si   ya ma ko-lwa, Yi nga ko - na   le ti-lweni.

Hi Je-ho - va   I kla-ri - hi ·le, Wa zi   ti - ba zilo zonkle:

Hi-na ba - nhu hi zi ko-hlwa, Hi tsa-mi - le   mu-nya-meni.

1 Hi Jehova I na ntamo:
  I mahile zilo zonkle.
  Leyi Hosi ya makolwa,
  Yi nga kona le tilweni.
  Hi Jehova I klarihile,
  Wa zi tiba zilo zonkle:
  Hina banhu hi zi kohlwa,
  Hi tsamile munyameni.

2 Hi Jehova wo Saseka,
  Hungu gakwe hi gi nene:
  Kasi hi lahlilwe hina,
  Hi onhile bito gakwe.
  Hi Jehova I basile,
  Wa zi benga zonho zonkle:
  Kasi I ta hi vumela
  Hi kota ya Nwana wakwe.

5. HOSI NZA KU DUMISELA.

Doh is F.

s :-.s	1 .s :m .d	d :—	l₁ :	s₁ :-.d	m .d :s .m	r :—	—:
d :-.d	d .d :d .s₁	l₁ :—	f₁ :	s₁ :-.s₁	s₁ .s₁ :d .d	t₁ :—	—:
m :-.m	f .m :s .m	f :—	d :	m :-.m	m .m :m .s	s :—	—:
d :-.d	d .d :d .d	f₁ :—	f₁ :	d :-.d	d .d :d .d	s₁ :—	—:

1 Ho - si nza ku du-mi-se - la,   Nza ku ra-nza ngu-vu wena:

s :-.s	1 .s :m .d	d :—	l₁ :	s₁ :-.d	m .r :d .t₁	d :—	—:
d :-.d	d .d :d .s	l₁ :—	f₁ :	m₁ :-.s₁	d .s₁ :s₁ .s₁	s₁ :—	—:
m :-.m	f .m :s .m	f :—	d :	d :-.m	s .f :m .r	m :—	—:
d :-.d	d .d :d .d	f₁ :—	f₁ :	s₁ :-.s₁	s₁ .s₁ :s₁ .s₁	d :—	—:

Nza ku a-la-ka-nya We - na,   Mu - kla-kli-si wa mi-na.

r :-.de	r .m :f .r	m :—	s :	l :-.l	s .m :f .m	r :—	—:
t₁ :-.le₁	t₁ .d :r .t₁	d :—	d :	d :-.d	d .d :r .d	t₁ :—	—:
s :-.s	s .s :s .s	s :—	m :	f :-.f	s .s :s .s	s :—	—:
s₁ :-.s₁	s₁ .s₁ :s₁ .s₁	d :—	d :	f :-.f	m .d :t₁ .d	s₁ :—	—:

Nzi wa la-hle-ki-le mi - na.   Nzi ku ko-hlwa We-na, Hosi,

s :-.s	1 .s :m .d	d :—	l₁ :	s₁ :-.d	m .r :d .t₁	d :—	—:
d :-.d	d .d :d .s₁	l₁ :—	f₁ :	m₁ :-.s₁	d .s₁ :s₁ .s₁	s₁ :—	—:
m :-.m	f .m :s .m	f :—	d :	d :-.m	s .f :m .r	m :—	—:
d :-.d	d .d :d .d	f₁ :—	f₁ :	s₁ :-.s₁	s₁ .s₁ :s₁ .s₁	d :—	—:

Nzi wa la-ba ku-fa fu - tsi,   Nzi wa hlu-lwa hi zo-nho.

1 Hosi nza ku dumisela,
  Nza ku ranza nguvu wena:
  Nza ku alakanya Wena,
  Muklaklisi wa mina.
  Nzi wa lahlekile mina.
  Nzi ku kohlwa Wena, Hosi,
  Nzi wa laba kufa futsi,
  Nzi wa hlulwa hi zonho.

2 Laho u wa nzi hanyisa:
  U nzi susa a zonhweni;
  U nzi bita hi kurula,
  Nzi cikela le tilwen'.
  Hi lezi nza ku dumisa;
  Nza ku bonga Wena, Hosi,
  Nza kesela Jesu Kristu,
  Loyi a nga nzi fela.

---

6. TANAN' KA JESU, MU NGA HLWELI.

Doh is B Flat.

1 Ta-nan' ka Je-su, mʼ nga hlwe-li   Hi ta mu go-nza la-ba Bi - bi-lien';

Hi wo-na ndle-la, hi mu-zwa kwatsi, A ku, Ngo-na-ni kamina'.

CHORUS.

Ku-hla - ka - na hi ta hla-ka-na;   Si - ku le - gi hi ta kla-nga-na.

s₁ :l₁ ₌s₁	m₁ :s₁	d :r ₌d	l₁ :—	t₁ :t₁ ₌d	r :m	d :—	— :
m₁ :f₁ ₌m₁	d₁ :m₁	s₁ :s₁₌s₁	f₁ :—	r₁ :r₁ ₌m₁	f₁ :s₁	m₁ :—	— :
d :d ₌d	s₁ :d	d :d ₌d	d :—	s₁ :s₁ ₌s₁	t₁ :t₁	d :—	— :
d₁ :d₁ ₌d₁	d₁ :d₁	m₁ :m₁₌m	f₁ :—	s₁ :s₁ ₌s₁	s₁ :s₁	d₁ :—	— :

Zo-nho zi ha-ba, hi wo-na Jesu, Hi tsa-ma la-ha le tilwen'.

1 Tanan' ka Jesu, mu nga hlweli ;
  Hi ta mu gonza laha Bibiliẹn' ;
  Hi wona ndlela, hi mu zwa kwatsi,
  A ku, Ngonani ka mina.'

CHORUS—
  Kuhlakana hi ta hlakana ;
  Siku legi hi ta klangana.
  Zonho zi haba, hi wona Jesu,
  Hi tsama laha le tilwen'.

2 Tanan', banana, mu zweni Yena,
  Wa mu vumela, nguvu vumelani :
  Tsikani zonho, kolwani Jesu,
  Mu nga engeni kuxengweni.
                                    CHORUS—

3 Labani kambe, I kona laha ;
  Wa mu bitana : Ngonani nyamukla.
  Ingisani kwatsi, laha vumelani ;
  Mu tata, banana, kani?
                                    CHORUS—

7. GI KONA TIKO' NENE.

Do—mi 2.

m	:m .r	m .s :s	m	:m .,t	d	: —
d	:d .t₁	d .m :m	d	:d .,t₁	d	: —
.	:	.	.	:	.	
d	:d .s₁	d .d :d	s₁	:s₁ .,s₁	d	: —

1 Gi   ko-na   ti-ko' ne   -   ne   Le - yo. tilweni.

m	:m .r	m .s :s	m	:m .,t	d	: —
d	:d .t₁	d .m :m	d	:d .,t₁	d	: —
.	:	.	.	:	.	
d	:d .s₁	d .d :d	s₁	:s₁ .,s₁	d	: —

Le   -   yo ba   nga ba nene,   Ba   sa - se-kile.

d¹	:d¹ .s	l .s :s	m .r	:m .s	l .s :s
m	:m .m	f .m :m	d .t₁	:d .m	f .m :m
.	:	.	.	:	.
d	:d .d	f .d :d	d .s₁	:d .d	d .d :d

Ba   bo-nga hi ti-simu,   Ba ke - se - la   Ho-si, Jesu ;

d¹	:d¹ .s	l .s :s	m	:m .,r	d	: —
m	. :m .m	f .m :m	d	:d .,t₁	d	: —
.	:	.	.	:	.	
d	:d .d	f .d :d	s	:s₁ .,s₁	d	: —

Ba   dzu-nza ba hla-kana,   Ba   ka - te-kile.

1 Gi kona tiko' nene
  Leyo tilweni.
Leyo ba nga ba nene,
  Ba sasekile.
Ba bonga-hi tisimu,
Ba kesela Hosi, Jesu ;
Ba dzunza ba hlakana,
  Ba katekile.

2 Ngonan' ka tiko iego,
  Ga ha vululwe.
Vukani, mu nga hlweli.
  Gi nga valiwa.
Mu ta yi wona Hosi,
Mu ta maha tingelosi ;
Inaka ku saseka,
  Leyo tilweni.

3 Banhu ba tiko lego
  Ba lulamile.
A Hosi yi ba koma,
  Na ba basile.
Ngonani, mu haklisa,
Engenani tiko lego ;
Kombetani kaya hehla,
  Ka le tilweni.

8. WA MUZWA KE MUHANYISI?

Do—tb 4.

1 Wa mu-zwa ke Mu-ha-nyi-si? Wa bi-ta-nwa hi ye-na: Hi ge-zu   ga ku-ru-la,

Wa vu-me-la we-na ke? Nza i - ngi - sa. Nza i - ngi - sa. Ku-ta-ni nzi

2

t :d₁ |r :—	m :f |s .m :s	d¹ :t |l .f :l	d¹ .l :s |d :t	r¹ :d¹
f :f |f :—	d :d |d .d :m	f :f |f .f :f	f .f :m |m :f	f :m
s :s |s :—	s :s |s .s :s	f :f |d .d :d	d .d :d |d :s	s :s
s₁ :s₁ |s₁ :—	d₁ :d₁ |d₁ .d₁ :d₁	d₁ d₁ |f .f :f	s₁ .s₁ :s₁ |s₁ :s₁	s₁ :d₁

ta mu-zwa. Nza i - ngi - sa. Nza i - ngi - sa. Ku-bi-ta - na ka Je-su.

1 Wa mu zwake Muhanyisi ?
  Wa bitanwa hi yena:
  Hi gezu ga kurula,
  Wa vumela wena ke?

    CHORUS—
      Nza ingisa. Nza ingisa.
      Kutani nzi ta mu zwa.
      Nza ingisa. Nza ingisa.
      Kubitana ka Jesu.

2 Hi Moya wakwe wa hleba.
  Aku, Tana ka mina.
  Wusiku ni mumu, aku,
  Nzi mina. Nza ku laba.
              CHORUS—

3 Hi Buku le ga yena,
  Hi Bibilia gakwe,
  Makunu a bita wena,
  Aku, Nwana wa mina.
              CHORUS—

4 Zonkle lezo u dzukako
  Kufa ni xipupuri,
  Nzilo ni xingwalangwanza,
  Wa bitanwa hi zona.
              CHORUS—

9. HI YENA JESU, HI YENA JESU.

Do—sol S.

:d .,r	d	:s,	:m .,f	m	:d	:s .,l	s	:f	:m	r	:—
:s, .,s,	s,	:s,	:d .,d	d	:s,	:d .,d	d	:r	:d	t,	:—
:m .,f	m	:m	:s .,l	s	:m	:m .,f	m	:s	:s	s	:—
:d .,d	d	:d	:d .,d	d	:d	:d .,d	d	:t,	:d	s,	:—

1 Hi ye-na Je - su, hi ye - na Je-su, Ta - na ka-kwe ma-ku-nu:

:m	r	:r .m	:f .r	m	:d	:d .,m	r	:d	:t,	d	:—
:d	t,	:t,.d	:r .t,	d	:s,	:s, .,d	l,	:s,	:s,	s,	:—
:s	s	:s	:s	s	:m	:m .,s	f	:m	:r	m	:—
:d	s,	:s,	:s,	d	:d	:d .,d	f,	:s,	:s,	d	:—

Ma - ku - nu ta - na ka - kwe, Ta - na ka - kwe ma - ku - nu.

1 Hi yena Jesu, hi yena Jesu,
   Tana kakwe makunu:
   Makunu tana kakwe,
   Tana kakwe makunu.

2 Wa hanyiswa.

3 I na ntamo,

4 I vumele,

5 Kombela yena,

6 I ta kuzwa,

7 I ta ku hlaza,

8 Tsumba yena.

10. JESU WA BITA WENA.

Doh is F.

1 Je. - su wa bi - ta we - na, Ngona, mo - nhi, ngona.

Lo - yi a nga ku ra - nza, Ngona, mo - nhi, ngona.

Nya - mu - kla a ku vu-mela, Ngona, mo - nhi, ngona.

Nya - mu - kla u ta mu tiba, Ngona, mo - nhi, ngona.

1 Jesu wa bita wena,
  Ngona, monhi, ngona,
Loyi a nga ku ranza
  Ngona, monhi, ngona,
Nyamu*k*la a ku vumela,
  Ngona, monhi, ngona.
Nyamu*k*la u ta mu tiba,
  Ngona, monhi, ngona.

2 Kutani u na nzwalo,
  Ngona, monhi, ngona.
Jesu I ta ku vuna,
  Ngona, monhi, ngona.
A nga ta ku kohlisa,
  Ngona, monhi, ngona.
I ta ku amukela,
  Ngona, monhi, ngona.

3 Vumela ku mu lanza,
  Ngona, monhi, ngona.
I ta ku katekisa,
  Ngona, monhi, ngona.
Nyamu*k*la u nga hlweli,
  Ngona, monhi, ngona.
Manziku a ku ma tibi,
  Ngona, monhi, ngona.

11. O, NUNGUNGULU WA HINA.

Do—do 4.

1 O, Nu-ngu-ngu-lu wa hi-na, Hi tsi - ki - se zo-nho   Hi nyi-ke ti-

mbi-lu to nen' Hi ku-ha-nye - ni ko   ba-sa Hi ku-me ku - ru-la.

1 O, Nungungulu wa hina,
  Hi tsikise zonho
  Hi nyike timbilu to nen'
  Hi kuhanyeni ko basa
  Hi kume kurula.

2 Hi kukolweni kwatsi bon'
  Ba lo bitanwako
  "Mu nzi lanzeleni nwina
  Mu ta ba kukuti banhu"
  A hi lanzen' hina.

3 Hiteke hina xitsungen'
  · Hi zwe gezu ga wen'
  Hi ta katekiswa lezo,
  Ku wona wukosi ga wen'
  Hi dumise wena.

4 Hilezi hi nga ta kota
  Kuzwa kunetasan'
  Hambu ku tsama na mona.
  Hi ta tsaka kuruleni.
  Hi tirela wena.

12. NZA HLULWA KU KANELA.

Do—do 2.

Nza hlu-lwa ku ka-ne - la Ma-tse-nya ya Je-su: Lo-ku nzi mu vu-

me - la, I ta nzi *k*la-*k*li-sa. Nza hlu-lwa hi wu-ne - ne Nu'

xi - nji ga Je - su: Ku-ta-ni mu vu-me - la, Mu fe-la ku wo-

CHORUS.

na.   Nza hlu-lwa ku ka - ne - la Ma-tse-nya ya Je-su   Nzi

ta   mu   *bye* - la   n!se - na,   Ngo - na - ni,   Mu   wo - ne.

1 Nza hlulwa ku kanela
  Matsenya ya Jesu:
  Loku nzi mu vumela,
  I ta nzi *klaklisa.*
  Nza hlulwa hi wunene
  Nu' xinji ga Jesu:
  Kutani mu vumela,
  Mu fela ku wona.

  CHORUS—
    Nza hlulwa ku kanela
    Matsenya ya Jesu.
    Nzi ta mu *byela* ntsena,
    Ngonani, mu wone.

2 Kutira nza hluleka,
  Kon*k*le nzi labako,
  Ni kani lezi mina,
  Nzi ta ringa nguvu.
  Hakuba yena Jesu,
  I da*y*elwe mina
  A fela a sinyeni,
  Ku hanyisa mina.
            CHORUS—

3 Na nzi mu alakanya,
  Nza hlakana nguvu;
  Wa sasekela mina,
  Nza wula hi yena:
  I nako kaya hehla,
  Wa nzi longisela,
  Leyo nzi ta nga tsama,
  Nzi ta katekiswa.
            CHORUS—

13. KALE KU WA HI MUNYAMA.

Do is G

1 Ka - le ku   wa   hi mu-nya - ma, Hi wa la - ba ku wo-na,

Ka - ni lo - yi   hi wo-ni - nga, Hı nga se   ku mu ti - ba.

CHORUS.

Ho - si, Je - su,   Mu-ha - nyı - si,   Ha ku ko - mbe-la ngu-vu.

Hı *kla-kl*ıse   mu-nya-me - ni, Hi   a - mu - ke - le ma-ku - nu.

1 Kale ku wa hi munyama,
 Hi wa laba ku wona,
 Kani loyi hi woninga,
 Hi nga se ku mu tiba.

3 A hi ncumo hi nga naxo,
 Zonho zi kona basi.
 Hi bihile xifubeni,
 Hi tralilwe lahasi.

CHORUS—

CHORUS—

Hosi, Jesu, Muhanyisi,
 Ha ku kombela nguvu.
 Hi klaklise munyameni,
 Hi amukele makunu.

2 Nyamukla ku wonekela,
 I tile Muhanyisi.
 Wa bitana, aku, Ngona,
 Zonho zi tsetselelwe.

CHORUS—

4 Na hi hanya, U hi kome,
 Hi nga kleli munyamen';
 Nyike Moya wo Saseka,
 U hi koke kubasen'

CHORUS—

14. GI SASEKA NGUVU, A SIKU GA HOSI.

Do—mi 4. | 1st. D. C. | 2d.

1 Gi sa - se - ka ngu - vu, a si - ku ga Hosi,
 Gi ne - ne ka ba - nhu, ni ka ti - nge-losi.

| 1st. D. S. | 2d. FINE.

Je - su i vu - ki - le hi si - ku le - gi,
 A Hu - ma nke - le - ni, a bu - ma le - zo.
 Gi sa - se - ka ngu - vu, a si - ku ga Ho - si.

D. S.

Si - ku ga Ho - si,

1 Gi saseka nguvu, a siku ga Hosi,
 Gi nene ka banhu, ni ka tingelosi.
 Jesu i vukile hi siku legi,
 A huma nkeleni, a buma lezo.

  CHORUS—.
  Siku ga Hosi,
  Gi saseka nguvu, a siku ga Hosi.

2 A nzi ye nzi sonte le 'ndlwini yakwe,
 Nzi gonze timhaka,—mahungu yakwe.
 Nzi kumkule loyi a nga nzi fela,
 Ni nkata wa yena a nga nzi cela.
       CHORUS—

3 A moya wu nene, tana ni nyamukla,
 Engena 'mbilwini kasi nza ingisa.
 Nzi kateka nguvu, gzi kume wutomi,
 Nzi kumbule kwatsi, nzi sase milom'.
       CHORUS—

15. HLOWO YATSI YI KONA, YI KONA, YI KONA.

Do—la 6.

1 Hlo-wo ya-tsi yi ko - na, yı ko - na, yı ko - na: Hlo - wo
 Mu-o - nhi wo hla-mba lo - mo, hla - mba lo - mo, hla-mba lomo:

D. C.

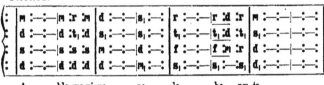

ya - tsi yi ko - na,   Yi te - le hi   nka-ta.
Mu - o - nhi wo hla - mba lo - mo, I   su - swa a zonho.

CHORUS.

A   hla-wo yi ne - ne,   la   ha nzi ta

yi - ma. Lo - mo   nzi   ta   hla-mba, nzi su-swa a zo-nho.

1 Hlowo yatsi yi kona, yi kona yi kona:
  Hlowo yatsi yi kona,
  Yi tele hi nkata.
  Muonhi wo hlamba lomo, hlamba lomo, hlamba lomo:
  Muonhi wo hlamba lomo,
  I suswa a zonho.

  CHORUS—
    A hlawo yi nene, laha nzi ta yima.
    Lomo nzi ta hlamba, nzi suswa a zonho.

2 Nkamba gi wa hlakana, etc.
  A hlowo ku wona:
  Na nzi bihile kota yena, etc.
  Nzi ta basa nguvu.

3 Na nzi wonile a .hlowo, etc.
  Lezi nzi tsumbako:
  Hi laba nzi wa hlakana, etc.
  Kala ku pinzuka.

---

16. U NGA HUNZI, O DADANI!

Doh is A Flat.

1 U   nga hu-nzi, O Da-da - ni!   Nza ri-le-la ka we-na;

Nzi bi-hi-le, ka-ni le - zi,   Nzi   ma-he - le wu-xi-nji.

CHORUS.

Ka   mi - na,   ka   mi - na, ka mi - na:

Nzi   ma-he-le wu-xi-nji.

1 U nga hunzi, O Dadani!
 Nza rilela ka wena;
 Nzi bihile, kani lezi,
 Nzi mahele wuxinji.

3 U nga hunzi, Moya watsi!
 Mugonzisi wa hina.
 Zilo le zi hanyisako,
 Wula zona ka mina.
 CHORUS—

CHORUS—
 Ka mina, ka mina:
 Nzi mahele wuxinji.

2 U nga hunzi, Muhanyisi!
 Nza namarela wena.
 Lezi u nga bita banhu,
 Nyika bito ka mina.
 CHORUS—

4 Wuranza ga Nungungulu,
 Ni wunene ga Jesu;
 Ni wuxinji ga Dadani,
 A zi pfune ka mina.
 CHORUS—

---

17. WUXINJI GA JESU, NWANA.

Do—fa 4. D. C.

1 Wu-xi - nji ga Je - su, Nwa-na, Ni wu - ra - nza ga Da - da-ni';
 Ni ga Mo - ya wo Sa - se - ka, A gi tsa - me ka hi - na.

Hi le - zi hi ta kla-nga - na, Ho - si, ni ba mi - sa - ben'.

m	:m .r	d	:d	r	:r	m .r	d	s	:s .f	m	:m	r .d	:r .m	d	:—
d	:d	d	:d	t₁	:t₁	d	:d	d	:d	d	:d	t₁.d	:t₁	d	:—
s	:s .f	m	:m	s	:s	s .f	m	m	:m .r	d	:s	f .m	:f .s	m	:—
d	:d	d	:d	s₁	:s₁	d	:d	d	:d	d	:d	s₁	:s₁	d	:—

Hi ta   ku-ma ku-hla-ka - na Ko kwa-tsi ka le   ti - lwen'.

1 Wuxinji ga Jesu, *N*wana,
  Ni wuranza ga Dadani';
  Ni ga Moya wo Saseka,
  A gi tsame ka hina.
  Hi lezi hi ta *k*langana,
  Hosi, ni ba misaben'.
  Hi ta kuma kuhlakana
  Ko kwatsi ka le tilwen'.

18. BUMA, NENGELA, MURIHELI WATSI!

Doh is G.

:s₁	d	:d	:d	d	:—	:d .r	m	:m	:m	m	:—	:d .m	s	:s	:s
:s₁	s₁	:s₁	:s₁	s₁	:—	:s₁.s₁	s₁	:s₁	:s₁	s₁	:—	:s₁.s₁	d	:d	:d
:m	m	:m	:m	m	:—	:s .f	m	:d	:d	d	:—	:m .m	m	:m	:m
:d	d	:s₁	:m₁	d₁	:—	:d .t₁	d	:s₁	:m₁	d₁	:—	:d .d	d	:d	:d

1 Bu - ma, ne - nge - la,   Mu - ri - he - li wa   tsi! Ki - za - ma

CHORUS.

l	:s	:m	m	:r	:r	r	:—	s	,s	l	:s	:m ,r	d	:d	:s .s
d	:d	:s₁	s₁	:s₁	:s₁	s₁	:—	m	,m	d	:d	:s₁,s₁	s₁	:s₁	:d .d
f	:m	:m	d	:t₁	:t₁	t₁	:—	m	,m	f	:m	:d ,d	m	:m	:m .m
d	:d	:d	s₁	:s₁	:s₁	s₁	:—	d	,d	f₁	:s₁	:s₁,s₁	d₁	:d₁	:d .d

ma - hl   we - ni ka   ye-na we-na, I - ngi - sa, *b*ye-lwa ti - mha-ka; i-

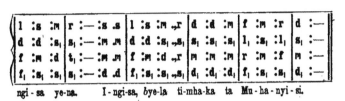

ngi - sa ye - na.   I - ngi-sa, bye-la ti-mha-ka ta Mu - ha - nyi - si.

1 Buma, nengela, Muriheli watsi!
  Kizama mahlweni ka yena wena,

CHORUS—
   Ingisa, byelwa timhaka; ingisa yena.
   Ingisa, byela timhaka ta Muhanyisi.

2 Buma, nengela: i culilwe nkata;
  Xiriho xi hetwa, ntsengo wu rihelwe.
                                    CHORUS—

3 Buma, nengela: yivan' yi·delwe;
  Yi hanyisa yi hlula kufa kambe.
                                    CHORUS—

4 Buma, nengela: hi yena Jesu;
  Wa hi kongelela lomo tilweni.
                                    CHORUS—

5 Buma, nengela: I tata kambe;
  Wa klela hi ntamo, Hosi ya hina.
                                    CHORUS—

19. INGISANI NWINA MHAKA.

Doh is D.

1 I - ngi - sa - ni   nwi - na   mha - ka,   Nzi mu   bye - la - ko;

"Nu-ngu-ngu - lu   wa   hi   ra - nza,   Wa hi   ha - nyi - sa."

CHORUS.

Je - su   Kri - stu,   Mu - ha - nyi - si,   I   lo   nzi fe - la:

Ma - ku - nu   a   bi - ta   mi - na,   Nzi ta   ka   ye - na.

1 Ingisani *n*wina mhaka,
  Nzi mu *b*yelako;
  "Nungungulu wa hi ranza,
  Wa hi hanyisa."

3 I lo mu nyikela hina
  Mufana wakwe,
  A ku loyi a mu kolwa,
  A nga ta kufa.
  CHORUS—

CHORUS—
  Jesu Kristu, Muhanyisi,
  I lo nzi fela:
  Makunu a bita mina.
  Nzi ta ka yena.

2 I lo ranza hina le*z*o,
  Na hi onhile:
  A ku I mahile n*d*lela,
  Ku hi hanyisa.
  CHORUS—

4 Kombelani, *n*wina *n*wen*k*le,
  Hi yena, Hosi;
  Mu *z*i tsika *z*onho zon*k*le,
  Mu kolwe Jesu.
  CHORUS—

20. NZA BONGA HAKUBA JESU I KONA.

Doh is G.

1 Nza bo-nga ha-ku-ba Je-su I ko-na;   Wa bi-ta mi-na ku - ta ka ye-na.

Wa nzi ha-nyi-sa lo-ku nzi ko-lwa,   Hi zo-na nza-ku ko-nge-la we-na.

3

CHORUS.

Nza ku vu-me - la, we-na Ho-si,   Nzi ka-te-ki - sa mi-na we-na;

Ho-si ya mi - na yi ta vu-na;   Nya-mu-*k*la nza tsu-mba ye-na.

1 Nza bonga hakuba Jesu I kona;
   Wa bita mina kuta ka yena.
   Wa nzi hanyisa loku nzi kolwa,
   Hi *z*ona nza ku kongela wena.

     CHORUS—
       Nza ku vumela, wena Hosi,
       Nzi katekisa mina, wena;
       Hosi ya mina yi ta vuna;
       Nyamu*k*la nza tsumba yena.

2 Mu ingiseni Muhanyisi lo',
   A tile*k*o ku hanyisa banhu.
   I na ntamo a ku hi basisa,
   Loku hi vumela ku kombela.
           CHORUS—

3 Dadani wa hina wa hi bitana,
   A ku, "Ngonani, mu nga lahleki:"
   A hi fambeni hiya ka yena,
   Makunu hi ta dumisa Jesu.
           CHORUS—

21. TANA, MOYA WO SASEKA.

Do—la 4.

1 Ta - na Mo - ya, wo sa-se - ka, Mo - ya lo - wu ha - nya-ko!

FINE.

Mo - ya wa Je - ho - va, ta - na, Ti - mbi-lwi - ni ta hi - na.
Wa. nga mi - ye - ta mi-hlo - ti, U hi nyi - ke ku - bu - ma.

D. S.

Ta - na, Mo - ya, wa ku-ho - la! U hi nyi - ke ku - ha - nya;

1 Tana Moya, wo saseka,
Moya lowu hanyako!
Moya wa Jehova, tana,
Timbilwini ta hina.

2 Loku hi gonza timhaka,
Ta a buku ga Jesu;
U hi gonzise ku sasa,
Laha hi ta ku gonza.

CHORUS—

CHORUS—

[Tana, Moya, wa kuhola!
U hi nyike kuhanya;
Wa nga miyeta mihloti,
U hi nyike kubuma.]

3 Loku hi ingisa kwatsi,
  Hi maha ku *k*lariha:
  Hi ta hlula *z*onho zon*k*le,
  Le*z*i Moya, wu tata.
         Chorus—

4 U hi *k*langanise naye
  Loyi wa ku saseka ;
  Hi na ha hunguka futsi,
  Ku ṭirela Satani.
         Chorus—

---

22. TANA HOSI, NZA KU LABA.

Doh is B Flat. Slowly.

Ta-na Ho - sti,   nza ku la - ba,   Hi sti - ku   ga nya-mu-*k*la.

Si - ku le - gi   hi ga we - na,   Le-gi u gi ra - nza - ko.

1 Tana Hosi, nza ku laba,
  Hi siku ga nyamu*k*la.
  Siku legi hi ga wena,
  Legi u gi ranzako.

2 U bekile *z*ilo zon*k*le,
  Matilwin' ya matilo.
  Wa *z*i fumela hi ntamo,
  Wa saseka,' wo basa.

3 Kambe ku hlengeletana,
  Ka laba and*l*alako :
  Sasekisa, amukela,
  Ku and*l*ala ka bona.

4 U langute ba matiko,
  Laba nga ku tibiko ;
  U ba nyike kuvumela,
  Loyi a ba felako.

23. JESU, NZA KU RANZA WENA.

Do—la s.

1 Je-su, nza ku ra-nza we - na, Ku-hla-ka - na ka ti - lwen'!

𝄋: FINE.

Wa re-le - la ka mi-sa - ba, Ha-ku-ba wa hi ra - nza.
Go-nzi-sa hi - na ku tsu - mba, Ma-ku-nu ha ku ko-lwa.

D. S.

Ra-ma Mo - ya wo Sa-sa - ka, Vu-me-li - sa ba-o - nhi:

1 Jesu, nza ku ranza wena,
Kuhlakana ka tilwen'!
Wa relela ka misaba,
Hakuba wa hi ranza.
Ruma Moya wo Sasaka,
Vumelisa baonhi:
Gonzisa hina ku tsumba,
Makunu ha ku kolwa.

2 Pupuxela lomo nzeni,
Ka hina, Moya Watsi:
Humesa kugoha konkle,
Hi xurise timbilu:
Hi ta ku kesela wena,
Tana, Ntamo wa hina,
Wena hi klaklise futsi,
Mandleni ya Satani.

3 Hosi, vunetela hina,
　Ku kombela ke wena:
　Ha ku nabela kuranza,
　A ku hihe nyamu*k*la.
　Loku hi kozela wena,
　U ta hi katekisa.
　Tana, Hosi, ku suhani.
　Tsama na hina hon*k*le.

24. GI WA TIKO GO HUMULA.

Do—do 4.

1 Gi wa ti - ko go hu mu - la, Ma - ko - lwa ma hi ko - na:

Mu - ha - nyi - si hi ra - ngi - le. Ku lo - ngi - se - la hi - na.

𝄞 CHORUS.

Ku ko - na ku - hu - mu - la. Ku se - la ka ma - ko - lwa.
Se *k*la - tu - ka Jo - rda - ni. Le ti - kwe - ni gi ne - ne,

D. S.

d¹ :t	l :l	d¹ :-l	l :s	m :s	d¹ :—	r¹ :—	d¹ :—
s :s	f :f	l :-f	f :m	d :m	m :—	f :—	m :—
d¹ :d¹	d¹ :d¹	d¹ :-d¹	d¹ :d¹	s :s	s :—	s :—	s :—
m :m	f :f	f :-f	d :d	d :d	s :—	s₁ :—	d :—

Ku ko - na ku - hu - mu-la, Ku wa ka hi - na.
Hi ta wo - na Ho - si Je - su, Hi mu du - mi - sa.

1 Gi wa tiko go humula,
Makolwa ma hi kona:
Muhanyisi hi rangile.
Ku longisela hina.

3 Kubabya ku haba lomo,
Ni kombo gi vumala:
Tikweni lego gi nene,
Hi maha kululama.
CHORUS—

CHORUS—
Ku kona kuhumula
Ku sela ka makolwa,
Ku kona kuhumula,
Ku wa ka hina.
Se klatuka Jordani,
Le tikweni gi nene,
Hi ta wona Hosi Jesu,
Hi mu dumisa.

2 Kaya ka mina ku kona,
Jesu I longisele:
Hi ta tsama le tilweni,
Hi kota tingelosi.
CHORUS—

4 Yimbelelani tisimu,
Ta yivana ni Mosi;
Libati la matilweni,
La vulula ka hina.
CHORUS—

25. HI TAYA KA HOSI JESU.

Doh is E Flat.

1 Hi ta - ya ka Ho-si Je - su,   Ku ko - ze - la ye-na ka-ni?

Co - ngwe - ni wa Nu-ngu-ngu - lu, Ma-ti-ni   ma ne - ne.

CHORUS.   *p*

Ha   *k*la - nga-na le co-ngwe - ni,   Co-ngo wa-tsi, ni co-ngo wo   ba - sa,

*K*la-nga-na-ni le co-ngwe-ni,   Ni ba - nhu   bo sa-se - ka.

1 Hi taya ka Hosi Jesu,
  Ku kozela yena kani?
  Congweni wa Nungungulu,
  Matini ma nene.

    CHORUS—

      Ha *k*langana le congweni,
      Congo watsi, ni congo wo basa,
      *K*langanani le congweni,
      Ni banhu bo saseka.

2 Lo muhanzeni wa congo,
  Hi ta kesela Hosi ;
  Hi ya ku wonekeleni,
  Ka Jesu Muhanyisi.
            CHORUS—

8 Lukuluku ha cikela,
  Le congweni wo basa:
  Makunu hi ta hlakana,
  Ku wona Muhanyisi.
            CHORUS—

26. INGISANI BANHU BONKLE.

Doh is E. Moderato.

1 I - ngi - sa - ni ba-nhu bo-n*k*le, Ti- mha-ka ta Je - su, Vu-me-la-ni ku-ta

CHORUS.

d	:s	:l	m	:m	:r	d	:—	d¹	.t	l	:l	:d¹	s	:s	:l .,s
d	:d	:d	d	:d	:t₁	d	:—	d	.d	d	:d	:f	m	:m	:d
m	:m	:f	d .m:s	:f	m	:—	m	.m	f	:f	:l	d¹	:d	:m	
d	:d	:f₁	s₁	:s₁	:s₁	d	:—	d	.d	f	:f	:f	d	:d	:d

ka - kwe, Ko - ze - la - ni nyamu*k*la. Ba ta ko-ta   ti - nye-le - ti,

d	:d	:r	m	:s	:d¹.t₁	l	:l	:d¹	s	:s	:l	s	:d	:r	d	:—
d	:d	:t₁	d	:d	:d .d	d	:d	:f	m	:m	:d	d	:d	:t₁	d	:—
m	:m	:s	s	:m	:m .m	f	:f	:l	d¹	:d¹	:f	m	:m	:f	m	:—
l₁	:l₁	:s₁	d	:d	:d .d	f	:f	:f	d	:d	:f₁	s₁	:s₁	:s₁	d	:—

Ta ku - ta mi - xwe-ni; Ba ta tsa-ma na ye - na, Ka - la ku pinzuka.

1 Ingisani banhu bon*k*le,
  Timhaka ta Jesu.
  Vumelani kuta kakwe,
  Kozelani nyamu*k*la.

    CHORUS—
    Ba ta kota tinyeleti,
    Ta kuta mixweni;
    Ba ta tsama na yena,
    Kala ku pinzuka.

2 I ta bita bamakweru,
  Ba tsame na yena:
  Ba ta kuma *z*o saseka,
  *Z*a leyo tilweni.

    CHORUS—

3 Nengelani, mu bitanwa,
  Ngonani ka Jesu:
  Mu nga hlweli, mu ta hoxwa,
  *K*larihani nyamu*k*la.

    CHORUS—

27. HI FILE HINA BANHU.

Key A.

:s₁	m	:—.r	:d .l₁	s₁	:d	s₁	f	:—.m	:r.d	m	:r	s₁	m	:—.d	:r,d.l₁
:s₁	s₁	:—.f₁	:m₁.f₁	m₁	:m₁	s₁	s₁	:—.s₁	:s₁.s₁	s₁	:s₁	s₁	s₁	:—.m	:f₁ .f₁
:s₁	d	:—.d	:d .d	d	:d	m	r	:—.d	:f .m	d	:t₁	s₁	d	:—.d	:l₁ .d
:s₁	d₁	:—.d₁	:d₁.d₁	d₁	:d.	d	s₁	:—.s₁	:s₁.s₁	s₁	:s₁	s₁	d₁	:—.d₁	:f₁ .f₁

1 Hi fi - le hi-na ba - nhu, Ba - o - nhi hi-na ho-n*k*le: Ha tsa - ma ku-bi-

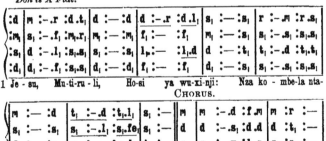

he - ni, Hi ta   ha-nyi-swa ka - ni? Hi ta   ha-nyi-swa ka-ni?

1 Hi file hina banhu,
  Baonhi hina honkle:
  Ha tsama kubiheni,
  Hi ta hanyiswa kani?
  Hi ta hanyiswa kani?

2 Hi tele hi kubiha,
  Ni zonho kota seke:
  Ha tsanzeka ku hlaya:
  Hi ta hanyiswa kani?
  Hi ta hanyiswa kani?

3 Hi Wena Jesu Kristu!
  U ranzako baonhi;
  U nga belelwa hina,
  Hi Wena hi ta hanya,
  Hi Wena hi ta hanya,

4 U biwa tirimbiri,
  Ti faneleko hina,
  U rwala zonho zonkle:
  Hi Wena, hi ta hanya,
  Hi Wena, hi ta hanya.

28. JESU, MUTIRULI.

Doh is A Flat.

1 Je - su, Mu-ti-ru - li,   Ho-si ya wu-xi-nji: Nza ko - mbe-la nta-

CHORUS.

mo   Wu ta   hi ka we-na.   Hi ma - si - ku wo-nkle, Nzi

na - ba-la we-na: Ta-na, Mu - ti-ru-li! U tsa-me ka mi-na.

1 Jesu, Mutiruli,
Hosi ya wuxinji:
Nza kombela ntamo
Wu ta hi ka wena.

CHORUS—
Hi masiku wonkle,
Nzi nabala wena:
Tana, Mutiruli!
U tsame ka mina.

2 Balala banyingi,
Ba ha nzi ranzela:
Nza vumala ntamo,
Wa kulwa na bona.
CHORUS—

3 Loku nzi hi kombyen'
Le gi bayisako,
Ku haba misaben'
Lo nzi miyetako.
CHORUS—

4 Jesu, Mutiruli!
Loku nzi na wena,
Nzi kume kurula,
Nzi wone kuhanya.
CHORUS—

---

29. SIKU GA NYAMUKLA.

1 Siku ga nyamukla,
  Haleluya, Amen'.
Siku go humula,
  Haleluya, Amen'.
Hi tsake mitiro,
Hi labe Jehova,
Hosi ya matilo,
  Haleluya, Amen'.

2 Siku ga nyamukla,
  Haleluya, Amen'.
Hi Siku go bonga,
  Haleluya, Amen'.
Tanan' bamakweru,
A hi bongen' Jesu,
Hi nomu ni mbilu:
  Haleluya, Amen'.

3 Siku ga nyamukla,
　Haleluya, Amen'.
Hi Siku go tsaka,
　Haleluya, Amen'.
Jesu I vukile,
Ni lezi wa hanya,
Kambe I fumile.
　Haleluya, Amen'.

4 Siku ga nyamukla,
　Haleluya, Amen'.
Hi siku go hanya,
　Haleluya, Amen'.
Hi na Muhanyisi,
Wa hi ha wutomi,
Gi nga hetekiko,
　Haleluya, Amen'.

30. A HI VUKENI HIYA LWELA.

Do—do. R.

1 A hi vu-ke-ni hi-ya lwe-la Ti - ko ga hi-na, le - gi lo-ba-ko: A hi fa-

CHORUS.

mbe-ni hi - ya ba go-nzi-sa, Za mu lo-nzo - wo - ti. I wu-li- le, "Fa-

mba - ni　mu ba go-nzi-sa" "Fa - mba - ni, mu ba go-nzi-sa" I

r¹	:r¹	m¹	:-,r¹	d¹	:- t	l.,s	:fe.,s	l	:-.l	t	:-.t	d :—|—
f	:f	s	:-,f	m	:- s	f.,m	:re.,m	f	:-.f	f	:-.f	m :—|—
s	:s	s	:s	s	:s	d	:d	d	:-.f	r	:-.r	d :—|—
t	:s,	t,	:s,	d	:s,	d	:d	f,	:-.f,	s,	:-.s,	d, :—	—

wu - li - le, "Fa-　mba-ni　　mu ba go-nzi - sa"　Ba ta　　ha-nya.

1 A hi vukeni hi ya lwela
Tiko ga hina, legi lobako:
A hi fambeni hiya ba gonzisa,
Za mu lonzowoti.

3 Kasi Gezu ga Jehova,
Gi hi kumile hi le munyameni':
Hi nga ranzi ni ku ponisiwa,
Hi alele Hosi,

CHORUS—

CHORUS—
I wulile, "Fambani mu ba gonzisa"
"Fambani, mu ba gonzisa"
I wulile, "Fambani mu ba gonzisa"
Ba ta hanya.

2 Lezi hina hi nga pona
Hi nyikilweko wutomi giswa:
Hi nga tsika ku ba byela kani?
Ba wuya ka Hosi.

4 A hi fambeni hi ba bitana,
Ni badadani ni bamamani:
A hi cabeni ku ba siya handle,
Nyangwen' ya matilo.

CHORUS—

CHORUS—

---

31. WONAN', WATA HOSI JESU!

Do—mib 4.

s	:d¹	m	:s	d	:f	m	:r	m	:l	r	:s	dr m.fe|s :—
m	:m	d	:d	d	:d	d	:t,	d	:d.	t,	:t,	d :d. |t, :—
d	:s	s	:m	s	:l	s	:s	s	:l	s	:s	mr :d. |r :—
d	:d	d	:d	m	:f	s	:s,	d	:f,	s,	:m,	l, :l,. |s, :—

1 Wo-nan', wa-ta　Ho - si　Je - su!　Lo　hi　nga mu　tsa - me - la.

Wa wu-ya ku fu-ma ba-nhu, Ni ku he - ta ba-la-la.

CHORUS.

Ha - le - lu - ya, ha - le - lu - ya. Mu bo-ngen',ha-le-lu-ya:

Ha - le - lu - ya ha - le - lu - ya. Mu bo - ngen',

ha - le - lu - ya.

1 Wonan', wa ta Hosi Jesu!
Lo hi nga mu tsamela,
Wa wuya ku fuma banhu,
Ni ku heta balala.

2 Hi nomu lo a wulako,
A cika hi marefu:
A lanzwa hi labo tala,
Laba mu dumisako.
CHORUS—

CHORUS—
Haleluya, haleluya.
Mu bongen', haleluya:

3 Ngelosi yi ta ba punzu,
  Ku bitana matiko.
  Ti hosi, malanza bana,
  Ba *k*langana la bon*k*le.
           CHORUS—

4 La' ba nga mu vumeliko,
  Ba telwa hi tingana:
  Ba ta kala, ba nga cabi,
  I ta ba abanyisa.
           CHORUS—

5 Kambe la' ba nga mu ranza,
  Ba mu wona, ba tsaka,
  Hakuba ba ta engena,
  Mufumeni ka hehla.
           CHORUS—

32. HALELUYA I VUKILE.

Doh is G.

1 Ha-le-lu - ya I vu-ki - le,   Je-su I   yi-le he-hla   I vu-

𝄇 CHORUS.

ki - le le ku-fe - ni, Wa hu-ma,   I vu-ki-le.   I vu-ki - le, I vu-
                                                       I vu-ki - le, I vu-

			1st time		D. S.		2d time		
s	:m	:m.,s	f	:-.f :m.,r	m	:—	f	:-.f :m.,r	d :—
d	:d	:d.,d	d	:-.l₁ :t₁.,t₁	d	:—	d	:-.l₁ :t₁.,t₁	d :—
m	:s	:s.,m	r	:-.r :s.,f	m	:—	r	:-.r :s.,f	m :—
d	:d	:d.,d	s₁	:-.s₁ :s₁.,s₁	d	:—	s₁	:-.s₁ :s₁.,s₁	d₁ :—

ki - le,   Wa ha-nya   ye - na Je - su,
ki - le;   Wa ha-   nya   hi ma - si - ku.

1 Haleluya I vukile,
  Jesu I yile hehla.
  I vukile le kufeni,
  Wa huma, I vukile.

        CHORUS—

3 Haleluya I vukile,
  I ta hi klanganisa;
  Laba hi ba rilelako,
  Ba kona ba ha hanya.

        CHORUS—

    I vukile, I vukile,
    Wa hanya yena Jesu,
    I vukile, I vukile;
    Wa hanya hi masiku.

2 Haleluya I vukile,
  Wa wuya ku hi vuxa
  Bona la ba nga vumela,
  Na bona ba ta vuka.

        CHORUS—

4 Haleluya I vukile,
  A hi bongeni honkle;
  Yena Hosi ya wutomi,
  Hi yena, Muhanyisi.

        CHORUS—

33. TANANI, MATIKO.

Do—la 3.

:d	m	:-.d :r .t₁	d	:— :s₁	l	:-.l₁ :l₁,l	l	:s₁ :s	t₁	:-.s₁ :r .f
:s₁	s₁	:-.s₁ :l₁.s₁	s₁	:— :s₁	f₁	:-.l₁ :l₁,f	f₁	:m₁ :s₁	s₁	:-.s₁ :s₁.s₁
:m	s	:-.s :f .r	m	:— :d	d	:-.d :d ,d	d	:— :t₁	r	:-.t₁ :t₁.r
:d₁	d₁	:-.m₁ :f₁.s₁	d₁	:— :m₁	f₁	:-.f₁ :f ,f₁	d₁	:— :s₁	s	:-.s₁ :s₁.s₁

1 Ta - na - ni, ma - ti - ko;   Mu hle - nge - le - ta - na: Hi ke - sa Je - ho-

4

m :— :m	r :—.d :l.fe₁	s₁ : :	: .m:f.m	m :r. :
s₁ :— :s₁	fe₁ :—.fe:fe₁.r₁	r₁ : .s₁ :s₁.s₁	s₁ :— :—.	— :—.s₁:s₁.s₁
d :— :d	l :—.l₁:d₁ .d	t₁ : :	: .d :r.d	d :t. :
d :— :d₁	r₁ :—.r₁ :r₁ .r₁	s₁ : .s₁ :s₁.s₁	s₁ :— :—	:—.s₁:s₁.s₁

va,   Hi Ho - si   ya hi-na,   Hi mu ke-sa,

: .m:f.m	m :r. :	: .s:l .s	s :m :d	d :m :r	d :—
s₁ :— :—	—:—.d:d.d	d :— :—	— :— :s.l	s :—:s₁	s₁ :—
: .d:r.d	d :t₁. :	: .m:f.m	m :d :d	m:s :f	m :—
s₁ :— :—	—:—.d:d.d	d :— :—	— :— :m.f	s₁ :—:s₁	d₁ :—

hi mi-lo-mu,   Hi mu ra-nza   hi   ti - mbi-lu.

1   Tanani, matiko;
     Mu hlengeletana:
     Hi kesa Jehova,
     Hi Hosi ya hina,
   Hi mu kesa, hi milomu,
   Hi mu ranza hi timbilu.

2   Tilo ni misaba,
     Hi ntiro wa yena;
     Ni a banhu bonꝁle,
     Wa ba lonzowota,
   Wa hlayisa, hi wuxinji:
   Loku banhu ba vumela.

3   A hi mu kozelen,'
     Lo ranzaho banhu;
     Hi mu kizamela,
     Hi yena Jehova.
   I ta fuma, I ta zwala,
   I ta tsama hi masiku. .

34. A SIKU GO GUMESA GI TATA, GI TATA.

1 A siku go gumesa gi tata, gi tata:
   A siku go gumesa gi tata futsi.

CHORUS—
   O hunzulukani, kolwani Hosi Jesu:
   Mu ta lamulwa futsi sikwini gakwe.

2 Tinyeleti ti ta wiswa, sikwini gakwe.

3 Hi to wona Muhanyisi,

4 Bafileko ba ta vuka,

·5 Baonhi ba ta caba,

6 Banhu bakwe ba ta yimba.

---

35. KANELA HI TIMHAKA.

Doh is D.

1 Ka - ne - la hi ti - mha - ka, Ku ta   ku ti - yi - sa;

U nga   ba ca - bi   ba ˩ - nhu, A   ba   ku ha - nyi-si.

CHORUS.

. Ka - ne - la hi   ti - mha - ka, Ti - mha - ka ti   tso - ngwa-ni;

:f	м	:-.r	d	:d'	d,	:—	l	:d'	s	:-.м	r	:-.d	d	:—	—
:r	d	:-.t,	d	:м	f	:—	f	:f	м	:-.d	t,	:-.d	d	:—	—
:s	s	:-.s	s	:s	l	:—	d	:l	d'	:-.s	f	:-.м	м	:—	—
:s,	d	:-.r	м	:d	f	:—	f	:f	s	:-.s	s,	:-.d	d	:—	—

Ti　ta　hi　vu - ne - te - la,　Ku　fa - mba hi　ndlen'.

1 Kanela hi timhaka,
　Ku ta ku tiyisa;
　U nga ba cabi banhu,
　A ba ku hanyisi.

3 Kanela hi timhaka,
　Ku wonisa banhu,
　Hakuba wa mu tiba,
　Wa mu kolwa Jesu.

CHORUS—

CHORUS—
　Kanela hi timhaka,
　Timhaka ti tsongwani;
　Ti ta hi vunetela,
　Ku famba hi ndlen'.

2 Wa alakanya kani,
　Jesu I ta kuzwa,
　Ma alakanya lawo,
　Ma kanelwe laha.
　　　CHORUS—

4 Kanela lezi kambe,
　A mhaka le' yinwe,
　Ku ta hi nengelisa,
　U ta hlakaniswa.
　　　CHORUS—

---

36. A NZI NAKO KU SASEKA.

Doh is Eb.

м	:s	l	:s	s	:-.f	м	:—	d'	:t	l	:s	м	:d	r	:—
d	:d	l,	:d	d	:t,	d	:—	d	:d	d	:t,	d	:d	t,	:—
s	:s	d'	:s	l	:s	s	:—	s	:s	f	:f	s	:fe	s	:—
d	:м	f	:м	r	:s,	d	:—	м	:м	f	:r	d	:l,	s,	:—

1 A　nzi　na - ko　ku sa - se - ka,　Nzi　mu - o - nhi　hi　zi-

nen': Nza mu la - ba Mu - ha - nyi-si, A tsa - ma - ko ma-

f. A♭. E♭.t.

ti-lwen'. We-na, Je - su! Nzi wu-yi - se ku - ba - sen'.

1 A nzi nako ku saseka,
Nzi muonhi hi zinen':
Nza mu laba Muhanyisi,
A tsamako matilwen'.

CHORUS—
Wena, Jesu!
Nzi wuyise kubasen'.

2 I ta nyenya mina kani?
Yena, a nga nzi fela;
Ku nzi klakla ka Satani,
Hi ku maha xiriho.
CHORUS—

3 Kuhambuka nza ku maha;
A nzi fambi hi ndlen';
Nzi ta wiswa lukuluku,
Hi kukohlwa munyamen'.
CHORUS—

4 Nzi hlayise, Wena, Hosi;
Nzi wuyise kubasen'.
Nzi tiyise, nzi longise;
Nzi fambise kubasen'.
CHORUS—

37. YI KONA HOSI YO RULA.

Doh is Eb. p

1 Yi ko - na Ho - si yo ru - la,   Bi - to   ga - kwe hi Je - su;

Wa ku bi - ta - na na we - na, Ku - zwa bi - to   ga Je - su.

CHORUS.

Gi   ba - si - le le - gi bi -   to: Hi ga   ho - mbe le - gi bi - to:

pp

Go   sa - se - ka le - gi bi -   to,   Bi - to   ga Mu - ha - nyi - si.

1 Yi kona Hosi yo rula,
  Bito gakwe hi Jesu;
  Wa ku bitana na wena,
  Kuzwa bito ga Jesu.

    CHORUS—

    Gi basile legi bito:
  Hi ga hombe legi bito:
  Go saseka legi bito,
  Bito ga Muhanyisi.

2 Mu amukeleni nwina,
  Mu ingiseni Jesu:
  Tsumbani bitweni gakwe,
  Mu kombeleni Jesu.

    CHORUS—

3 Kutani wa mu vumela,
  Mu vumeleni Jesu:
  Kasi mu fela ku hanya,
  Mu hanyiswe hi Jesu.

    CHORUS—

38. LEZI GAMBO GI NGA PELA.

Do is G   D. C.

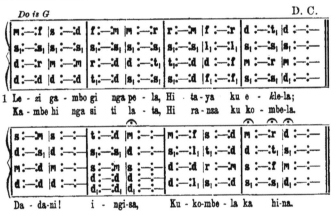

1 Le - zi ga - mbo gi nga pe - la, Hi - ta - ya ku e - kle-la;
  Ka - mbe hi nga si ti la - ta, Hi ra - nza ku ko - mbe-la.

Da - da-ni! i - ngi-sa, Ku - ko-mbe - la ka hi-na.

1 Lezi gambo gi nga pela,
  Hi taya ku eklela;
  Kambe hi nga si ti lata,
  Hi ranza ku kombela.
  Dadani! ingisa,
  Kukombela ka hina.

2 Hi ranza ku ku dumisa,
  Wena, u nga hi nyika,
  Lezi hi nga zi komkela,
  Na ga ha huma gambo.
  Kutsaka, kuhanya,
  Ku humela ka wena.

3 Munyama wu hi ranzele,
  Ni bon*k*le ba e*k*lele:
  Wena, u gambo ga hina,
  A ku tibi ku pela.
  Hi koke, hi labe,
  Ku hanyanya ka wena.

4 Tsetselele *z*onho zon*k*le,
  Lezi hi nga *z*i maha;
  Hi kota ya yena Jesu,
  U nga hlayi mangaba.
  Jehova, wuxinji,
  Hi gi laba ka wena.

39. NWANA WA KUWONEKELA.

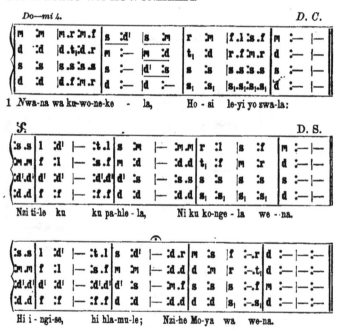

1 *N*wa-na wa ku-wo-ne-ke - la,   Ho - si   le-yi yo zwa-la:

Nzi ti-le   ku   ku pa-hle - la,   Ni ku ko-nge - la   we - na.

Hi i - ngi-se,   hi hla-mu-le;   Nzi-he Mo-ya wa   we-na.

1 *N*wana wa kuwonekela,
Hosi leyi yo zwala:
Nzi tile ku ku pahlela,
Ni ku kongela wena.
Hi ingise, hi hlamule;
Nzi· he Moya wa wena.

2 Munyama na wu hi kona,
Wena u hanyanyile.
U na mahlo ya kuwona.
Wusiku ni h*l*ikani.
O Dadani! wena Hosi!
Nzi hanyise nyamu*k*la.

3 Loku makombo ya mina,
Ma laba kû nzi hlula;
Wena, Mulweli wa mina.
U nga ri*b*ali mina.
O Muvuni! Muhanyisi!
U nzi hlulele nala.

4 Le*z*i kambe nzi ta famba,
Wena u nzi fambise:
Loku nzi ranza ku tsama,
Wena, tsama na mina.
Mahe kon*k*le, O Jehova,
Wone *N*wana wa wena.

40. MAHLWENI KA XITSAMO XA JEHOVA.

Doh is A♭   Slowly.

1 Ma-hlwe-ni ka   xi - tsa-mo   xa Je - ho - va,   Ti - xa - ka

to - n*k*le ti ta ki-za-mi - swa: Je-ho-va,   ye - na, Nu-ngu-ngu-
rit.

lu   ye - ce, Mu-ma-hi ka-mbe, Mu - ha - nyi - si wa-tsi.

1 Mahlweni ka xitsamọ xa Jehova.
  Tixaka tonkle ti ta kizamiswa:
  Jehova, yena, Nungungulu yece,
  Mumahi kambe, Muhanyisi watsi.

2 Hi ntamo wakwe a nga hi mahako,
  Hi ntsuri basi I lo hi sangula:
  Xikati hi nga tsika nayo wakwe,
  Hi yena a nga hi wuyisa kakwe.

3 Zinene zakwe zi ta tiya kwatsi,
  Hakuba zi akilwe le ribyeni;
  Kuranza kakwe kambe ku ta tsama,
  Ku pinzukela ni ku pinzukela.

4 A hi mu dumiseni lukuluku,
  Hi timbilwini ni milomu kambe:
  A tiko ni laba hanyako bonkle,
  Hi ntamo, dumisani Nungungulu.

41. KONA MUHANYISI; KONA MUHANYISI.

Do—mḷ 4.

d	: .r	|m	:f	s	:—	|m	:—	d¹	:d¹ .d¹	|d .t :l .s
s	: .t	|d	:r	m	:—	|d	:—	m	:m .m	|m .f :m .m
m	: .f	|s	:s	s	:—	|s	:—	s	:s .s	|s .s :f .m
d	: .d	|d	:d	d	:—	|d	:—	d	:d .d	|d .s :s .s

1 Ko - na Mu - ha - nyi - si;   ko - na Mu-ha-nyi-si: Mu

s :d¹	|s :d¹	t¹.s :l	|l	:s	s .l :s .l	|d¹ .m :m	m :r	|d :r
m :m	|m :m	f.f :f	|f	:m	m.f :m .f	|f .d :d	d :t	|l :t
s :s	|s :s	f.f :s	|s	:s	s.f :s .f	|f .s :s	s :s	|m :s
s :d	|d :d	s.s :s	|s	:s	s.s :s .s	|s .d :d	s₁:s₁	|l₁ :s₁

zwe-ni, ni ba-nhu bo-nkle: A   si - ya ka-ya ka-kwe, Ku fe - la hi - na ba-

```
| m :f  | m  :r  | s  :l  | s  :m  | f  :s  | m  :r  | s₁ :d  | d  :- |
| d :r  | d  :t  | m  :f  | m  :d  | r  :m  | d  :t  | s  :s  | s  :- |
| s :s  | s  :s  | s  :f  | s  :s  | s  :s  | s  :s  | m  :m  | m  :- |
| s₁:s₁ | s₁ :s₁ | d  :f₁ | d₁ :s₁ | f₁ :s₁ | s₁ :s₁ | s₁ :d  | d  :- |
```

nhu, Ku ri - ha mi - la - nzu ya hi - na;

1 Kona Muhanyisi ; kona Muhanyisi:
Mu zweni, ni banhu bonkle:
A siya kaya kakwe,
Ku fela hina banhu,
Ku riha milanzu ya hina ;

2 Yena wa mu ranza ; Yena wa mu ranza,
Kuranza ku riwukisako!
Wa laba hina lezi,
Wa hi bitana lezi:
Tanana, Mu zweni, kolwani.

3 Mu ta tsetselelwa, Mu ta tsetselelwa,
Kuonha ka nwina ku hetwa:
Nwanana wa Jehova,
I halatile nkata,
Ku maha kuriha ka banhu.

4 Mu ta maha yini? Mu ta maha yini?
Ni yena a nga hi felako:
Loku mu vumeleni,
Mu ta fumiswa nwenkle:
Vukani nyamukla, ringani.

---

42. JESU WA HA NZI HANYISA.

Doh is B♭. Beating Four Times to the Measure.

```
| d :-:- | d :t₁ :l₁ | l₁ :-:- | s₁ :-:- | f₁ :-:- | f₁ :l₁ :s₁ | m₁ :-:- :-:- |
| m₁:-:- | m₁ :s₁ :f₁| f₁ :-:- | m₁ :-:- | r₁ :-:- | r₁ :f₁ :m₁ | d₁ :-:- :-:- |
| d :-:- | d :d :d  | d  :-:- | d  :-:- | s₁ :-:- | s₁ :s₁ :s₁ | s₁ :-:- :-:- |
| d₁:-:- | d₁ :d₁ :d₁| d₁ :-:- | d₁ :-:- | s₁ :-:- | s₁ :s₁ :s₁ | d₁ :-:- :-:- |
```

1 Je - su wa ha nzi ha - nyi - sa, Mu-ha-nyi-

sa   wa ho-mbe: Hi   Mu - ri - he - li wa mi-

na,   Mu-ha-nyi-si   wa   ho - mbe. Mu-ha-nyi-
rit

si,   Hi Je-su Ho - si: Mu-ha-nyi-si wa ho-mbe, Hi Je-su Kri-stu.

1 Jesu wa ha nzi hanyisa,
  Muhanyise wa hombe:
  Hi Muriheli wa mina,
  Muhanyisi wa hombe.

CHORUS—

3 Nza famba ndleleni naye,
  Muhanyisi wa hombe,:
  Wa ha nzi kulisa kambe,
  Muhanyisi wa hombe:

CHORUS—

Muhanyisi wa hombe,
Hi Jesu Hosi:
Muhanyisi wa.hombe,
Hi Jesu Kristu.

2 A nzi nyika nkata wakwe,
  Muhanyisi wa hombe:
  Ku klanga mina naye,
  Muhanyisi wa hombe.

CHORUS—

4 Wa nza nyika ntamo wakwe,
  Muhanyisi wa hombe,
  Kubiha nzi ta ku hlula,
  Muhanyisi wa hombe.

CHORUS—

43. MOYA WA MINA! INGISA.

Do—reb 4.

1 Mo - ya wa mi - na! i - ngi - sa; Mu - ha-nyi - si wa ka - ne - la;

Je - su a ku nga lo, We - na, Wa vu-me - la mi - na ka - ni?

1 Moya wa mina! ingisa;
Muhanyisi wa kanela;
Jεsu a ku nga lo, Wena,
Wa vumela mina kani?

2 Kale u bohilwe, wena,
Hi tingoti ta Satani.
Nzi lo ku hanyisa futsi,
Nzi lo ku klaklisa wena.

3 Nyine I ta ribala ke?
Loyi a nga mu beleka;
Kutani i ta ribala:
Mina a nzi ku ribali.

4 Mina, a nzi hunzuluki:
Cima nzi nga ta ku tsika:
Ma ku nzi lanzisa futsi,
Mu ta tsama le na mina.

44. HOSI YA HOMBE, HA KU DUMISELA.

1 Hosi ya hombe, ha ku dumisela,
Wena Jehova, wa ntamo wa hombe:
Hi vunetele ku kozela wena;
Tsama na hina hi xonkle xikati.

2 Ha ku vumela kubihisa konkle:
Hi temarile kuonheni futsi:
Kota tiyivu hi hambukisilwe:
Hi tsetselele kuonha ka hina.

3 Jesu hi yena, *N*wanana wa wena:
I lo ambala a miri wa munhu:
I lo belekwa ku kota *n*wanana;
I lo belelwa le xihambanweni.

4 Hosi yo rula hi nyike kuhanya:
Hi he ku tsumba nkateni wa Jesu:
Nyamu*k*la hi he a Moya wo Basa,
Ni ntamo kambe ku koma milayo.

45. TANA, MAYO WO SASEKA.

Do—sol 6.

1 Ta - na, Mo - ya wo Sa-se - ka, Hla - ze mbi - lu ya mi-na.

𝄋   FINE.

Ta - na, we - na. nzi   xu-ri - se, Ta - na, tsa - me na   mi-na.

CHORUS.   D. S.

Na   mi-na,   na   mi-na,   Ta - na, tsa - me na   mi-na.

1 Tana, Moya wo Saseka,
  Hlaze mbilu ya mina.
  Tana, wena, nzi xurise.
  Tana, tsame na mina.

  CHORUS—
     Na mina, na mína,
     Tana, tsame na mina.
     Tana, wena, nzi xurise,
     Tana, tsame na mina.

2 Tana, Jesu wo Saseka,
  Nza mahele wuxinji.
  Tsetselela, hunisela,
  Tana, tsama na mina.
     CHORUS—

3 Nungungulu wo Saseka,
  Nza tsinela ka wena.
  Wa vumela wa nzi kesa.
  Tana, tsame na mina.
     CHORUS—

46. NGONANI BANHU NYAMUKLA.

Do—ra θ.

1 Ngo-na-ni ba-nhu nya-mu-kla,   Je-su wa hu-nza la-ha;

Ngo-he-ni ya-kwe ku ko-ta.   Ku-ba-sa ka gambo.
CHORUS.

Wa   hu-nza   wa   hu-nza,

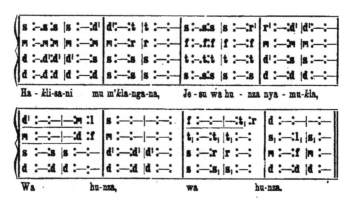

Ha - *k*li-sa-ni   mu m'*k*la-nga-na,   Je - su wa hu - nza nya - mu-*k*la,

Wa ·   hu-nza,   wa   hu-nza.

1 Ngonani banhu nyamu*k*la,
Jesu wa hunza laha;
Ngoheni yakwe ku kota,
Kubasa ka gambo.

2 Ngonani, mu nga kaneti,
Jesu wa hunza laha,
I ta mu nyika xibaba,
Xi ta mu xurisa.

CHORUS—

CHORUS—

Wa hunza wa hunza,
Ha*k*lisani mu m' *k*langana,
Jesu wa hunza nyamu*k*la,
Wa hunza, wa hunza.

3 Ngonani mu karalako,
Jesu wa hunza laha,
I ta mu nyika kuhanya,
I ta mu hlayisa.

CHORUS—

47. HOSI JESU, HA KU RANZA.

Doh is A♭.

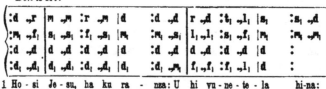

1 Ho - si Je - su, ha ku ra - nza: U hi vu - ne - te - la   hi-na:

Ha ko-mbe-la lu - ku-lu-ku. Ye - na I na nta-

mo ngu-vu, Mu-ha - nyi-si wo Sa-se-ka; Hi ta m' wona lu-ku-lu-ku.

CHORUS.

Hi ta yi - ma le ma-hlwe - ni Ka

Je - ho-va, Nu-ngu - ngu-lu; Hi ta yi-mbe-le - la ko-na: Hi ta tsa-

ma le ti - lwe - ni; Lu-ku-lu-ku le ti-lwe-ni.

1 Hosi Jesu ha ku ranza:
  U hi vunetela hina:
  Ha kombela lukuluku.
  Yena I na ntamo nguvu,
  Muhanyisi wo Saseka;
  Hi ta m' wona lukuluku.

2 Ingisani, banhu bonkle,
  A timhaka to saseka:
  Mu ta hanya lukuluku;
  Jesu Kristu, Muhanyisi,
  I lo siya le tilweni,
  I cikele misaben'.
           CHORUS—

CHORUS—
  Hi ta yima le mahlweni
  Ka Jehova, Nungungulu;
  Hi ta yimbelela kona:
  Hi ta tsama le tilweni;
  Lukuluku le tilweni.

3 I ta hi hanyisa futsi,
  Loku hi mu kolwa nguvu.
  Hi nengela lukuluku;
  Loku hi ku alakanya,
  A kuwulawula kakwe,
  Ku tileko lukuluku.
           CHORUS—

48. MURISI WA *TLAMBI.*

Doh is F.

1 Mu-ri-si   wa tla-mbi, . A Ba-ndhla ga   we-na; Hi   ko-ta   ya we-

na,   Nzi tsi - ka   ku-bi - ha;   A ho - si ya mi-na, Mu-ha-

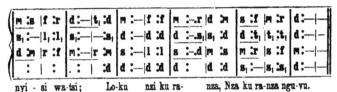

nyi - si wa-tsi; Lo-ku nzi ku ra- nza, Nza ku ra-nza ngu-vu.

1 Murisi wa *t*lambi,
  A Ban*d*hla ga wena;
  Hi kota ya wena,
  Nzi tsika kubiha;
  A hosi ya mina,
  Muhanyisi watsi;
  Loku nzi ku ranza,
  Nza ku ranza nguvu,

2 Wa ranga ku ranza,
  Hakuba nzi file;
  Sinyeni ya Kalvari
  Wa nzi rihela;
  A nkata wa wena,
  Wa nzi halakela;
  Loku nzi ku ranza,
  Nza ku ranza nguvu.

3 Tin*d*lwini ta tilo,
  Nzi ta ku dumisa;
  Hi ntamo wa mina,
  Nzi ta ku kesela;
  A Ho*z*i ya mina,
  Nzi ta yimbelela;
  Loku nzi ku ranza
  Nza ku ranza nguvu.

---

49. KUVUMELWE KU NYIKA KUHANYA KAMBE.

Do—sol 3.

:s,	d	:d	:d	d	:—	:d	.r	ᴙ	:ᴙ	:ᴙ	ᴙ	:—
:s,	s,	:s,	:s,	s,	:—	:s,	.s,	s,	:s,	:s,	s,	:—
:ᴙ	ᴙ	:ᴙ	:ᴙ	ᴙ	:—	:s	.f	ᴙ	:d	:d	d	:—
:d	d	:s,	:ᴙ,	d,	:—	:ᴙ	.r	d	:s,	:ᴙ,	d,	:—

1 Ku - vu - me - lwe ku nyi-ka ku - ha - nya ka-mbe,

:d .m	s	:s	:s	l	:s	:m	m	:r	:r	r	:—
:s₁.s₁	d	:d	:d	d	:d	:d	d	:t₁	:t₁	t₁	:—
:m .m	m	:m	:m	f	:m	:d	s	:s	:s	s	:—
:d .d	d	:d	:d	d	:d	:d	s₁	:s₁	:s₁	s₁	:—.

Ka   la - bo   ba   tsu - mba - ko   ka   Ho - si   Je-su:

𝄋. Refrain. | 1st.   D. S. | 2d.

:s .,s	l	:s	:m .,r	d	:d	:s .,s	l	:s	:m	r	:—	:m	f	:m	:r	d	:—
:d .,d	d	:d	:d .,t₁	s₁	:s₁	:d .,d	d	:d	:d	t₁	:—	:s₁	l₁	:s₁	:s₁	s₁	:—
:m .,m	f	:m	:s .,f	m	:m	:m .,m	f	:m	:s	s	:—	:d	d	:d	:f	m	:—
:d .,d	f₁	:d	:d .,d	d	:d	:d .,d	f₁	:d	:d	s₁	:—	:d	f₁	:s₁	:s₁	d₁	:—

Ha-le-lu - ya   ku ma-hi - lwe,   Nza vu-me-la ka Je-su,
Nza tsu - mba   Nwa-na-na,   A   go-ngo-nze-lwe.

1 Kuvumelwe ku nyika kuhanya kambe,
   Ka labo ba tsumbako ka Hosi Jesu:

   Chorus—
       Haleluya ku mahilwe,
       Nza vumela ka Jesu,
       Nza tsumba Nwanana,
       A gongonzelwe.

2 A maxaka nzi nawo tikweni lego,
   Le klatuko wa congo ba ta yimbelela.
                  Chorus—

3 A banana ba yima, ba yi losa Hosi,
   Ba ta hlakana kwatsi, ba ta yimbelela.
                  Chorus—

4 A wutsamo gi kona, ga hina konkle,
   Mitiro ya kona hi ku yimbelela.
                  Chorus—

50. JESU I LO NZI HANYISA.

Doh is F.

1 Je - su I lo nzi ha-nyi-sa, A nga nzi fe-la - ko:
Cho. Nzi vu-ne Je - su ku ku won', Nza la - nzi-sa we-na;

D. C. for CHORUS.

Ku lo ma-hi - lwe hi ku yi - ni,! Mi - na a nzi cu-mo.
A si-ku ga ku-la-mu-la, Ho - si nzi ti-yi-se.

1 Jesu I lo nzi hanyisa,
  A nga nzi felako:
  Ku lo mahilwe hi ku yini,!
  Mina a nzi cumo.

CHORUS—
  Nzi vune Jesu ku ku won',
  Nza lanzisa wena;
  A siku ga kulamula,
  Hosi nzi tiyise.

2 Nzi lo ti lahlisa nguvu,
  Nzi lo mu kohlisa;
  Kani yena wa vumela,
  I lo nzi klaklisa.
    CHORUS—

3 A gambo gi lo ti fihla,
  Ku lota munyama,
  Laha Jesu a nga dawa,
  Ku hanyisa banhu.
    CHORUS—

4 Ngohe ya nga nzi ta fihla.
  Loku nzi mu wona:
  Nzi ta mu dumisa nguvu,
  Nzi ti nyika kakwe.
    CHORUS—

51. HINA NGA HI SUKE HONKLE.

Key is B Flat.

1 Hi - na nga   hi su - ke ho - nkle, Ku - o - nhe ꜜ ni
   Wa   lo fe - la ba - nhu bo - nkle Ba - te ba ha-

Uugcina.

ko - nkle;   Hi - ya hi   ti - mbi - lu to - nkle
nyi - swa.

CHORUS.

Ho - si - ni   ya hi - na.   Wa   ku fe - la

D. C.

Je - su,   Wa   lo fe - la mi - na:

1 Hina nga hi suke hon*k*le,
  Kuonheni kon*k*le;
  Hiya hi timbilu ton*k*le
  Hosini ya hina.

  CHORUS—
    Wa ku fela Jesu,
    Wa lo fela mina:
    Wa lo fela banhu bon*k*le
    Bate ba hanyiswa,

2 Matsamelo ya misaba
  A ma vuni cumo;
  Hi lahlilwe, hi kucaba,
  Hi nga tsumbi cumo.
                    . CHORUS—

3 Nga hi cuwuka le hehla
  Hosini ya hina;
  Yi mahile gona tilo
  Ni misaba yon*k*le.
                    CHORUS—

52. DUMISANI KA JEHOVA.

Key C.

1 Du-mi-sa - ni ka Je-ho - va *N*wi-na ba - nhu ba mi-sa - ba;

Mu m' ke-se - la, ne-nge-la - ni, Mu mu dzu - nza *n*wi-na *n*we-n*k*le.

A Je-ho - va, Ho-si ye - na, I ma-hi - le hi - na ho-n*k*le:

Wa hi ko - ma, wa hi go - nga; Hi hi ba - nhu ba-kwe hi-na.

1 Dumisani ka Jehova
  Nwina banhu ba misaba;
  Mu m' kesela, nengelani,
  Mu mu dzunza nwina nwenkle.
  A Jehova, Hosi yena.
  I mahile hina honkle:
  Wa hi koma, wa hi gonga;
  Hi hi banhu bakwe hina.

2 Engenani, mu m' dumisa,
  Muya tinyangweni takwe;
  Mu bongeni ni kubonga,
  Mu kulisa bito gakwe:
  Wo Saseka, hi Jehova:
  Ga kale wuxinji gakwe:
  Ni zinene za hi kona
  Le banhwini bonkle bakwe.

53. HOSI HI MBETILE.

Key C.

1 Ho - si hi   mbe-ti - le   Ku-kla - nga-na   lo - ku;

Zi - lo zo - nkle hi zi zwi-le Zi hi vu - ne - te - la.

1 Hosi hi mbetile
  Kuklangana loku;
  Zilo zonkle hi zi zwile
  Zi hi vunetela.

2 Hina hi ba Wena,
  Hi ku, hi tiyivu ;
  Wena, U rinzela klambi,
  Hi nga hambukeli.

3 A hi ingiseni
  Gezu ga Murisi:
  Kota klambi wu ingisa,
  Murisi wa wona.

---

54. NUNGUNGULU WA NZITIBA.

Key G.

:s₁ .,s₁	d	:– .s₁ :d .r	m., f :s	l .,l	s	:– .m :f .m	r	:s
:s₁ .,s₁	d	:– .s₁ :s₁ .s₁	s₁	:d	d .,d	d	:– .d :d .d	t₁	:t₁
:s₁ .,s₁	d	:– .s₁ :d .t₁	d .,r	:m	f .,f	s	:– .s :l .s	s	:s
:s₁ .,s₁	d	:– .s₁ :m₁ .s₁	d	:d	f .,f	m	:– .d :f₁ .d	s₁	:s₁

1 Nu-ngu-ngu - lu wa nzi ti - ba, Wa nzi wo - na, wa nzi bi - ta:

:s₁ .,s₁	d	:– .s₁ :d .r	m., f :s	l .,l	s	:– .d :m .r	r	:d
:s₁ .,s₁	d	: .s₁ :s₁ .s₁	s₁	:d	d .,d	d	:– .d :t₁ .t₁	t₁	:d
:s₁ .,s₁	d	:– .s₁ :d .t₁	d .,r	:m	f .,f	s	:– .m :s .s	f	:m
:s₁ .,s₁	d	:– .s₁ :m₁ .s₁	d	:d	f₁.,f₁	m₁	:– .l₁ :s₁ .s₁	s₁	:d

A ku-tsa - ma ni ku-vu - ka, Ni ku-fa - mba ko-nkle ka-mbe.

CHORUS.

:	:	:		s₁.s₁	l₁	:– .d :t₁.l₁	s₁	:m :– .,r	r	:d
:	:	:		s₁.s₁	f₁	:– .l₁ :s₁.f₁	m₁.s :d	:– .,t₁	t₁	:d
:r .,m	f	:f	:m.,f	s	:s	d.d	d	:— :d	m	:s :– .,f	f	:m
:s₁.,d	r	:r	:d.,r	m	:m	m₁.m₁	f₁	:— :f₁	s₁	:– :– .,s₁	s₁	:d₁

A ku-tsa - ma, ni ku-vu-ka, Ni ku-fa - mba ko - nkle ka-mbe.

1 Nungungulu wa nzi tiba,
  Wa nzi wona, wa nzi bita:
  A kutsama ni kuvuka,
  Ni kufamba konkle kambe.

CHORUS—

    A kutsama, ni kuvuka,
    Ni kufamba konkle kambe.

2 I tsamile matilweni,
  Kona ku hi kaya kakwe;
  Laha kambe misabeni
  I tsamile kubaseni.

CHORUS—

3 A hlikani ni wusiku,
  Ku ringana ka Dadani;
  A nzi nako ku fihlala,
  Laha wa nzi wona wena.

CHORUS—

4 Kutibiwa ni kuwona
  Ku nzi tele hi kucaba:
  Loku mina nza hambuka,
  O Dadani, nzi klelise

CHORUS—

55. DUMISANI YENA JESU.

Key F.

s :–.l:s	s :— :	d :— :m	d :— :m	s :–.l:s	d :— :
t, :— :t,	d :— :	d :— :d	d :— :d	t, :— :t,	d :— :
s :— :f	m :— :	m :— :s	m :— :s	f :— :f	m :— :
s, :— :s,	d :— :	d :— :d	d :— :d	s, :— :s,	d :— :

le   he - hla,   Ye - na Ho - si ya   ti - lo.

1 Dumisani yena Jesu,
  Mu m' kulisa zinene:
  Wa dumiswa le hehla,
  Yena Hosi ya tilo.

  CHORUS—
    Wa dumiswa le hehla,
    Yena Hosi ya tilo.

2 Yena Hosi ya hombe,
  Yena, Hosi ya kale:
  Wa wuxinji ga hombe:
  Wa belelwa sinyeni.
          CHORUS—

3 I ta ba hanyisa labo
  Bonkle ba mu lanzako:
  Wa ba hlaza nkateni,
  Wa ba yisa le tilwen'.
          CHORUS—

56. NGA HI M' DUMISA JESU.

Doh is F.

:m	m :m	r :–.r	d :—	d :d	f :–.f	m :f	r :—	—
:d	d :d	t, :–.t,	l, :—	l, :d	d :–.d	d :d	t, :—	—
:s	s :s	f :–.f	m :—	m :m	l :–.l	s :l	s :—	—
:d	d :d	s, :–.s,	l, :—	l, :l,	f, :–.f,	d :f,	s, :—	—

1 Nga hi m'du - mi - sa Je - su, Hi ti - mbi-lu   ta   hi-na;

:r	s :–.s	f :f	m :—	r :r	d :d	t,.d :r.t,	d :—	—
:t,	d :–.d	t, :t,	d :—	l, :l,	s, :s,	s, ,:s	s, :—	—
:s	s :–.s	s :s	s :—	f :f	m :m	r.m :f.r	m :—	—
:f	m :–.m	r :r	d :—	f, :f,	s, :s,	s, :s,	d :—	—

Nga hi   m'ke-se - la   Je - su, Mu-hla - wu - li   wa hi-na.

:d	d :-.d	d :r	m :—|m :d	d :-.d	d :r	m :—|—
:s₁	l₁ :-.l₁	d :t₁	d :—|d :s₁	l₁ :-.l₁	d :t₁	d :—|—
:m	l :-.l	la :la	s :—|s :m	l :-.l	la :la	s :—|—
:d	f :-.f	f :f	d :—|d :d	f :-.f	f :f	d :—|—

I   le   ti-lwe - ni   ga - kwe, Wa fu - ma kwa-tsi   ko-na:

:m.f	s :s	|l :-.s	s :—|f :	m :m	|r :- .d	d :—|—
:d.t₁	d :d	|d :-.d	d :—|t₁ :	d :d	|t₁ :- .s₁	s₁ :—|—
:s	s :s	|f :-.s	s :—|s :	s ˙ :s	|f :- .m	m :—|—
:d.r	m :m	|f :-.m	m :—|r :	d :d	|s₁ :- {.d d	d :—|— {.d₁ d₁ :

Ti - mha-ka   ti.   wu-lwa - ko   Ti   zwe-le   ka-ya ka-kwe.

1 Nga hi m' dumisa Jesu,
  Hi timbilu ta hina;
  Nga he m' kesela Jesu,
  Muhlawuli wa hina.
  I le tilweni gakwe,
  Wa fuma kwatsi kona:
  Timhaka ti wulwako
  Ti zwele kaya kakwe.

2 Nga hi mu ranza Jesu,
  Muhlayisi wa hina,
  A nga hi fela honkle.
  Ka si hi kala kufa:
  I kona misabeni,
  A ba te kakwe bonkle;
  A famba a kumana
  Ni labo bo hunguka.

3 Nga mu tsumba Jesu,
  Hakuba wa hi risa:
  Wuxinji le ga yena
  Ku tsetselela hina.
  Xikati xonkle yena
  Wa alakanya hina:
  A siya kaya kakwe
  A ta ku laba hina.

57. NZI TA MU KESELA.

Key A Flat.

1 Nzi ta mu ke - se - la Mu - *kla-kli* wa mi-na;

A ngà nzi ha - nyi - sa Le zo-nhwe - ni zo-n*kle*:

Wa nzi ta - nge-li - sa, Wa nzi ko - ma kwa-tzi;

Ko - na nzi mu bo - nga, Mu - *kla-kli* wa mi-na.

1 Nzi ta mu kesela
  Muklakli wa mina;
  A nga nzi hanyisa
  Le zonhweni zonkle:
  Wa nzi tangelisa,
  Wa nzi koma kwatsi;
  Kona nzi mu bonga,
  Muklakli wa mina.

2 Nzi wa komekile
  Nanzwini wa mina;
  Nzi wa lahlekile
  Munyamen' wa mina;
  Kona wa gi fela
  Wutomi ga mina:
  I gi hanyisile
  Jehova wa mina.

8 A nzi tsame naye,
  Hosi ya matilo;
  A nzi fambe naye,
  Le ndleleni yakwe:
  I kona tilweni,
  Nzi ya kona mina,
  Kona kuhanyeni,
  Kota Muriheli.

58. HI NA XAKA, YENA JESU.

Key D.

1 Hi na xa-ka, ye-na Je-su,   Wa hi ra-nza;

Ma-nwa-m ma nga ko-ti yen',   Wa hi ra-nza.

:d¹.t	1	:1	|1	:t.1	s	:s	|s	||1.s	f	:f	|f	:s.f	m	:m	|m
:m	f	:f	|f	:f	m	:m	|m	||f.m	r	:r	|r	:m.r	d	:d	|d
:d¹	d¹	:d¹	|d¹	:d¹	d¹	:d¹	|d¹	||d¹	t	:1	|t	:t	d¹	:s	|s
:1.s	f	:f	|f	:f	d	:d	|d	||d	s,	:s,	|s,	:s,	d	:d	|d

A   nga na - ko ku xa - ni - sa, A   nga na - ko ku ko - hli - sa:

:d.m	s	:s	|s	:d¹.t	1	:d¹	|s	:—	||s	:—	|1	:—	t	:—	|d¹
:d	d	:d	|d	:d	d	:d	|d	:—	||m	:—	|f	:—	r	:—	|m
:m.s	m	:m	|m	:s	f	:1	|s	:—	||d¹	:—	|d¹	:—	s	:—	|s
:d	d	:d	|d	:m	f	:f	|m	:—	||d	:—	|f	:—	s	:—	|d

Wa hi vu - na hi zi - ne - ne: Wa   hi   ra - nza.

1 Hi na xaka, yena Jesu,
   Wa hi ranza;
Manwani ma nga koti yen',
   Wa hi ranza.
A nga nako ku xanisa,
A nga nako ku kohlisa:
Wa hi vuna hi zinene:
   Wa hi ranza.

2 Mungana wa hina Jesu,
   Wa hi ranza;
A nga nyenyi banhu bakwe;
   Wa hi ranza.
Wa ba koka le ndleleni,
Wa ba hlayisa le mhangwen',
Wa ba humesa kubihen',
   Wa ba ranza.

3 Makunu wa mu laba ke?
   Wa hi ranza;
Wa hi kona le tilweni,
   Wa hi ranza.
Wa hi kombelela kona,
Wa hi sasisela kona,
Hi ta amukelwa kona,
   Wa hi ranza.

59. I ZI RWELE ZONHO JESU!

Key E-flat.

d	ꟽ.s	dꞁ.l:s	l	:s ꟽ	r :d	ꟽ :s	l.dꞁ:t.l	s.fe:s
d	:d	d :d	d.f ꟽ.d	t₁ :d	d :r	ꟽ :r	r :r
ꟽ	:s ꟽ	l.f:ꟽ	dꞁ :dꞁ.s	s.f:ꟽ	s :s	s :s.fe	t.l:t
d	:d	d :d	f₁ :s₁	s₁ :d	d :t₁	d :r	r :s₁

1 I zi rwe-le zo-nho Je-su! Na zi nga hi za-kwe;

s :l .f	dꞁ.l:s	ꟽ :f r	s.f:ꟽ	s :l.t	dꞁ.rꞁ:dꞁ	t :dꞁ
d :d	f :ꟽ	d.ta₁:l₁	t₁ :d	d :d.r	s.f :ꟽ	r.f:ꟽ
ꟽ :f .l	l.dꞁ:dꞁ	s :f	r.s:s	dꞁ :l.f	s.l :s	s :s
d :d	d :d	d :r	s₁ :d	ꟽ :f	ꟽ.f :s	s :d

A ri-he-la na-nzu Je-su! Na wu nga hi wa-kwe.

1 I zi rwele zonho Jesu!
  Na zi nga hi zakwe;
  A rihela nanzu Jesu!
  Na wu nga hi wakwe!

2 I wa hi munhu wa ntamo;
  A nga gohi yena;
  A halata nkata wakwe,
  I sasile yena.

3 Loku hi ku tsetselelwa
  Kubayisen' kakwe:
  Zokle zonho zi hlazilwe
  Nkatini wa yena.

60. TAŃA, MOYA WO SASEKA!

Key E-flat.

:d ꟽ	s :-.l :s ꟽ	d :d	d.d	r :-.r :d.r	ꟽ :d	d.ꟽ	s :-.l :s ꟽ
:d .d	ꟽ :-.f ꟽ.d	s₁ :s₁	s₁.s₁	t₁ :-.t₁:l₁.t₁	d :s₁	d.d	ꟽ :-.f ꟽ.d
:ꟽ.s	dꞁ :-.dꞁ:dꞁ.s	ꟽ ꟽ	ꟽ.ꟽ	s :-.s ꟽ.s	s ꟽ	ꟽ.s	dꞁ :-.dꞁ:dꞁ.s
:d.d	d :-.d :d.d	d :d	d.d	s₁ :-.s₁:l₁.s₁	d :d	d.d	d :-.d :d.d

1 Ta-ńa, Mo-ya wo Sa-se-ka! Ta-na, U e-nge-na we-na; Ma-ku-nu ha ku na-

CHORUS.

d :d	d .r	m	:–.f :m .r	r	:— :d	s	:–.l :s .m	d¹ :d¹	:
d :d	d .d	d	:–.r :d .t₁	t₁	:— :d	m	:–.f :m .d	m :m	:
m :m	s .l	s	:–.s :s .s	f	:— :m	d¹	:–.d¹:d¹.s	s :s	:
d :d	m .f	s	:–.s₁:s₁.s₁	s₁	:— :d	d	:–.d :d .d	d :d	:

be-la, Hi mu zwi - le we-na fu - tsi. Mo - ya wo Sa-se-ka!

s :–.l :s .m	r :r	:	s :–.l :s .m	d¹.t :l .l	d¹.,d¹	m :–.f :m .r	r :d	
m :–.f :m .d	t₁ :t₁	:	m :–.f :m .d	m.s :f .f	d.,d	d :–.r :d .t₁	t₁ :d	
d¹ :–.d¹:d¹.s	s :s	:	d¹ :–.d¹:d¹.s	s .s :d¹.d¹	l.,l	s :–.s :s .s	f :m	
d :–.d :d .m	s :s	:	d :–.d :d .d	d .m :f .f	fe.,fe	s :–.s₁:s₁.s₁	s₁ :d	

Ta - na, u e-nge-na; Ma - ku-nu ha ku na-be-la, Hi mu zwi-le we-na fu-tsi.

1 Tana, Moya wo Saseka!
Tana, U engena wena;
Makunu ha ku nabela,
Hi mu zwile wena futsi.

3 U hi Moya wa kuranza,
Wu mahilwe kuranzeka:
Hi gohile kakwe, hina,
Hi tsikile nayo wakwe.
CHORUS—

CHORUS—
Moya wo Saseka!
Tana, u engena;
Makunu ha ku nabela,
Hi mu zwile wena futsi.

2 U hi Moya wa wutomi,
Wutako na wu nga mahwi;
Hina banhu hi baonhi,
Hina kufa ku tralweni.
CHORUS—

4 Moya wo Saseka Tana;
Tana, hi tatise hina.
Hi kombela hi zi laba,
Lezo zilo hi za wena.
CHORUS—

6

61. NWINA LABA KARELEKO.

Doh is F.

1 Nwi - na la-ba ka-re-le - ko,   Mu   la-hle-ka le ho-si-ni,

E - nge-na-ni ka Mu-ri - si   A   nga mu ra-nza ngu-vu.

Lo - ku mu la-ba ku tsu - mba,   Mu   ta pfu-na le mbi-lwi-ni;

Nga   mu hla-mba le ti-be . - ni   Gi   te-le-ko hi nka-ta,

1 *N*wina laba kareleko,
  Mu lahleka le hosini,
  Engenani ka Murisi
  A nga mu ranza nguvu.
  Loku mu laba ku tsumba,
  Mu ta pfuna le mbilwini;
  *N*ga mu hlamba le tibeni
  Gi teleko hi nkata.

2 Wutsa*n*weni go lahleka,
  Laho muya le mhangweni,
  Tsinelani lukuluku,
  Mu ta kuma ko kwatsi.
  Kona kakwe kuhumula,
  Ku nga kona le Hosini,
  Mu ta amukela kambe
  A wutomi ga yena.

3 Nengelani, *n*wina *n*wen*k*le
  Mu *k*umile misakeni
  A *k*uhanya ko saseka,
  Ku tileko hi tilwen'.
  Loku muya munyameni,
  Ni wusiku le ga hombe,
  A mu labi ni *k*andiya,
  Yena, I ta woninga.

---

62. SIKU JESU A NGA FELA.

Key G.

1 Si - ku Je - su a nga fe - la, Mu - nhu a ku ka - kwe,

"O Ho-si, nzi a - la - ka-nye" Nza tsu-mba ka we - na.

1 Siku Jesu a nga fela,
  Munhu a ku kakwe,
  "O Hosi, nzi alakanye"
  Nza tsumba ka wena.

2 Jesu I lo mu hlamula,
  Nyamukla u ta ya
  Paradiseni ga tilo
  U humula kona.

3 Nza cuwuka wena Hosi,
  Nza ku alakanya;
  Nza vumela hi ku ranza;
  Nzi kozela Jesu.

4 Laha U tsamako, Hosi,
  A hi tsame honkle;
  Hi nyike hi amukelwe
  Tilweni ka wena.

63. NUNGUNGULU WO SASEKA.

Key Eb.

1 Nungungulu wo Sa - seka   Nzi sukile hi le kaya:

Nzi gonzise, nzi wo - nise   Wu - ranza ga wena.

1 Nungungulu   wo   Sa—   seka,
  Nzi sukile   hi   le .   kaya:
  Nzi gonzise,   nzi   wo—   nise
  Wu—   ranza ga   wena.

2 Kale mina   nzi   ri—   lela,
  A maxaka   nzi   ma   laba;
  A nzi ali   nzi   hla—   mula
  Wu—   ranza ga   wena.

3 A ku nga nzi tse— tse— lelwa
  Wona Moya wu hi kona;
  Nungungulu nzi 'nge— nise
    Wu— ranza ga wena.

4 Sase kwatsi ma 'la— kanya,
  Ma ngenise le mbi— lwini
  A zi tsanzi ku nzi nyika
    Wu— ranza ga wena.

5 Misabeni nzi nga kona
  A mihloti ni ku— laba;
  Kani lezi nzi ta yimba
    Wu— ranza ga wena.

---

64. NUNGUNGULU NZI CUWUKE.

Key G.   D. C.

1 Nu-ngu-ngu - lu nzi cu-wu - ke, A-mu-ke - la ku-ko-ombe-la;
  A ku la - bi nzi da-yi - wa, Tsi-ka zo - nkle za ku-bi-ha

Nzi wa a - la ge-zu le - go, Nzi wa ra - nza zo-nho zo-nkle;

:s₁ .,s₁	d	:d	:d ,м	r	:r	s .,s	s	:— .d :м .,r₁	d	:—
:s₁ .,s₁	s₁	:s₁	:s₁ .d	t₁	:t₁	t₁.,t₁	d	:— .s₁ :s₁,t₁	d	:—
:м .,м	м	:м	:s .s	s	:s	r .,r	м	:— .м :s .f	м	:—
:d .,d	d	:d	:м .d	s₁	:s₁	s₁.,s₁	d	:— .d₁ :s₁,s₁	d₁	:—

Ka - ni le - zi   wa-nzi la - ba,   Wa nzi *k*la - *k*la ka Sa-ta-ni.

1 Nungungulu nzi cuwuke,
  Amu*k*ela kukombela;
  A ku labi nzi dayiwa,
  Tsika zon*k*le za kubiha.
  Nzi wa ala gezu lego,
  Nzi wa ranza zonho zon*k*le;
  Kani le*z*i wa nzi laba,
  Wa nzi *k*la*k*la ka Satani.

2 Nungungulu nzi onhile,
  Nzi na nanzu lo wa hombe:
  Nzi gi zwile a wuxinji,
  U nzi hlaze kuonheni:
  Le mahlweni ka Jehova,
  Nzi nga bonga Muhanyisi
  Hi mintamo nzi ta kesa
  Muriheli lo wa mina.

---

65. WUXINJI GA WENA, HOSI.

Key C.

s	:— :d¹	м¹ :— :d¹	t :1 :s	d¹ :s :	s :— :1	м :— :r
м	:— :м	s :— :s	f :— :f	м :м :	d :— :d	d :— :t₁
s	:— :s	d¹ :— :d¹	r¹ :d¹ :t	s :d¹ :	d¹ :— :1	s :— :s
d	:— :d	d :— :м	s :— :s	d :d :	м :— :1	s :— :s₁

1 Wu - xi - nji   ga we - na, Ho-si,   Nza   gi bo - nga

м :— :fe	s :— :	s :— :d¹	м₁ :— :d¹	r¹ :d¹.t:1 .s
d :м :r	r :— :	м :— :м	s :— :s	f :— :f
s :d¹ :d¹	t :— :	d¹ :— :s	s :d¹ :d¹	t :r¹ :t
d :1₁ :r	s₁ :— :	d :— :d	d :— :м	s :— :s

nya - mu - *k*la;   Ga   nzi ku - ma mu - nya-

d¹ :s :	s :— :l	s :— :d¹	m :— :r	d :— :
m :m :	m :— :f	m :— :m	d :— :t₁	d :— :
s :d¹ :	d¹ :— :d¹	d¹ :— :s	s :— :f	m :— :
d :d :	d :— :d	d :— :d	s :— :s₁	d :— :

me - ni,   Ga   nzi ne - ha ku - ba - sen'.

1 Wuxinji ga wena, Hosi,
Nza gi bonga nyamukla ;
Ga nzi kuma munyameni,
Ga nzi neha kubasen'.

2 Nzi wa tsama munyameni,
Nzi wa famba kubihen':
Nzi wa laba ku lahleka
Hi wukumu ga mina.

3 U nzi kome hi wunene,
Hi masikwini wonkle;
Le kufeni nzi am'kele
Nzi tsamise na wena.

---

66. HOSI, HI WUXINJI GA WENA.

Key E.

m .m :m	:d	r .r :m	:m	s .l :s	:m	d .m :r
d .d :d	:d	t₁ .t₁ :d	:d	m .f :m	:d	d .d :t₁
s .s :s	:s	s .s :s	:s	d¹ .d¹ :d¹	:s	s .s :s
d .d :d	:m	s .s :d	:d	d .d :d	:d	m .d :s₁

1 Ho-si, hi   wu - xi-nji ga   we-na, Wo-na m'he- fe- mu-lo wa mi-na;

:m .m	m	:d	:r .r	m	:m	s .l	s .m :r	:r	m :— :—
:d .d	d	:d	:t₁ .t₁	d	:d	m .f	m .d :d	:t₁	d :— :—
:s .s	s	:s	:s .s	s	:s	d¹ .d¹	d¹ .s :s	:s	s :— :—
:d .d	d	:m	:s .s	d	:d	d .d	d .m :s	:s₁	d :— :—

Nzi ki - za - ma - la - ha ka we-na Su-sa zo-nkle zo - nho za mi-na.

1 Hosi, hi wuzinji ga wena,
  Wona m'hefemulo wa mina;
  Nzi kizama laha ka wena,
  Susa zonkle zonho za mina.

2 Nzi wa lahlekile ka Hosi,
  Nzi nga tibi nanzu wa mina;
  Nzi bitilwe nguvu ka wena,
  Susa zonkle zonho za mina.

3 Nzi mu zwile a Muhanyisi,
  A nga rwala nanzu wa mina;
  Nzi wa ala— nza hunzuluka,
  Susa zonkle zonho za mina.

4 Jesu, nza klelela ka wena,
  Nazo zonkle lezo za mina;
  Nza amukele, u nzi ranzako,
  Susa zonkle zonho za mina.

---

67. YENA JESU WA BA BITA.

Key E-flat.

1 Ye - na   Je - su   wa   ba   bi - ta,   Bo - nkle la - ba ka-re - le ko:

Ta - na - ni, nwi - na   mu hu-mu-la,   Nwi-na   a   mu rwe-xi - lwe-ko.

r	:r	r.f :m.r	m :f	s :	l	:l	l.d':t.l	l :—	s
t₁	:t₁	t₁.r :d.t₁	d :t₁	d :	d	:d	d :d.d	d :—	d
s	:s	s :s.s	s :—	s :	f	:f	f.l :s.f	f :—	m
s₁	:s₁	s₁ :s₁.s₁	d :r	m :	f	:f	f :f.f	d :—	d

2 Ngo - na - ni mu-ta ka mi - na *N*wi-na mu xa-ni-se - ka-ko;

:d m	s :s	s.d' :m.l	s :—|m :	r	:r	r.f :m.r	r :—|d :
:d	m :m	m :m	d :—|d :	t₁	:t₁	t₁.r :d.t₁	t₁ :—|d :
:m.s	d' :d'	d'.s :s.f	m :—|s :	s	:s	s :s.s	f :—|m :
:d	d :d	d :d	d :—|d :	s₁	:s₁	s₁ :s₁.s₁	s₁ :—|d :

Nzi ta mu tse - tse - le-la *n*we-nkle *N*wı - na a mu bo-he - lwe-ko.

CHORUS.

Ta   -   na - ni,   mu ka - ra - ti - lwe - ko.

r	:—|—| :s.f	m :—|—| :	r	:r	d :r	m :—|m :
t₁	:—|—| :t₁.r	d :—|—| :	t₁	:t₁	d :t₁	d :—|d :
:s.s	s :	:s.s	s :	s	:s	m :s	s :—	s :
:s₁.s₁	s₁ :	:d.d	d :	s₁	:s₁	s₁ :s₁	d₁ :—	d₁ :

Ta-na-ni   ta-na-ni   mu ka - ra - ti - lwe - ko;

Ta   -   na - ni,   mu ka - ra - ti - lwe - kò;

l	:—|—| :l	s :—|—| :	d'	:m.l	s :f.r	r :—|d
d	:—|—| :d	m :—|—| :	m	:d	d :t₁	t₁ :—|d
:f.f	f :	:d'.d'	d' :	s	:s.f	m :r.f	f :—	m
:f.f	f :	:d.d	d :	d	:d.f₁	s₁ :s₁	s₁ :—	d

Ta-na-ni   ta-na-ni   mu ka - ra - ti - lwe - ko.

1 Yena Jesu wa ba bita,
Bon*k*le laba karelekò:
Tanani, *n*wina mu humula,
*N*wina a mu rwexilweko.

CHORUS—
Tanani, mu karatilweko;
Tanani, mu karatilweko.

2 Ngonani muta ka mina
*N*wina mu xanisekako;
Nzi ta mu tsetselela *n*wen*k*le
*N*wina a mu bohelweko.
CHORUS—

3 Ngonani le kugeni,
*N*wina a mu zwako nd*l*ala:
Ngonani le matini,
*N*wina a mu zwako tora.
CHORUS—

4 Ngonani mu tsinela,
*N*wen*k*le mu vumelelako:
Nzi nga ta beletela,
Yena loyi a labako.
CHORUS—

68. GEZU GI KU, INGISANI.

Key G.

1 Ge - zu gi ku, in - gi - sa - ni, *N*wi - na
ba - nhu, nza mu ko-mbe - ta, Le ndle-le - ni yi-ya ti-
lwe - ni, Mi - na, ne - ne, nza mu pi - mi - sa.

CHORUS.

Mi - na ne - ne, Mi - na ne - ne, Mi - na

ne - ne, nza mu pi-mi - sa; Le ndle-le - ni yi-ya ti-

lwe - ni, Mi - na ne - ne, nza mu pi-mi - sa.

1 Gezu gi ku, ingisani,
    *N*wina banhu, nza mu kombeta,
    Le n*d*leleni yiya tilweni,
    Mina, nene, nza mu pimisa.

    CHORUS—
    Mina nene, Mina nene,
    Mina nene, nza mu pimisa;
    Le n*d*leleni yiya tilweni,
    Mina nene, nza mu pimisa.

2 Hi kudzuxwa ka barinzi,
    Ni *z*iringo *z*i mu wisa,
    Tiyisani mu nga zi cabi,
    "Mina nene, nza mu pimisa."
                CHORUS—

3 Siku legi gi ta pela,
  Zonkle lezo nza zi laba,
  Nga hi vumela xilulamiso,
  Mina nene, nza mu pimisa.
CHORUS—

4 Hambu kufa ku tsinela,
  Muhefemulo wu ta timeka,
  A Muhanyisi a nga mu ali,
  "Mina nene, nza mu pimisa."
CHORUS—

69. KA WENA, JEHOVA.

Do is G

1 Ka   we - na, Je - ho-va,   Nzi - ta ka we-na;

U   nzi ko-ke we-na,   Nzi ta ka we-na.

Nza   vu - me-la, nzi ku,   Ka   Ho - si ya mi-na;

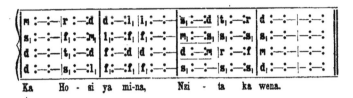

Ka   Ho - si ya mi-na,   Nzi - ta ka wena.

1 Ka wena, Jehova,
  Nzita ka wena;
  U nzi koke wena;
  Nzi ta ka wena,
  Nza vumela, nzi ku,
  Ka Hosi ya mina;
    Ka Hosi ya mina;
  Nzita ka wena.

2 Loku nzi hambuka
  Nzi alakanye;
  Loku nzi xaniswa
  Wena nzi vune.
  Nzi kombela lezo,
  Ka Hosi ya mina,
    Ka Hosi ya mina,
  Nzi ta ka wena.

3 Kutani nzi mbela
  Le misabeni;
  Tana, nzi tiyise
  Leyo kufeni.
  Nzi fambe le kaya,
  Ka Hosi ya mina,
    Ka Hosi ya mina,
  Nzi ta ka wena.

---

70. WENA U XANISEKAKO.

Key E-flat.

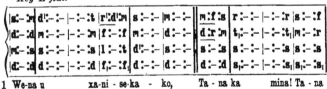

1 We-na u   xa-ni - se·ka - ko,   Ta - na ka   mina! Ta - na

ka   mina!   We - na   u   rwa-li - si-lwe - ko,   Ta - na

ka   mina! Ta - na ka   mina!   Te - ka   we - na   jo- ka

ga   mina,   Wena xi rwa-   le mba-   a   xi - hambano.

1 Wena u xanisekako,
   Tana ka mina!
  Wena u rwalisilweko,
   Tana ka mina!
  Teka wena joka ga mina,
  Wena xi rwale a xihambano.

2 Joka ga mina gi nene
   Tana ka mina!
  Wa hehuka nzwalo wa mina,
   Tana ka mina!
  Mina nzi nene, gonza ka mina,
  U ta humutwa, wena hi mina.

3 Hi wuxinji u komilwe,
   Tana ka mina!
  Nzi ku ranza ni kufeni,
   Tana ka mina!
  Nzi lo wu rwala nanzu wa wena,
  Nzi ta zi hlaza zonho za wena.

4 Misabeni wa hlayiswa,
   Tana ka mina!
  Le kufeni u ta vunwa,
   Tana ka mina!
  Hi lenzako u ta buziswa
  Kaya tilweni ku ga mbeliko.

71. JESU I LO BA BYELA.

Key F.

1 Je - su I lo ba bye - la A ba-pɪ - za - ni ba - kwe,

Na a la - ba ku - kle - la Mu - fu-nwe - n' le he - hla,—

Fa - mba -ni mu go - nzi - sa Hi bi - to le ga mi - na,

Ti - xa - ka mu ti bye - la Ti-mha-ka to - nkle le - ti.

1 Jesu I lo ba byela
  A bapizani bakwe,
  Na a laba kaklela
  Mufunwen' le hehla,—
  Fambani mu gonzisa
  Hi bito le ga mina,
  Tixaka mu ti byela
  Timhaka tonkle leti.

2 Fambani mu bitana
  Hi Ivangeli leyi,
  Mu ba gonzise banhu
  Mahungu ya kuhanya;
  Ka loyi a kolwako
  Hi yena i ta hanya;
  Ka loyi a alako
  Hi yena i ta hoxwa.

3 Fambani le ntanweni,—
  Nzi hilwe wonkle mina,
  Wonani nzi na nwina
  Ni kala kungumesa.
  A wula a kanziya
  Le hehla matilweni;
  Ba suka ba lo famba
  Ba ya kugonziseni.

72. YI TIBYA LAHA NI LE TILWENI.

Doh is Eb.

1 Yi ti - bya la-ha ni le ti-lwe-ni— Yi sa - se-ki-le ha-ku-ba yi nen',

A mha - ka yi-swa ni le   ya ka-le,   Yi - sa mha-ka ya Je - su.

CHORUS.

Yi - sa mha-ka ya Je - su.   Yi - sa mha-ka ya Je - su.

Nga nzi mu ti - ba, Nga nzi mu ra - nza: Yi - sa mha-ka ya Je - su.

1 Yi tibya laha ni le tilweni—
Yi sasekile hakuba yi nen',
A mhaka yiswa ni le ya kale,
Yisa mhaka ya Jesu.

    CHORUS—
      Yisa mhaka ya Jesu.
      Yisa mhaka ya Jesu.
      Nga nzi mu tiba,
      Nga nzi mu ranza:
      Yisa mhaka ya Jesu

2 Xi wuna xifa, xitsangi lexi,
Marefu ma gi sireta gambo,
Ni zilo zonkle zi hunza nguvu:
Yisa mhaka ya Jesu.
                CHORUS—

3 Kuhanya laha nzi ku kumile.
Kutsaka laha nzi ku hlayisa:
Na mina futsi nzi ku vumela ku
Yisa mhaka ya Jesu.
                CHORUS—

7

73. HI KU ZWILE NU KURILA.

Key B-flat.

1 Hi ku zwi - le nu ku - ri - la Ka mi - tsu - mi   ya ka Je - su;

Ge - zu ga - bye gi hi bye - la   Ku - ba - yi-   sa ti- mbi-lwi - ni.

1 Hi ku zwile nu kurila
  Ka mitsumi ya ka Jesu;
  Gezu gabyi gi hi byela
  Kubayisa timbilwini.

2 Gezu gabye gi ku lezi,
  Ba onhako ba ta lahlwa:
  Ba ta suswa kakwe bona
  Ba alako a mahungu.

3 Hosi, ha ma wulawula,
  Hi masiku wonkle wona;
  Hi ku ba ta mu ingisa,
  Ba mu tsumba Muhanyisi.

4 Ha mu tsumba, ha ingisa:
  Hi ku lezi "Ingisani."
  Nga mu hanyisa wutomi;
  Bamakweru, ingisani.

---

74. TSAKANI! TSAKANI! XIKATI XI HI KONA.

Key B-flat.

1 Tsa - ka - ni! Tsa - ka - ni! xi - ka - ti xi hi ko - na,

:s₁	l₁ :— |l₁ :s₁	l :— |l₁ :t₁	d :— |t₁ :d	r :— |r
:m₁	f₁ :— |f₁ :m₁	f₁ :— |f₁ :f₁	m₁ :s₁ |f₁ :m₁	s₁ :— |s₁
:	: | :	: | :s₁	s₁ :d |s₁ :d	t₁ :— |t₁
:	: | :	: | :r₁	d₁ :m₁ |r₁ :d₁	s₁ :— |s₁

Tsa - ka - ni! Tsa - ka - ni! ku *k*lu - ka kwa - ti - ni;

:s₁	m :m |f :m.m|m :r |—	s₁	r :r |m :r.r|r :d |—
:s₁	s₁ :s₁ |l₁ :s₁.s₁|s₁ :f₁ |—	f₁	f₁ :f₁ |s₁ :f₁.f₁|f₁ :m₁ |—
:t₁	d :d |d :d.d|d :t₁ |—	t₁	t₁ :t₁ |t₁ :t₁.t₁|d :s₁ |—
:t₁	d₁ :d₁ |d₁ :d₁.d₁|s₁ :s₁ |—	s₁	s₁ :s₁ |s₁ :s₁.s₁|d₁ :d₁ |—

Nga hi in - gi - sa ka ye-na   Nga hi in - gi - sa ka ye-na,

:s₁	d :— |r :—	m :— |f :r	d :— |t₁ :—	d :— |—
:m₁	s₁ :— |s₁ :—	s₁ :ta₁|l₁ :f₁	m₁ :— |r₁ :f₁	m₁ :— |—
:d	d :d |t₁ :t₁	d :d |d :d	d :— |s₁ :—	s₁ :— |—
:d₁	m₁ :m₁ |s₁ :s₁	d :d |f₁ :f₁	s₁ :— |s₁ :—	d₁ :— |—

Ka Je - ho - va,   hi m' ku - li - sa.

1 Tsakani! Tsakani! xikati xi hi kona,
Tsakani! Tsakani! ku *k*luka kwatini;
Nga hi ingisa ka yena
Nga hi ingisa ka yena,
Ka Jehova, hi m'kulisa.

2 Tsakani! Tsakani! mu rume Ivangeli;
Tsakani! Tsakani! ma hanye maxaka;
Ku kanelelwa timhaka
Ku kanelelwa timhaka
Ka banhu bon*k*le ba tiko.

8 Tsakani! Tsakani! xikati xi hi kona,
Tsakani! Tsakani! ku *k*luka kwatini;
Bona ba abanyisene,
Bona ba abanyisene,
Ba yimbelela tisimu.

75. NENE, NENE, NENE, I NA NTAMOWONKLE!

Do—mi 4.

1 Ne-ne, Ne-ne, Ne - ne,   I na Nta-mo-wo - nkle!   Ku-hu - me - ni

ka ga-mbo, hi ta yi-mbe - le-la;   Ne-ne, Ne-ne, Ne - ne,

Wa wu-xi-nji go - nkle!   Ti - lo ni ti - ko   za mu du - mi-sa.

1 Nene, Nene, Nene, I na Ntamo wonkle!
Kuhumeni ka gambo, hi ta yimbelela;
Nene, Nene, Nene, Wa wuxinji gonkle!
Tilo ni tiko za mu dumisa.

2 Basa! Basa! Basa! laba basa bonkle,
Mahlweni ka wena bonkle ba ku kozela:
Ti ku dumisela tingilosi tonkle,
Loyi a nga hehla, lo' wo dzunziwa,

3 Nene, Nene, Nene, I ni ntamo wonkle!
Wa dumiswa wena hi zidlemo za tilo;
Basa, Basa, Basa, wa wuxinji gonkle,
Tilo ni tiko za mu dumisa.

76. HIYA KAYA, A HI HAMBUKI.

Doh is G.

```
|:s₁ |m :-.re|m :d |d :-.r|d :l₁ |s₁ :d |d :m |m :r |—
|:   |   :   |    |   :f |f :f |   :m |   :m |   :s |s
|:   |   :s  |s :s|d :d |d :d |   :d |   :d |   :r |r
|:   |d :m  |m :m|f₁ :l₁|l₁ :l₁|d₁ :s₁|m₁ :s₁|s₁ :t₁|t₁
```

1 Hi-ya ka-ya, a hi ha-mbu-ki, Hi-ya lu-ku-lu-ku;

```
|:s₁ |m :-.re|m :d |d :-.r|d :l₁ |s₁ :d |m :-.r|r :d |—
|:   |   :   |    |   :f |f :f |   :m |   :s |f :m |—
|:   |   :s  |s :s|d :d |d :d |   :d |   :  |r :d |—
|:   |d :m  |m :m|f₁ :l₁|l₁ :l₁|s₁ :s₁|s₁ :t₁|t₁ s₁|
```

Ku-bi-ha ko-nkle ni ma-ko-mbo Zi sa-la le-nza-ko.

CHORUS.

Hi - ya ka - ya; Hi - ya ka-ya mi-xwe-ni:

```
|:m |s :— |— :m |m :—|— :d |r :-.r|r :f |f :m |—
|:d |m :— |— :d |d :—|— :d |t₁ :-.t₁|t₁ :r |r :d |—
|:d |d :s₁|d :m |s :m|s :m |s :-.s|s :s |s :s |—
|:d |d :d |d :d |d :d|d :d |s₁ :-.s₁|s₁ :s₁|d :d |—
```

Hi - ya ka - ya; hi - ya ka - ya; Hi - ya ka-ya mi - xwe-ni.

Hi - ya ka - ya; Hi - ya ka-ya mi-xwe-ni:

```
|:m |s :— |— :m |m :—|— :d |r :r |m :-.r|r :d |—
|:d |m :— |— :d |d :—|— :d |t₁ :t₁|t₁ :-.t₁|t₁ :d |—
|:m |d :s₁|d :m |s :m|s :m |s :s |s :-.f|f :m |—
|:d |d :d |d :d |d :d|d :d |s₁ :s₁|s₁ :-.s₁|s₁ :d₁|—
```

Hi - ya ka - ya; hi - ya ka - ya; Hi - ya ka-ya mi-xwe-ni.

1 Hi ya kaya, a hi hambuki,
  Hi ya lukuluku;
  Kubiha kon*k*le ni makombo
  Zi sala lenzako.

    CHORUS—

    Hi ya kaya; hiya kaya;
    Hi ya kaya mixweni:
    Hi ya kaya, hiya kaya,
    Hi ya kaya mixweni.

2 Dadani' kona le mahlweni
  Wa kweneta hina;
  Tiyin*d*lu takwe ti longiswa,
  Ha cikela kona.

    CHORUS—

3 Tanani *n*wen*k*le: hi *k*langana,
  Mu ta katekiswa;
  Ni Hosi yena ya mu bita,
  Ya vumela yona.

    CHORUS—

77. TINGELOSI TI TILE.

Doh is G.

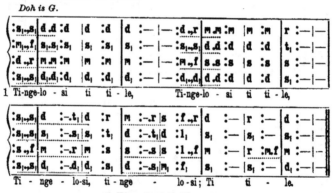

1 Ti-nge-lo - si ti ti - le,   Ti-nge-lo - si ti ti - le,

Ti - nge - lo-si, ti - nge   lo-si; Ti   ti - le.

1 Tingelosi ti tile,
  Tingelosi ti tile,
  Tingelosi, tingelosi,
  Ti tile.

2 Ku yisa mahungu kaya,—
3 Ka Jerusalema giswa,—
4 Baonhi ba wuya kaya,—
5 Jesu wa ba bita,—
6 Ngonani, mu tsumba kakwe,—
7 Zinene mu ta nengela,—

78. NZI TA VUMELA JESU.

Do—re l.

:d	ᴍ :r	ᴍ :f	s :—	s :s	f :—ᴍ	f :s	ᴍ :—| —:d	ᴍ :r	ᴍ :f
:d	d :t,	d :r	ᴍ :—	ᴍ :ᴍ	r :—d	r :ᴍ	d :—| —:d	d :t,	d :r
:	:	:	:	:	:	:	:	:	:
:d	d :s,	d :d	d :—	d :d	s, :—s,	s, :s,	d :—| —:d	d :s,	d :d

1 Nzi ta vu-me-la Je - su, Nzi tsa - me le ti-lwen'; Nzi du-mi-se-la

CHORUS.

s :—	s :s	f :—ᴍ	f :s	ᴍ :—| —:d	d :l	l :l	l :—| l :l
ᴍ :—	ᴍ :ᴍ	r :—d	r :t,	d :—| —:d	l, :d	d :f	f :—| f :f
:	:	:	:	:	:	:	:
d :—	d :d	s, :—s,	s, :s,	d :—| —:d	f, :f,	f :f	f :—| f :f

Je - su, Nzi hla - ka-na kwa-tsi. Nzi ta vu-me-la Je - su, Nzi

l :d'| t :l	s :—| —:s	d':—ᴍ| ᴍ :ᴍ	s :—	s :s	f :—ᴍ	f :r	d :—| —|
f :l	s :f	ᴍ :—| —:ᴍ	ᴍ :—d| d :d	ᴍ :—	ᴍ :ᴍ	r :—d	r :t,	d :—| —|
:	:	:	:	:	:	:	:	:	:
f :f	f :f	d :—| —:d	d :—d| ᴍ :ᴍ	d :—	d :d	s, :—s,	s, :s,	d :—| —|

ta ba-sa ngu-vu: Nzi ta du-mi-sa Ho - si, Hli-ka - ni nu si-ku.

1 Nzi ta vumela Jesu,
Nzi tsame le tilwen';
Nzi dumisela Jesu,
Nzi hlakana kwatsi.

2 Nzi ta vumela Jesu,
Nzi ta kolwa kakwe:
I ta nzi longisela,
Nzi tsame na yena.
CHORUS—

CHORUS—
Nzi ta vumela Jesu,
Nzi ta basa nguvu:
Nzi ta dumisa Hosi,
Hlikani nu siku.

3 Nzi ta vumela Jesu,
  Makolwa ma nene;
  A kulwa ni mawunwa
  A ma zi vumeli.

4 Nzi ta vumela Jesu,
  Nzi ta mu tirela;
  I ta nzi amukela
  Ka yena matilwen'.

---

79. BA HI *B*YELA HI TIKO GI NEN'.

Doh is G.

1 Ba hi *b*ye-la hi ti - ko gi nen',   Ba-ko-lwa-ko ba ta gi wo-na:

Hi Da-da-ni a hi tsa-me-la,   I sa-si - le wu-tsa-mu ko-na.

℥. Chorus.   *In the repeat dim. gradually to the end.*

Le ti-lwen',   le ti-lwen',   Hi ta tsama ko sa-seka le ti-lwen',

Le ti-lwen',   le ti-lwen', Hi ta tsama ko sa-seka le ti-lwen', le ti-lwen',

Le ti-lwen',   le ti-lwen',   Hi ta tsama ko sa-seka le ti-lwen'. *D.S.*

:m.,f	s :—	|— :m.,r	d :—	|— :d .l,	s, :d :m |r	:d .t,	d :—|—
:d.,r	m :—	|— :d.,t,	l, :—	|— :l, .f,	s, :s, .s,|s,	:s, .s	s, :—|—
:s .,s	s :s .s |s	:s .s	f :f.f|f :f .f	m :m .s |f	:m .r	m :—|—	
:	:d,.d,|d,	:	:f,.f,|f, :f, .f,	s, :s, .s,|s,	:s, .s	d, :—|—	

Le ti-lwen',   le ti-lwen', Hi ta tsama ko sa-seka le ti-lwen'. *D.S.*

1 Ba hi byela hi tiko gi nen',
   Ba kolwako ba ta gi wona;
   Hi Dadani a hi tsamela,
   I sasile wutsamu kona.

    CHORUS—

      Le tilwen', le tilwen',
      Hi ta tsama ko saseka le tilwen',
      Le tilwen', le tilwen',
      Hi ta tsama ko saseka le tilwen'.

2 Hi ta yimba tisimu ti nen',
   Ti yimbilwe hi banhu kona;
   Hi ta siya kubiha laha,
   Kuxaniswa ku haba kambe.
            CHORUS—

3 A Hosini ya hombe ya hin',
   Hi ta nyika kuranza ka hin';
   Hi ta koma milayo yakwe,
   Hi ta tsama le ndlwini yakwe.
            CHORUS—

80. MAHLWENI KA JEHOVA.

Doh is Bb.

1 Ma-hlwe-ni ka Je - ho - va, A Ho-si ya ho-mbe,   Ti - xa - ka ta mi - sa - ba
                                                  Ha ha ba ko-mbe-le - la

End.   *D.S.*

Ti ta *k*la-nga-ni-swa: Hi zwi-le ni ku-ri - la Ka ba la-hle-ki-le - ko,
Ba-ku-bu ba ha-nye.

1 Mahlweni ka Jehova, A Hosi ya hombe, Tixaka ta misaba Ti ta *k*langaniswa: Hi zwile ni kurila Ka ba lahlekileko, Ha ha ba kombelela Hakuba ba hanye.	2 Mazana ya matiko Ma tsama munyamen': Ma famba le n*d*leleni Yi yako kufeni. Dadani wa kurula! Ma kome hi wuxinji; Munyama wa*b*ye susa Hi kuwonekela.

3 Rumela bafundisi,
U ba nyike ntamo:
Ba ta ba *b*yela banhu
Hi mhaka ya wena.
Mufumo lo wa wena,
A wu te matikweni:
Kuranza lo ka wena,
Ku ti*b*ya misaben'.

81. NUNGUNGULA A KU YENA.

1 Nungungulu a ku yena,
Mu nga tiri a mahala;
Mu nga beki misabeni
A titsomba ta ka nwina:
Kona kaya le tilweni,
Kona a zi ngeni kona
Tsuri ni tisumba kambe
Ni makamba a ma 'ngeni.

2 Hosi, Jesu wa kanela,
Hi titsomba to saseka;
A hi ti xabeni takwe;
A hi ingiseni yena.
Ku ta vunetela yini,
Ku binzula tiko gonkle,
Lezi hi hambukileko,
Lezi hi ti lahla hina.

3 "Ngona, wena u na ndlala,
Ngona, wena, wu zwa tora."
Tsombanani mu xabela,
Mu ga, mu nwa, mu xuriswe:
Hosi a yi labi mali,
Ya mu labelela nwina:
Mu ta yi vumela kani?
Mu ta huzuluka rini?

---

82. KU ZWALA KUYIMBELELA.

Do is C.

1 Ku zwa - la ku - yi-mbe - le-la, Ti-kwen ga Be - tle-he - ma,

Ma-ge - zu ya ku sa - se-ka Hi ti - nge-io - si ta - kwe;

CHORUS.

Mu nga   ca-bi   ba-nhu   ba-kwe, Nza mu *by*-ela   zo sa - se - ka;

Tsa-kani   Tsa-ka-ni,   Mu na   Mu-ha - nyi-si.

Tsa-kani   Tsa-kani   Mu na   Mu-ha - nyi-si.

1 Ku zwala kuyimbelela,
  Tikwen ga Betlehema,
  Magezu ya ku saseka
  Hi tingelosi takwe;
  Mu nga cabi banhu bakwe,
  Nza mu *by*ela zo saseka;
  Tsakani Tsakani,
  Mu na Muhanyisi.

2 I humile Betlehema,
  Mutini wa Davida;
  Jesu Kristu, Yena Hosi,
  Hi yena Muhanyisi.
  Mu ta, mu kuma, rangeni,
  Ba mu e*k*elisileko;
  Fambani; fambani;
  Mu wona xihlangi.

3 Ni maban*d*la la manyingi
  Ya tingelosi takwe:
  Ma humile matilweni,
  Ma cika misabeni:
  Na tona ti yimbelela
  Kuzwala kuba ka Hosi:
  Tsakani; Tsakani;
  *N*wina, banhu bakwe.

83. INGISANI MHAKA LEYI.

Do—re s.

1 In-gi-sa - ni mha-ka le-yi Yı hu-ma - ko ti-lwe-ni; A hi-ya ti-nge-lo-

si ke Ti nga ku pa-ti - me - ni? Ti wu-yi - sa ku *tra*-li - we Ka *N*wa-

na - na wa Ho-si: Ti yi-mbe - le-la xi-hla-ngi, Ha-le-lu-ya ka Ho - si.

1 Ingisani mhaka leyi
Yi humako tilweni;
A hi ya tingelosi ke
Ti nga ku patimeni?
Ti wuyisa ku *tra*liwe
Ka *N*wanana wa Hosi:
Ti yimbelela xihlangi,
Haleluya ka Hosi.

2 Tilweni a ku hatima,
Ka Jehova le hehla:
Misabeni a ku tsaka
Ka banhu bo saseka:
Nyamu*k*la mu belekilwe
Mutini wa Davida,
Muhanyisi wa misaba,
Haleluya ka Hosi.

84. A HI YENI HI LABA KANANI.

Do—fa 4.

:s₁	d :m	r :f	m.s:d¹.l	s	:m.f	s	:m.d	f	:m.r	r :—	d :s₁
:s₁	d :d	t :r	d.d:1.f	m	:d.r	m	:d.d	r	:d.t	t₁ :—	d :s₁
:s₁	d :d	s :t	d.m:f.f	d	:d	d	:d.d	f₁	:s₁.s₁	s₁ :—	d :s₁

1 A hi ye - ni hi la-ba Ka-na-ni Ti - ko le gi-swa ga wu-to - mi: Hi

d :m	r :1	m.s:d.l	s	:m.f	s	:m.d	f	:m.r	r :—	d
d :d	t₁ :r	d.d:1.f	m	:d.r	m	:d.d	r	:d.t	t₁ :—	d
d :d	s₁ :t₁	d.m:f.f	d	:d	d	:d.d	f₁	:s₁.s₁	s₁ :—	d

na - be - la ku ti-re-la Je-su   Ni   ku ko-mbe-la   ye-na ngu - vu.

CHORUS.

:m.f	s :—.l	s :m	f :—.s	f :r	m :d.m	s :m	r :—	s :s.m
:d.r	m :—.f	m :d	r :—.m	r :t₁	d :d	d :d	t₁ :—	t₁ :s₁
:d	d :—.d	d :d	s₁ :.s	s :s₁	d :d	m :d	s₁ :—	s₁ :t₁.s₁

0   Ka - na-ni go sa - se-ka, Ti - ko le - gi nga he - hla. Ba

d :d	r :r	m.s:d.l	s	:m.l	s	:m.d	f	:m.r	r :— :d	:
d :d	t₁ :t₁	d.d:1.f	m	:d.r	m	:d.d	1	:s₁.f₁	f₁ :— :m₁	:
d :d	s₁ :t₁	d.m:f.l	d	:d.d	d	:d.d	f	:s₁.s₁	s₁ :— :d	:

ka - te - ka la' ba vu-me-la-ko, Ba en-ge - na ko-na   ka Je-ho - va.

1 A hi yeni hi laba Kanani
Tiko le giswa ga wutomi:
Hi nabela ku tirela Jesu
Ni ku kombela yena nguvu.

    CHORUS—

      O Kanani go saseka,
      Tiko legi nga hehla
      Ba kateka la' ba vumelako,
      Ba engena koma ka Jehova.

2 Hambu banwani ba hi rangela
Ndleleni ya kuya ·Kanani:
Hi ta famba hi taya ba kuma,
Hi klangana mabo tilweni.

                CHORUS—

3 Nwina banhu mu nga zi rebali
Ku teka timbuba ta ndlela:
Tekani mahlari ya Jehova, ·
Mu hlule nala wa misaba.

              CHORUS—

4 Loku balala ba mu ranzela,
Ba dzuma kwatsi hi tingala,
Mu nga cabi, mu tsumbe Jehova,
Yena I ta muha kuhlula.

              CHORUS—

_____

85. MURISI LO NENE A BYELA BANHU.

Do—la 2.

1 Mu-ri - si lo ne - ne a bye - la ba-nhu, Ta-na - ni, ra-nge - ni le-gi ga mi-

d	: .s	s	:s .s	s .f :f .f	m	:f .m	m	:r .s	s	:s .s
m	: .m	m	:d .m	m .r :t₁ .r	d	:r .d	d	:t .m	m	:d .m
d	: .d	d	:m .d	t₁	:s₁ .t₁	d	:r .d	s₁	:─ .d	d	:m .d

na:　　Mu nga　ca - bi　cu - mo, hi mi - na nya-ngwa,　E-nge - na-ni

s .f :f .f	m	:f .m	r	: .d	d	:d .d	d	:l₁.r	d	:r .t₁	d	:─.
m .r :r .r	d	:r .d	t₁	: .d	d	:d .d	l₁	:f₁.f₁	m₁	:f₁.r₁	m₁	:─.
t₁	:s₁.t₁	d	:t₁.d	s₁	: .d	d	:d .d	f₁	:f₁.f₁	s₁	:s₁.s₁	d₁	:─.

ko - na nzi.mu be-ki-sa.　　E - nge - na-ni ko - na nzi mu be-ki-sa.

1 Murisi lo nene a *b*yela banhu,
　Tanani, rangeni legi ga min*a*:
　Mu nga cabi cumo, hi mina nyangwa,
　‖Engenani kona nzi mu bekisa:‖

2 Banhu ba xikola ma nga mu lanza,
　Murisi lo nene hi n*d*lela yakwe;
　Mu ta kuma kona kunyikwa Moya,
　‖Kutsaka, kurula, tilweni laha:‖

3 Tiyivu ta Jesu, cabani nguvu,
　Ku lahleka n*d*lela n*d*lela, ya Jesu:
　Mhisi yi ba kuma labo hambuka,
　‖La'ba tsikileko Murisi wa*b*ye:‖

4 Kesani ka Jesu Hosi ya wutomi,
　Kumbulani kwatsi timhaka takwe:
　A ku mina Nzi n*d*lela ya wutomi,
　‖Laba engenako ba ta ka mina:‖

86. NUNGUNGULU FAMBA NA WENA.

Doh is Db.

1 Nu - ngu-ngu-lu fa-mba na we-na;   A   ku-ri-sa hi ku-ru - la,

Hi   wu-xi-nji a ku vu - ne;   Ka - la hi ta *k*la-nga-na ka-mbe.

CHORUS.

Ka-la hi ta *k*la-nga-ni-swa kambe, Za-twi-ni ya nza-la-ma ya Ho-si,

Ka-la hi ta *k*la-nga-ni-swa ka-mbe;   Nu-ngu-ngu-lu fa-mba na we-na.

8

1 Nungungulu famba na wena;
  A kurisa hi kurula,
  Hi wuxinji a ku vune;
  Kala hi ta *k*langana kambe.

CHORUS—

> Kala hi ta *k*langaniswa kambe,
> Zatwini ya nzalama ya Hosi,
> Kala hi ta *k*langaniswa kambe;
> Nungungulu famba na wena.

2 Nungungulu famba na wena,
  Kusuhani ku vikela,
  Hi masiku ku abela,
  Nungungulu famba na wena.
                          CHORUS—

3 Nungungulu famba na wena,
  Laha u xaniswa nguvu,
  A nga tsiki ku ku vuna,
  Nungungulu famba na wena.
                          CHORUS—

4 Nungungulu famba na wena,
  Ku hlayise hi kuranza,
  Ni wutoya gi ta famba,
  Nungungulu famba na wena.
                          CHORUS—

---

87. DOXOLOGY.

1 A hi m' keseni Jehova;
  Hakuba kuranza kakwe,
  Ku tile hehla ka hina
  A hi m' keseni nyamu*k*la.

88. O TIKO LE GI NENE, GI KATEKISWAKO.

Do—sol 4.

1 0 Ti - ko le gi ne - ne, gi ka - te - ki - swa - ko,

La - ba ba ku sa - se - ka ba hla - ka - na ko - na;

Je - su, nzi yi - se la - ho, ti - kwe - ni ga ti - lo,

Nzi tsa - me ni Da - da - ni, ku - he - ta ku ha - ba.

1 O Tiko le gi nene, gi katekiswako,
Laba ba ku saseka ba hlakana kona;
Jesu, nzi yise laho, tikweni ga tilo,
Nzi tsame ni Dadani, kuheta ku haba.

2 Gi nene, tiko lego, nza ku cuwukela,
A mahlo la ya mina ma ha ku rilela.
Wusiku ni xikati zi haba ka wena,
Miketo ni kubabya a zi kona kambe.

3 Nzi ta engena rini, a kaya le hehla!
Nzi ta klangana rini ni bonkle bo basa,
Jesu nzi longisele sikwini ga hombe,
Nzi amukele kwatsi, nzi tsame na wena.

89. RIBYE GA TITANGA, GI PANZELELWA MINA.

Do—mi 3.

1 Ri - bye ga Ti-tanga, gi pa-nze - le-lwa mi-na,   Nzi   ta ti

fi - hlala,   nzi fi-hlale ka   wena.   Ma-ti ni   nka-ta wa wen',

ma ha-la - te-lwe mi-na,   Ma nzi hlaza   hi zi - nen',

CHORUS.

ma nzi hlaza ku - onhen'. Rib-ye ga Ti-tanga, rib-ye gi pa-

Ritard.

nze - le-lwe, Rib - ye ga ti - tanga, u nzi fi - hla - le.

1 Ribye ga Titanga, gi panzelelwa mina,
Nzi ta ti fihlala, nzi fihlale ka wena.
Mati ni nkata wa wen', ma halatelwe mina,
Ma nzi hlaza hi zïnen', ma nzi hlaza kuonhen'.

CHORUS—
Ribye ga titanga, ribye gi panzelelwe,
Ribye ga titangi, u nzi fihlale.

2 Mihloti a koti, a zi koti ku riha,
Kuvumela kambe ku eneli ku nyika:
Wena wece u fela ku nzi hanyisa mina,
Wena wa ku vumela ku nzi hlaza kuonen'.
CHORUS—

3 Na nzi hefemula, na nzi hlulwa hi kufa,
Na nzi vuka kambe, nzi ku wona xitsanwen.'
Lezo nzi alakanya, lezo u nzi tsikise
Lezo wena nzi ranze, u nzi blaze kuonhen'.
CHORUS—

90. MAHLWENI, MAKOLWA! KWATSI HI KULWA.

Doh is F.

1 Ma - hlwe-ni, Ma - ko - lwa! kwa-tsi hi ku - lwa,

Hi ba - nde-ra ya - kwe yi-ya le ma-hlwen';

Ho - si ye - na, ya hi-na, yi hi ko - ke - la,

Ma-hlwe-ni le ku - lwe-ni, mu nga ca - bi - swi.

CHORUS.

d	:d	|d	:d	d	:t₁.l₁	|t₁	:d	r	:r	|r	:d.r	m	:—	|—	:—
s₁	:s₁	|s₁	:s₁	s₁	:—	|s₁	:—	s₁	:s₁	|s₁	:s₁	s₁	:—	|—	:—
m	:m	|m	:m	f	:—	|f	:—	f	:f	|f	:f	m	:—	|—	:—
d	:s₁	|d	:s₁	r	:s₁	|r	:s₁	t₁	:s₁	|t₁	:s₁	d	:—	|—	:—

Ma - hlwe-ni, Ma - ko - lwa! kwa-tsɪ hi ku - lwa;

s	:s	|d¹	:t	d¹	:—	|s	:—	f	:m	|r	:—.d	d	:—	|—	:—
m	:m	|f	:f	m	:—	|d	:—	d	:d	|t₁	:—.d	d	:—	|—	:—
d¹	:d¹	|s	:s	s	:—	|s	:—	l	:—.s	|f	:—.m	m	:—	|—	:—
d	:d	|r	:r	m	:—	|m₁	:—	f₁	:—.f₁	|s₁	:—.s₁	d₁	:—	|—	:—

Hi ba - nde - re ya - kwe, yi - ya le ma-hlwen'.

1 Mahlweni, Makolwa! kwatsi hi kulwa,
Hi bandera yakwe yi ya le mahlwen;
Hosi yena, ya hina, yi hi kokela,
Mahlweni, le kulweni, mu nga cabiswi.

CHORUS—
    Mahlweni Makolwa! kwatsi hi kulwa;
    Hi bandera yakwe, yi ya le mahlwen.

2 Kwatsi yimpi ya hombe, Ceci ya Hosi
Yi ya famba kwatsi, yi rula nguvu.
A hi abanyiswi, hina hi muɲwe,
Bamakweru, tiyasani, a hi m' lanzisen'.
                      CHORUS—

3 Mahlweni, Makweru, tana na hina
Hi ta yimbelela Mosi ni 1van';
Baɲwani bo tala, ba hi rangela,
Ba hlakana ba nengela, hi le titanga.
                      CHORUS—

91. INGISI, WENA WUTOMI GA MINA.

Do—t 4.

l :— |d :t	l :— |s :—	f :s |l :t	l :— |s :—
f :— |s :s	f :— |m :—	f :m |f :s	f :— |m :—
d :— |d :d	d :— |t :—	l :l |r :r	d :— |d :—
f :— |m :m	f :— |d₁ :—	r :r |r :t₁	d₁ :— |d₁ :—

1 In - gi - sa, we - na   wu - to - mi ga mi - na

d :— |f¹ :m¹	r¹ :— |d¹ :—	t :s |l :t	s :— |— :—
f :— |f :f	f :— |f :—	m :s |f :s	m :— |— :—
d :— |l :d	t :— |d :—	d¹ :d¹ |d¹ :r¹	d :— |— :—
l :— |f :l	t :— |l :—	s :m |f :t₁	d₁ :— |— :—

Ma - ge - zu ya   ma - ti - lo ma ko - na.

l :— |d¹ :t	l :— |s :—	f :s |l :te	r¹ :— |d :—
f :— |f :s	f :— |m :—	f :m |f :f	s :— |s :—
d :— |d :r	d :— |t :—	l :l |r :r	s :— |d :—
f :— |l₁ :t₁	d₁ :— |de₁ :—	r :r |r :r	m :— |m :—

Ma   sa - se - ki - le   ku hu - nza ku - wu - la,

f¹ :— |m¹ :r¹	d :l |f :t	l :l |t :s	f :— |— :—
f :— |s :s	s :f |f :s	f :f |s :m	f :— |— :—
d :— |d :te	d :d |r :r	d :d |d :t	l :— |— :—
l :— |s :f	m :f |t :s	d₁ :d₁ |d :d	f :— |— :—

Ti - si - mu ta - *bye* ta nzi xu - ri - sa.

CHORUS.

s	:—	l	:t	d	:l	f	:—	f¹	:—	r	:r	d	:—	s	:l
m	:—	f	:s	l	:f	d	:—	t	:—	t	:t	l	:—	m	:f
s	:—	l	:t	d	:l	l	:—	r	:—	r	:r	l	:—	s	:f
d	:—	d	:d	d	:f	f	:—	f	:—	f	:f	f	:—	d	:d

A   Ti - nge - lo - si,   ti   ha - ti - ma,   Ti

t	:l	t	:d	l	:—	l	:—	l	:—	s	:l	t	:l	t	:d	l	:—	—	:—
s	:f	s	:l	f	:—	f	:—	f	:—	m	:f	s	:f	s	:l	f	:—	—	:—
t	:l	t	:l	l	:—	l	:—	l	:—	t	:l	t	:l	t	:l	d	:—	—	:—
d	:d	d	:d	f	:—	f	:—	f	:—	d	:d	d	:d	d	:d	f	:—	—	:—

yi - mbe - le - la - ko   mu - fa - mbi   wu - si - kwin'.

f¹	:—	m¹	:r¹	d	:l	f	:t	l	:l	t	:s	f	:—	—	:—
t	:—	t	:t	l	:f	r	:f	f	:f	s	:m	d	:—	—	:—
r	:—	r	:r	d	:d	t	:t	l	:l	s	:s	l	:—	—	:—
f	:—	f	:f	f	:l	f	:t₁	d₁	:d₁	d₁	:d₁	f	:—	—	:—

Ti   yi - mbe - le - la - ko   mu - fa - mbi wu - si - kwin'.

1 Ingisa, wena wutomi ga mina
Magezu ya matilo ma kona.
Ma sasekile ku hunza kuwula,
Tisimu tabye ta nzi xurisa.

CHORUS—
A Tingelosi, ti hatima,
Ti yimbelelako mufambi wusikwin'.
Ti yimbelelako mufambi wusikwin'.

2 Tiko, hlakama; mu alakanyilwe;
Banhu ba wena ba ta hanyiswa;
Yena wa Hombe wa mu koma kwatsi;
Tihlo ga yena cima gi tsimbi.
CHORUS—

3 Yimbelani,-kuca ku cikela,
Makunu gambo gi ta woneka;
Kutsumba ku ta hunzuluswa futsi
Hi kuwonekela kayen' hehla.
CHORUS—

92. HI NGA MU WONA, JESU, A MUHANYISI.

Doh is Eb.

1 Hi   nga mu wo   -   na, Je - su, a   Mu - ha - nyisi, Ha - ku - ba

nzu - ti . wa si-ku   gi kon'.   Hi   nga mu wo   -   na, ku hi

ti - yi - se - la   Ku - hi - sa lo,   ku he - ti - sa   ko-n*k*le.

1 Hi nga mu wona, Jesu, a Muhanyisi,
   Hakuba nzuti wa siku gi kon'.
   Hi nga mu wona, ku hi tiyisela
   Kuhisa lo, ku hetisa kon*k*le.

2 Hi nga mu wona, Jesu, Ri*b*ye ga kale,
   Hi lego hi bekilwe kuranze*n*'.
   Kuhanya, ge, ni kufa, ni hi le*z*o,
   A hi zi cabi, loku hi mu wo*n*'.

3 Hi nga mu wona, Jesu, wa ha kuvuka,
   Ba*n*wani a ba nga hi xurisi.
   Masiku ya hina ma sasekile,
   Kani le*z*i hi ta ye ka wena.

93. TEN THOUSAND TIMES TEN THOUSAND.

Do—la 4.

```
:m  | f  :-.f |d  :r  | m :d  |— :m | s :m |d :r | d :— |—
:s, | f, :-.f,|f, :f, | m, :s,|— :d | d :d |l, :t,| d :— |—
:d  | l, :-.l |l :le,| s, :m |— :d | m :s |m :f  | m :— |—
:d, | d, :-.d,|d, :d,| d, :d |— :l,| s, :s,|s, :s,| d :— |—
```

1 Ten Thou-sand times ten thou-sand,   la - bo ba ha - ti - ma;

Do—mi.   *Do—la.*

```
:m.l | s :-.s |d¹ :s | t :l |s :f | m :-.d |f :t,| ds,:— |—
:s.d | r :-.t,|d  :d | r :d |m :r | d :-.s,|t, :s,| s.r,:— |—
:m.l | t :-.s |l  :s | se:l |ta:l | s :-.m |r :f | m t,:— |—
:d.f | d :-.f |m  :m | f :f |de:r | s, :-.s,|s, :s,| ds,:— |—
```

Ti - yi - mpi ta   ba - ri - he - lwa, ba ka - nzi-ya   he - hla.

```
:s, | r :-.r |d  :r | m :m |— :m | f :r |m :r.d| r :— |—
:s, | f, :-.f,|m, :l,| l :se,|— :s,| f, :f,|m, :fe,| fe,:— |s,
:s, | t :-.t,|d  :l,.t,|d :t,|— :de| r :t,|d :d | d :l, |t,
:s, | s, :-.s,|l, :f,| m, :m,|— :l,| r, :s,|d, :l,| r, :— |s,
```

A ku - lwa ku he - ti - lwe,   ni ku - fa, ni ku - o - nha;

```
:s, | l, :-.s,|d :d | r :-.m |f :r | d :-.s,|m :r | d :— |—
:s, | l, :-.s,|d :m,| l, :-.s,|f, :l,| s, :-.s,|d :t,| d :— |—
:s, | l, :-.s,|d :d | l, :-.de|r :l,| m :-.f |s :f | m :— |—
:s, | l, :-.s,|d :l,.s,|f, :-.m,|r, :f,| s, :-.s,|s, :s,| d :— |—
```

Vu - lu - la-ni a   ti - ba-ti,   mu ba   ko-ma kwa-tsi.

1 Ten thousand times ten thousand, labo ba hatima;
Tiyimpi ta barihelwa, ba kanziya hehla.
A kulwa ku hetilwe, ni kufa, ni kuonha;
Vululani a tibati, mu ba koma kwatsi.

2 Ku "Haleluya" kabye, ku tala matilwen';
Mipunzu ni banyangende zi hlakana kwatsi.
Matilo wonklelele, ma nengela nguvu;
Kuhisa ni kuxanisa a zi kona kambe.

3 Kulosetela futsi, ku kona Kanani;
Kuklanganiswa le kuxwa, kuheta ku haba.
A siku go saseka, gi hunzako yonkle,
Lezo maxaka ya tiko ma taya le Hosin'.

94. A SIKU GINWE KAMBE, GA TIRO WA JESU.

Doh is Bb.

1 A si - ku gi-nwe ka - mbe, ga ti - ro wa Je-su; Nza

F. t.

ha hla-ka-na, a nzi xa-ni-swi Ku ti - re - la Ho-

CHORUS—*f. Bb.*

si. Lo-ku Je-su, Nzi ta ti - ra ka-mbe. A si - ku

gi-*n*we ka-mbe,   a si - ka gi-*n*we ka-mbe,   A

si - ku gi-*n*we ka-mbe,   nzi ha - nyi-le mi-na.

1 A siku gi*n*we kambe, ga tiro wa Jesu;
  Nza ha hlakana, a nzi xaniswi
  Ku tirela Hosi. Loku Jesu,
  Nzi ta tira Kambe.

    CHORUS—
      A siku gi*n*we kambe, a siku gi*n*we kambe,
      A siku gi*n*we kambe, nzi hanyile mina.

2 A siku gi*n*we kambe, O Hosi ya mina,
  Nzi ku dumisa, wa nzi tatisa
  Hi ku wonekela.
  O Hosi, nzi alakanya kwatsi.
                CHORUS—

3 A siku gi*n*we kambe; -Ku saseka nguvu
  Ku *b*yeletela ka bon*k*lelele,
  Mahungu ya Jesu.
  Nzi tiyise ku tirela kambe.
                CHORUS—

95. SANGULA, LIRIMI LA MIN'.

Do—la s.

1 Sa - ngu - la, li - ri - mi   la   min',   Ku yi - mbe-

le - la kwa - tsi;   Mi - ti - ro ya   ho-

mbe   ngu-vu   Ya Ho - si ya   hi - na.

1 Sangula, lirimi la min',
  Ku yimbelela kwatsi;
  Mitiro ya hombe nguvu
  Ya Hosi ya hina.

2 Lanzisa milanzu yakwe,
  Ya ntamo ni kuranza;
  U wula a wuxinji gakwe,
  Gi kona ka hina.

3 Timhaka takwe ti nene,
  Ti vurisa a mbilu
  A gezu gakwe ga nzi bita,
  Nza nga ta mu ala.

96. SIKU GI HETILE.

Do—la 4.

1 Si - ku gi he - ti - le,   Wu - si - ku gi ko - na,

Nzu - ti wu la ku - hlwa   Wu ka-sa ti - lo.

1 Siku gi hetile,
Wusiku gi kona,
Nzuti wu la kuhlwa
Wu kasa tilo.

2 Jesu hi vumele
Kueklela kwatsi
Vala mahlo yonkle
Kukatekiswa.

8 Hi wusiku wonkle,
Wena hi hlayise.
Hi mbetile konkle
Loku kubiha.

4 Ni vukile mixo,
Wena, hi vukise;
Hi fambise kambe
Kuwonekela.

97. YIMPI YA MA FILISTA.

Do—f 4.   D. C.

|d .d :d	r	:m .m |m	:—	r .m :f	t :r	d :—	s .m :l	s .s :f.f
|s .s :s	t	:d .d |d	:—	t .d :d	s :t	s :—	d.s :d	d.d :t.t
|m .m :m	r	:m .m |m	:—	r .s :l	r :r	m :—	m.m :f	s.s :s.s
|d .d :d	s	:d .d |d	:—	s .d :f	s :s	d :—	d.d :f	d.d :s.s

1 Yi-mpi ya ma Fi-li-sta,   Ba ra-nze-la Ju - da ;   Le-zo ku wa hi ko-na
Sa-ul', wa Kix, wa ca-biswa,   A nga ko-ti ku - lwa,

f .m :s	f.f :m	d .d :d	r :m	m :—	m :—	r .m :f	t :r	d :—
t .s :d	t.t :s	l .l :l	l :s	s :—	s :—	s .s :t	s :t	s :—
s .s :t	l.l :s	m.m :m	t :s	s :—	s :—	f .s :l	r :t	m :—
s .s :s	s.s :d	l .l :l	f :m	m :—	m :—	f .m :r	s :s	d :—

A mu-fan' wa Je-se, A mu-ri - si   wa kla - mbi,   Bi-to hi Da --vi - da.

1 Yimpi ya ma Filista,
   Ba ranzela Juda ;
   Saul', wa Kix, wa cabiswa
   A nga koti kulwa,
   Lezo ku wa hi kona
   A mufan' wa Jese,
   A murisi wa klambi,
   Bito hi Davida.

2 I te ngalo, Tiyisan' ;
   " Jehova u kona.
   Nza vumela hi zinen'
   Kulwa na Goliya."
   Hosi, Saul' wa mu bitan'
   A ku ngalo kakwe ;
   " Wa zi tiba hi kuyin',
   Wena wa hi jaha.

3 Davida a hlamula,
  " Hosi Saul' wa hina,
  Nza mu ranza Jehova,
  Yena I na mina.
  Lezo ngala ni yingwe,
  Zi lo nzi vukela,
  Nzi lo a zi paklula
  Hi mandla ya mina.

4 Lezo Saul' a hlakana
  A laba ku m² vuna.
  " A xiklangu xa mina,
  Teka wena" aku.
  Kanilezi Davida
  I lo mu hlamula,
  Xihiketelo xa mina'
  Xa enela mina.

5 A masiku wonklelei',
  Ma Filista bona,
  Ba humesa Goliya,
  Ku ba rukatela.
  A Goliya i ngalo,
  "Nungungulu kwihi?
  Mawutoya ni timbyan',
  Klarihani mina."

6 A sikwin' go hlawulwa,
  Ba ti longisela.
  A mufana, Davida,
  A vukele nhenha.
  A Goliya i ngalo
  "Klela kaya wena;
  Nzi ta nyika tinyanyan,
  Nkoxa yi ka wena."

9

7 A Davida i ngalo,
  "A nzi cabi cumo.
  Hi Jehova wa hehla,
  A mu tsanwisako.
  Yena i ta mu daya,
  Hi xitiri xakwe;
  Miri lowo wa wena
  Wu ta timekiswa.

8 Lezo ba lo tsinela,
  Ku sangula kulwa,
  A Davida wa teka
  Ribye ga le congwen.'
  I lo m'klaba futsi ke
  Ximombyeni xakwe
  A Goliya, makunu
  I lo wa lahasi.

9 Yimpi ya ba Israel'
  Yi ba sukelela.
  Ma Filista ba caba,
  Ma dawa bo tala.
  Hosi, Saul a hlakana,
  A mu bita Davida,
  Wa mu nyika ku teka
  A nhanyana wakwe.

10 Babasati ba Juda
  Ba lo ndzunza Saul,
  Ba ku ngalo" A, Hosi
  I dele one thousand
  Kanilezi hi David,
  Ba mu yimbelela;
  "I lo daya ten thousand
  Hi ribye ga congo."

98. KUTSAKA *KA* WENA.

Do—sol 4.   *D.C.*

1 Ku - tsa - ka ka we - na,   A   si - ku ga   Ho - si;
Hi   hla - ka-na ku ku-wona,   Je - su, hi   ku   ku - ma.

Hi   ti - ndle-le - ni   ta   ti - ko   Ha   pu - ru - ma   he - hla ngu - vu.
Ha   pu - ru - ma   he - hla   ngu - vu.

Ha pu-ru-ma he - hla   ngu - vu.

1 Kutsaka ka wena,
  A siku ga Hosi;
  Hi hlakana ku kuwona,
  Jesu, hi ku kuma.
  Hi tindleleni ta tiko
  ‖Ha puruma hehla nguvu:‖

2 Relele Hosi ya hina,
  Hi ntamo wa wena;
  Vukisa banhu bo tala
  Kueklelen' kabye.
  Ba katekisile bona
  ‖Ba vumela ku ingisa:‖

3 Ituba la tilo, tane
  Wonisa kuranza
  Ka Muhanyisi wa hina;
  U hi katekisa
  Lezo hi ta tiyisiwa,
  ‖Ni Dimingu yi ta vuna:‖

99. A NZI TIBI XIKATI HI LEXO MINA.

Doh is Bb.

1 A nzi ti - bi xi-ka-ti hi le-xo mina, Nzi ta te - ki - wa ka-ya hi Ho-si yona:

Ka-mi-le-zi a Je-su i ta hi ko-na: Ni lo-ku hi ti - lo ka min'.

CHORUS.

Ni lo-ku hi ti-lo ka mina, Ni lo - ku hi ti - lo ka mina;
Ni lo-ku hi ti-lo

Ka-ni-le-zi a Je-su i ta hi ko-na; Ni lo-ku hi ti - lo ka min'.

1 A nzi tibi xikati hi lexo mina,
  Nzi ta tekiwa kaya hi Hosi yona:
  Kanilezi a Jesu i ta hi kona:
  Ni loku hi tilo ka min.'

    CHORUS—
      Ni loku hi tilo ka mina,
      Ni loku hi tilo ka mina;
      Kanilezi a Jesu i ta hi kona;
      Ni loku hi tilo ka min.'

2 A nzi tibi tisimu ti yimbelelwa,
  A nzi tibi muzika ya tingelosi;
  Kanilezi nza zi tiba ba dumisa Hosi;
  Ni loku hi tilo ka min.'
                 CHORUS—

3 A nzi tibi xiyimo xa yindlu hehla,
  A nzi tibi a bito ga mina kona,
  Kanilezi a Hosi yi ta nzi kinga;
  Ni loku hi tilo ka min.'
                 CHORUS—

100. A MURISI WA MINA HI JEHOVA WA HOMBE.

Do—sol s.

1 A Mu-ri-si wa mina hi Je-ho-va wa hombe; A nzi nga ta

la-ba, i ta nzi wu-ndla. Wa nzi e-kle-li-sa mi-

м :м :м	м :r	:l₁₊ₘl₁	1 :1 :1	1 :s :-.s₁	f :м :r
d .t₁ :ta	l₁ :—	:l₁₊ₘl₁	d :d :d	d :d :-.s₁	t₁ :t₁ :t₁
s :s :s	f :—	:f.,f	f :d :re	м :м :-.м	r :s :f
d :d :de	r :—	:r.,r	f₁ :f₁ :fe₁	s₁ :s₁ :-.s₁	s₁ :s₁ :se

ko - ben' yo nyu-ka; Ma-ti-ni ya ma-le - nga, wa nzi hle - te-

d :— :d.,d	1 :1 :1	1 :s :-.s₁	f :м :r	d :—
d :— :d.,d	d :de :r	d :d :-.s₁	t₁ :t₁ :t₁	d :—
м :— :м.,м	f :s :f	м :м :-.м	1 :s :f	м :—
l₁ :— :d.,d	f :м :r	s₁ :s₁ :-.s₁	s₁ :s₁ :s₁	d :—

la. Ma-ti-ni ya ma - le - nga, wa nzi hle - te - la.

1 A murisi wa mina hi Jehova wa hombe;
A nzi nga ta laba, i ta nzi wundla.
Wa nzi eklelisa mikoben' yo nyuka;
‖Matini ya malenga, wa nzi hletela:‖

2 Kuhanya ka mina wa klelisa kwatsi;
Tindleleni to lulama wa nzi fambisa.
Hambu nzi ya kona nzelelwen' wa kufa,
‖A nzi ngata caba zobiha zonkle:‖

3 Hi lezi wena wu wa tsama na mina;
A nhonga ya wena ya nzi miyeta.
Wa nzi longisela meza ya mina
‖Mahlweni ka balala, labo ba mina:‖

4 A hloko ya mina wa yi tota kwatsi;
A kopo ya mina ya ha pupuma.
Hizinene kusaseka, ni kurula konkle,
‖Ku ta nzi lanzisela kala ku pinzuka:‖

101. NZA FAMBA LE NDLELENI, LE YI HATIMAKO.

Do—do 4.

1 Nza fa - mba le ndle-le-ni, le yi ha - ti - ma-ko,
A mbi-lu le ya mi-na yi zwi - le ti - nga-na,

D. C.

Le - yi yi tse - ma-ka-nya ma-le - mbe ya ti-ko.
A - ma - hlo la - ya mi-na mi-hlo - ti ma ti-ba.

Ka - ni - le-zi nza tsaka, na nza m' wo-na a Hosi,

Na nzi ti tsu-mba ka ye-na, a Yen' wa Ka - lva-ri.

1 Nzi famba le ndleleni, le yi hatimako,
Leyi yi tsemakanya malembe ya tiko.
A mbilu le ya mina yi zwile tingana,
Amahlo laya mina mihloti ma tiba.
Kanilezi nza tsaka, na nza m' wona a Hosi,
Na nzi ti tsumba ka yena, a Yen' wa Kalvari.

2 O muhefemulo lowu wu wonile kulwa,
Hi mintamo ya munyama, wu laba ku hlulwa.
Balala ba lehandle ba nzi xengetela,
Balala ba xikara ba hunza ni bonà.
Kanilezi ba suswa, nzi kumile kupala.
Na nzi ti tsumba ka yena, a Yen' wa Kalvari.

3 Nzi tsinela ka lo' Muti, lowu wu nga hehla.
Lowu wu akilweko hi mandla ya Hosi.
Nza zi tiba o Dadani a nzi rinzelako.
Ku nzi amukela kwatsi, nwanana lo wakwe.
Hambu lezi nzi muon' I ta nzi longisa,
Hakuba wa nzi fela, a Yen' wa Kalvari.

102. MU KLAKUSANI A MAGEZU.

Do—Sol 9. FEMALE VOICES. *Unison.*

1 Mu kla-ku-sa - ni a ma-ge - zu,

Mu du-mi-se - ni a Ho-si;

Dzu - nza-ni Ye - na hi ti-si - mu,

Ti nga mbe-li - ko le mi-sa-ben'.

CHORUS. *Unison.*

A ti - nge-lo - si   ti   mu du - misa,

A ka - ti - gin̈we   to - na   na hin':

Ha gi bi - ta - na   Bi - to ga Yen',

Harmony.

Lo - ye wa Ho - mbe   hi   zi - nen'.

1 Mu *k*lakusani a magezu
  Mu dumiseni a Hosi ;
  Dzunzani Yena hi tisimu,
  Ti nga mbeliko le misaben'

2 Hi le tilweni a magezu,
  Ma yi kesela a Hosi ;
  Labo bo basa ba lanzisa,
  A kuhlakana ka bona.
        CHORUS—

CHORUS—

  A tingelosi ti mu dumisa,
  A katigin̈we tona na hin':
  Ha gi bitana Bito ga Yen',
  Loye wa Hombe hi *z*inin'.

3 Mu klakuseni a magezu,
  Yimbelelani kota bon';
  A timbilwini to saseka,
  Kongotelani le ka Dadani'.
        CHORUS—

103. MU YIMELENI JESU.

Do—sol 4.

1 Mu yi-me-le-ni Je - su, Ba-nya-ka-sa-ni, we! Yi-sa-ni a ba-

nde - ra, Yi nga ce-lwi ti - ngan'. Hlu-la-ni ni ku-hlu - la, A

yi-mpi le ya-kwe; Ka-la a Mu-ha-nyi - si Hi Ho-si hi zi-ne ne.

CHORUS.

Mu yi - me - le-ni, a Ho-si ya ti-lo, Yi-sa-ni a ba-

nde - ra, Yi nga bi, yi nga ce - lwa ti - ngana'.

1 Mu yimeleni Jesu,
  Banyakasani, we!
  Yisani a bandera,
  Yi nga celwi tingan'.
  Hlulani ni kuhlula,
  A yimpi le yakwe;
  Kala a Muhanyisi
  Hi Hosi hi zinene.

2 Mu yimeleni Jesu,
  Nuanwini lo wakwe;
  A woko le ga. nyama
  Gi ta mu wunela:
  Mu hlome a xiklangu
  Xa hosi ya-hina;
  Kutani ma bitanwa
  Mu nga vumalwi kona.
          CHORUS—

CHORUS—

  Mu yimeleni, a Hosi ya tilo,
  Yisani a bandera,
  Yi nga bi, yi nga celwa ti-
    ngana'.

3 Mu yimeleni Jesu
  A kulwa ku suhan';
  Nyamukla hi ta hlula,
  Kubuma ku mixwen';
  Ka loyi a hlulako,
  Ku ta nyikwa yena
  Xidlodlo xa kuhanya
  Xa kupinzukeni.
          CHORUS—

104. HAKLISAN'! HAKLISAN'! A ZITIRI ZA YENA.

Doh is F.

1 Ha-kli-san'!   Ha-kli-san'!   a zi-ti-ri   za   Yena,

A ma-za-na   ya   ba-nhu   ba   ha   mu-nya-men'   Ba vu-

r	:m	:f	f	:m	:r	m	:f	:s	m	:—	:r‿r	r	:m	:f
t₁	:d	:r	r	:d	:t₁	d	:r	:m	d	:—	:t₁‿t₁	t₁	:d	:r
s	:s	:s	s	:s	:s	s	:s	:d¹	s	:—	:s‿s	s	:s	:s
s₁	:s₁	:s₁	s₁	:s₁	:s₁	d	:d	:d	d	:—	:s₁‿s₁	s₁	:s₁	:s₁

me - la a mha-ka, ba la - ba ku - zwa, Ka-ni ba nga mu

f	:m	:r	m	:f	:s	m	:— :s‿s	s	:fe	:s	m	:— :s‿s
r	:d	:t₁	d	:r	:m	d	:— :m‿m	m	:re	:m	d	:— :m‿m
s	:s	:s	s	:s	:d¹	s	:— :d¹‿d¹	d¹	:l	:s	s	:— :s‿s
s₁	:s₁	:s₁	d	:d	:d	d	:— :d‿d	d	:d	:d	d	:— :d‿d

ti - bi a Mu - ha - nyi - si; Ba ha-fa, bo ta - la, a ma-

s	:fe:s	m	:⌢— :1‿1	1	:⌢— :s‿s	s	:—:—	s	:r	:f	m	:⌢—
m	:re:m	d	:— :d‿d	d	:— :d‿d	d	:—:—	t₁	:—:r	d	:—
d¹	:l :s	s	:— :f‿f	f	:— :m‿m	m	:—:—	r	:s	:s	s	:—
d	:d :d	d	:— :f‿f	f	:— :d‿d	d	:—:—	s₁	:—:s₁	d	:—

si - ku wo-nkle, Ha-kli-san'! Ha-kli-san'! Ha - kli-sani!

1 Haklisan'! Haklisan'! a zitiri za Yena,
  A mazana ya banhu ba ha munyamen'
  Ba vumela a mhaka, ba laba kuzwa,
  Kani ba nga mu tibi a Muhanyisi;
  Ba hafa, bo tala, a masiku wonkle,
  Haklisan'! Haklisan! Haklisani.

2 Haklisan'! Haklisan'! hi timhaka ta tilo
  Ka le matikweni a wutsamo gonkle;
  A Mesiya i tile a woneka ka bon'
  Hi milomu ya nwina mu zitiri za Yen':
  Ba ta mu amukela, ba ta mu ingisa;
  Haklisan! Haklisan'! Haklisani.

3 Ingisan'! Ingisan'! A ticeci ta Hosi,
  A Jehova wa tilo i lo tiro na nwin';
  A mu koti ku hlulwa, mu komiwe hi Yen';
  I ta mu heleketa, I ta famba mahlwen'.
  Ivangeli ya Hosi, nga yi tibye tikwen',
  Haklisani'! Haklisani' Haklisani.

105. A KURULA KU KOMA KU HUNZA KUPIMA.

Do—do 6.

```
| d :—:d |l :—:—| s :—:s |d :—:—| d :t :l |s :—:fe |
| d :—:d |re:—:—| m :—:m |f :—:—| m :m :m |r :—:r  |
| s :—:s |fe:—:—| s :—:s |l :—:—| s :r :s |t :—:l  |
| d :—:d |d :—:—| d :—:d |d :—:—| d :d :d |r :—:r  |
```

1 A   ku - ru - la   ku ko - na ku hu - nza ku-

```
| l :—:— |s :—:—| m :—:— |l :—:—| s :—:m |l :—:— |
| r :—:— |r :—:—| m :—:— |re:—:—| m :—:m |fe:—:— |
| d :—:— |t :—:—| s :—:— |fe:—:—| s :—:m |r :—:— |
| s :—:— |s :—:—| d :—:— |d :—:—| d :—:d |d :—:— |
```

pi - ma.   Ta - na   wen', a mu -

```
| r :t :d |l :—:t | l :—:— |s :—:—| s :t :l |s :l :s |
| s :s :s |s :—:fe | fe:—:— |s :—:—| f :f :f |f :f :f |
| r :r :d |m :—:r | d :—:— |t :—:—| r :t :d |r :d :r |
| t :s :m |d :—:r | s :—:— |s :—:—| t :s :l |t :l :t |
```

onh', in - gi - sa   ka Je - hova.   A - ku ka we-na u

```
| s :d :l |s :—:—| s :t :l |s :l :s| s :d :fe |s :—:— |
| m :—:re|m :—:—| f :f :f |f :—:f| m :m :re |m :—:— |
| d :—:d |d :—:—| t :s :l |t :l :t| d :s :l |s :—:— |
| d :m :fe|s :—:—| s :s :s |s :—:s| d :d :d |d :—:— |
```

tsi - ke ku - on',   A ku ku - ra - nze-ni u ta vu - nwa:

d :d :	d :—:t	1 :—:—	le :—:—	s :—:s	s : .l:s
d :m :1	se :—:se	1 :—:—	d :—:—	d :—:m	r : .r:r
1 :d :m	m :—:r	d :—:—	me :—:—	m :—:d	t : .t:t
1 :1 :d	m :—:m	f :—:—	fe :—:—	s :—:s	f : .f:f

Wu-ya nya-mu - *k*la we — na, Ta — na, mu - on-hi,

s :—:s	s : .l:s	d :—:—	—:—:—	d :—:—	d :—:
d :—:d	f :—:f	m :—:—	f :—:f	m :—:—	m :—:
d :—:d	t :—:te	te:—:—	1 :—:le	s :—:—	s :—:
m :—:me	r :—:re	d :—:—	—:—:—	d :—:—	s :—:

e - nge - ne ka-ya he - hla.

1 A kurula ku kona ku hunza kupima.
Tana wen', a muonh', ingisa ka Jehova.
A ku ka wena u tsike kuon',
A ku kuranzeni u ta vunwa;
Wuya nyamu*k*la wena,
Tana, muonhi, engene kaya hehla.

2 Kuhumula ku kona ku saseka nguvu;
Tana! mukaral', wuye le xiwuleni:
Humula wena nzutini wu nen',
Laha a mati ma nene ma kon'.
Tsika a wusiwana;
Mukarali engene kaya le hehla.

3 Muhlayisi u kona i ta mu am' kela.
Tana, wenawu, engena nyangwen' yakwe:
Laho mihloti yi haba kambe,
Kufa ku koti ku engena kon'.
Ti *k*larihile wena,
A bobasa ba ku rinzela le hehla.

106. MAHLENI A MAKOLWA, MU SUSUMETA MAHLWEN'!

Do—ti-flat 4. Unison.

1 Ma - hle-ni a ma - ko - lwa, Mu su-su - me- ta ma-hlwen'!

Lwa-na-ni ngu-vu, tsu-mba-ni kwa-tsi; Sa - ta - ni i ta - wa;

Je - su i ta mu go - nga La - ha le - ndle-len': a

yi - mpi ya ti - lo ko - na, Ku-hlu - la ku ka nwin'.

CHORUS. *Unison.*

Ma-hle-ni ma-ko-lwa ya Ho-si he-hla, A hi ko-ma-me-ni le ndle-len' ya-kwe:

Harmony.

s₁.m :t .d	t₁ :l₁	l₁.f :m .r	d .t₁:l₁.s₁	d .m₁:f₁.s₁	l₁.f :m .r	d :t₁	d :—
m₁.s₁:f₁.m₁	s₁ :f₁	f₁.l₁:l₁ .l₁	f₁.f₁:f₁.f₁	m₁.m₁:f₁.s₁	l₁.l₁:l₁.l₁	s₁ :f₁	m₁ :—
d .d :d .d	d :d	d .r :de.r	r .r :d .t₁	d .m₁:f₁.s₁	l₁.r :de.r	m :r	d :—
d₁.d₁:d₁.d₁	f₁ :f₁	f₁.r₁:m₁ .f₁	s₁.s₁:s₁.s₁	d₁.m₁:f₁.s₁	l₁.r₁:m₁.f₁	s₁ :s₁	d₁ :—

Ti-ya mbi-lu we-na, u nga vu-me-li Ku-tsi-ka ndle-la ya Ho-si ya hi-na ya he-hla.

1 Mahleni a makolwa, Mu susumeta mahlwen'!
Lwanani nguvu, tsumbani kwatsi;
Satani i tawa; Jesu i ta mu gonga
Laha lendlelen': a yimpi ya tilo kona,
Kuhlula ku ka nwin'.

CHORUS—

Mahleni makolwa ya Hosi hehla,
A hi komameni le ndlelen' yakwe:
Tiya mbilu wena, u nga vumeli
Kutsika ndlela ya Hosi ya hina ya hehla.

2 Mahlweni a makolwa! Balala ba hi hlola:
Tsumbani Hosi nwina mu wakwe;
Ntamo I ta nyika: kulwa ka ha leha
Kani mu nga hlulwi kala a gezu go buma
Gi ta huma ka nwina. CHORUS—

3 Mahlweni a makolwa! kuonha ku ta hlulwa:
Tsumbani Yena, wutisa Hosi;
Ntamo wakwe wu nen'. Ingisa ka Yena,
U tiya a hlana; kupala ka Hosi ya hin',
Ku ta nyikiwa ka nwina'. CHORUS—

107. JEHOVA WA TILO! WENA WECE WO BASA.

Do—re s. Unison.

Je - ho - va   wa ti - lo!   We-na we-ce wo ba-sa;

Ha   du - mi - se - la   a   bi - to   ga   wen',   Ku -

Unison.

ra - nza   ka hi - na   ha ku ne-he-la ka we-na',

Mu - ri - he - li   wa   hi - na,   a   Ho - si   ya hin'.

SEMI-CHORUS.

1 Ha   tsa - ka   ha - ku - ba   ku - ra - nza   ka   wen',
2 Ha   bo - nga   ha - ku - ba   wu - xi - nji   ga   wen',
3 Ma - ge - zu   ya   hi - na   ha   ma   kla - ku - sa

:s	l	:l	:l	t	:t	:t	d¹	:t	:d¹	r¹	:—
:d	d	:d	:d	f	:f	:f	m	:m	:m .fe	s	:—
:s	f	:f	:f	s	:s	:s	l	:l	:l	t	:—
:m	f	:f	:f	r	:r	:r	l,	:l,	:r	s,	:—

Ku   hi   la - be - le - le   ni   hi   mu - nya - men';
Gi   nyi - ngi, ga   ho - mbe, gi   ne - ne   ka   hin',
Ku   kla - nga - ni - sa - na   na   bo - na   he - hla.

CHORUS. *Unison.*

:s	d	:s	:— .f	m	:d	:— .	f .m :f .s :l .,t	d¹	:—

1 Je - ho - va   wa ti - lo!   We-na we-oe wo ba-sa;

:s	l	:f	:d¹	s	:m	:d¹	t	:l	:t	d¹	:—
:s	f	:f	:f	m	:d	:m	r	:r	:f	m	:—
:d¹	d¹	:l	:l	d¹	:s	:s	s	:s	:s	s	:—
:m	f	:f	:f,	d	:d	:d	s	:s	:s	d	:—

Ha   gi   du - mi - se - la   a   bi - to   ga   wen'.

Do—sol. SOLO, OR FEMALE VOICES IN UNISON.

:ʳs,	m	:—	:—	—	:r	:- .d	d	:—	:—	t,	:—

1 Ti - lwe-   ni   bo-ba -   sa
2 Ni le   mi - sa-be -   ni,
3 Ku yi -   sa   ti - mha -   ka

10

| :s₁ | f :— :— | — :м :─ :r | r :— :— | d :— |

ba   ba -   ha   ma-hu -   ngu
ha   *k*la -   nga - ní-sa - na
le' ta   I - va-nge - li,

| :s .d .м | s :— :— | — :f :м | м :f :l₁ |

Ma - hu -   ngu yo sa - se-
Na   bo   -   n*k*le ba vu - me-
A   ku   ha - nyi - sa le mi-

D. C.

| l₁ :r :─ d | t₁ :— :— | — :l₁ :t | d :— :— | —: |

ka ya Ho-si   ya hi - na.
la   a   ho-si   ya hi - na.
sa - ben' ka ba - na - na bakwe.

Do—re. CODA AFTER LAST VERSE.
Unison.

| :ʳs | d¹ :s :—.f | м :d :—. | f .м:f .s:l₁t | d¹ :— :— |

Je - ho - va   wa ti - lo!   We-na we-ee wo ba-sa;

d¹	:l	:r¹	t	:s	:r¹	d¹	:t	:l	s	:—
fe	:fe	:fe	s	:r	:r	м	:r	:d	t₁	:—
1	:r¹	:l -	t	:t	:t	s	:s	:fe	s	:—
r	:r	:r	s	:s	:t₁	d	:r	:r	s₁	:—

Ha du - mi - se - la   a   bi - to   ga   wen',

Unison.

Ku - ra - nza   ka hi - na   ha ku ne-he-la ka we-na,

Mu - ri - he - li   wa hi - na,   a Ho - si   ya hin'.

D. S.

Ha-le-lu - ya,   Ha-le-lu - ya,   Ha-le-lu - ya,   A - men'

Fine.

Ha-le-lu - ya,   A - men'   A - men'.

108. MATILO MA KANELELA A WUHOSI.

Do—la 4.

:s₁	d :—	— :d	r :—	— :r	m :d	l₁ :r	d :—	t₁
:s₁	m₁ :—	— :s₁	s₁ :—	— :s₁	s₁ :—	l₁ :—	s₁ :—	—
:s₁	s₁ :—	— :d	t₁ :—	— :t₁	d :—	d :f	m :—	r
:s₁	d₁ :—	— :m₁	s₁ :—	— :s₁	d₁ :m₁	f₁ :r₁	s₁ :—	—

1 Ma - ti - lo ma ka - ne - le - la a wu - hosi
Ni za le he - hla zi wo - ni - sa nta - mo,

D. C.

:s₁.l₁	t₁ :d	r :m	f :—	— :m	m :r	d :t₁	d :—	—
:s₁	s₁ :—	s₁ :—	s₁ :—	s₁ :—	l₁ :—	s₁ :f₁	m₁ :—	—
:t₁.d	r :d	t₁ :d	r :—	d :—	d :r	m :r	d :—	—
:s₁	f₁ :m₁	r₁ :d₁	t₂ :—	d₁ :—	f₁ :—	s₁ :—	d₁ :—	—

A wu-ho - si ga Ye - na Mu - ma - hi wa yo - nawu;
A mi-nta-mo ya mi - ti - ro ya ma - ndla ya - kwe.

:s₁	s₁ :—	— :s₁	d :—	— :d	r :—	— :r	m :—	—
:s₁	s₁ :—	— :s₁	s₁ :—	— :s₁	s₁ :—	— :s₁	s₁ :—	—
:s₁	s₁ :—	— :s₁	s₁ :—	— :d	t₁ :—	— :t₁	d :—	—
:s₁	s₁ :—	— :s₁	m₁ :—	— :m₁	s₁ :—	— :s₁	d :—	—

A ga - mbo gi fa - mba a ndlelen',

:r	m :f	s :m	r :m	f :r	m :f	s :m	r :—	—
:s₁	s₁ :—	— :s₁	s₁ :—	— :s₁	s₁ :—	— :s₁	s₁ :—	—
:t₁	d :r	m :d	t₁ :d	r :t₁	d :r	m :d	t₁ :—	—
:s₁	s₁ :—	— :s₁	s₁ :—	— :s₁	s₁ :—	— :s₁	s₁ :—	—

Ga wo-ni-sa mi - nta-mo ya mu - ma-hi wa go - na

Ka ma - ti - kwe - ni yo - n*k*le-le'.

A ka - ne - le - la a Mu - ma - hi Je - ho - va.

1 Matilo ma kanelela a wuhosi,
A wuhosi ga Yena Mumahi wa yonawu;
Ni *za* le hehla *z*i wonisa ntamo,
A mintamo ya mitiro ya man*d*la yakwe.
A gambo gi famba a n*d*lelen',
Ga wonisa mintamo ya Mumahi wa gona
Ka matikweni yon*k*lele'.
A kanelela a Mumahi Jehova.

2 Nzutini wa gambo a hweti yi woneka
Ni misaba yon*k*lelele yi tela hi wumburi:
Matilo ma humesela tinyeleti;
A ti kustumunyu kwatsi wu*k*lari ga yena.
A siku ni hweti ni lembe kambe
A ti fambako, a ti hosi, a ti karali;
Ti wula ka banhu matikwen',
A canja ga Mumahi wa hina gi nen'.

109. A WUHOSI GA MATILO GI WONEKA KA BANHU.

Do—do 4.

1 A wu-ho-si ga ma-ti-lo gi wo-ne-ka ka ba-nhu, Hi ma - za-na ya ma-za-na ya ma-

ge-zu gi won-wa; Hi ma-si-ku wo-n*k*le-le-le gi hi fa-mbi-sa ma-hlwen', A

CHORUS.

n*d*le-le - ni ya Hosi. Ho - si, Ho-si, Ha-le-lu - ya; Ho - si, Ho-si,

Ha-le-lu - ya; Ho - si, Ho-si, Ha-le-lu - ya; A Wu-ho-si ga Yena.

1 A wuhosi ga matilo gi woneka ka banhu,
  Hi mazana ya mazana ya magezu gi wonwa;
  Hi masiku won*k*lelele gi hi fambisa mahlwen',
  A n*d*leleni ya Hosi.
  CHORUS—
      Hosi, Hosi, Haleluya;
      Hosi, Hosi, Haleluya;
      Hosi, Hosi, Haleluya;
      A Wuhosi ga Yena.

2 A tinyimpi ta matilo tihlomako a'kulwa,
  Ti hlulile a Satani ni tinyimpi ta yena;
  Ti hi heleketa kwatsi, ti hi fambisa mahlwen',
  A n*d*leleni ya Hosi.
                              CHORUS—

3 A makolwa ya ticeci ma ha hlula misaben',
  Ma ha hunzulusa banhu, ba tsikise kubihen';
  A mu *k*langaneni *n*wina, a hi famba le mahlwen',
  A n*d*leleni ya Hosi.
                              CHORUS—

110. A KAYENA A KULE BA HLAKANA KWATSI.

Do—sol 4.

1 A ka - yena a ku - le ba hla - ka - na kwatsi, Ma-

ku - nu wu - xi - ka gi kon'.   A xi - p*f*a-ki xi hlu-ka ni hu - ba ma - ai - *n*win, ; Ba hu - nzi - le ku - xu - ra ku-

gen'.   Ka - ni - lezi   a   mi-na nzi la-ha ma-tikwen', Nzi

fi - le   hi nd*l*a-la   zi - nen';   Nzi ho - xile wu - nwa-na

gi nga hi ga mi - na A nzi ko-ti ku tsa - ma *n*wanan'.

CHORUS.

"Mu nga ri - li ka-mbe"   a - ku   Da-da - ni wa wen'; Mu ne-

```
| m :m |d :r .m| f .,m :f .l |s  :d .r |m .d :f .m |r   r .,r |d :—|—: . |
| d :s,|m, :f,.s,| l,.,s,:l,.d |d  :d .d |d .d :d .d |t,  :t,.,t,|d :—|—: . |
| m :m |s  :s .s| f .,s :f .f |m  :l .le|s .m :l .s |f   :s .,f |m :—|—: . |
| d, :d,|d, :d,.d,| d,.,d,:d,.d,|d, :f,.f,|s,.,s,:s,.s,|s,  :s,.,s,|d, :—|—: . |
```

he - le   a   ro-le gi no-ni-si-lwe - ko, A nzi-san' i *k*le-li - le ka hin'.

1 A kayena a kule ba hlakana kwatsi,
　Makunu wuxika gi kon',
　A xipfaki xi hluka ni huba masi*n*win,;
　Ba hunzile kuxura kugen'.
　Kanilezi a mina nzi laha matikwen',
　Nzi file hi n*d*lala *z*inen';
　Nzi hoxile wu*n*wana gi nga hi ga mina,
　A nzi koti ku tsama *n*wanan'.

　　CHORUS—
　　" Mu nga rili kambe" aku Dadani wa wen';
　　Mu nehele a role gi nonisilweko,
　　A nzisan' i *k*lelile ka hin'.

2 Tinyanyani tinyingi ti tsikela kwatin',
　Ba hlota timhuti ti nen';
　A tinyama to tala ti kona a tin*d*lwin',
　A kayen' ka Dadani wa min'.
　Kanilezi na mina a gambo gi hlwile,
　A mbilu yi zwile wusiwan':
　Na nzi wiswa tingana hakuba nzi muon',
　O Dadan' nga nzi *k*lele ka wen'.
　　　　　　　　　　　　CHORUS—

3 Kanilezi a Raru na mu wona kule,
　I lo maha wuxinji ka yen';
　I lo tsutsuma kakwe i lo wa le mhangwen',
　I lo m' *t*ro*t*ra kambe ni kambe.
　A nga laya *z*itiri *z*i ha*k*lisa nguvu
　Ku neha tinguwo ti nen';
　Na ku maha kutsaka ka hombe le mutin',
　A fileko i hanya kambe.
　　　　　　　　　　CHORUS—

111. NZI MUFAMBI MISABEN'.

Do—do 4.

1 Nzi mu-fam - bi mi - sa - ben', Nzi - ya nzo - ce a ndle-len'; Nzi ri-

ngi-lwe ngu-vu ngu-vu hi Sa-tan' Ka-ni-le - zi le ma-hlwen' Ku wo-

ne - ka ku -tso-ngwan', A hi ku - le a ku hu-ma mu - nya-men'.

CHORUS.

Fa - mba, fa-mba a ma - ko - lwa, Ti - yi - sa-ni, ku su-
a ma ko - lwa, Ti - yi - sa - ni,

han': A ti - ndlwi-ni ta Da - dan'; Hi ta
ku su - han':

l ˏˌd' :d'ˏˌl | s	:m'ˏˌr' | d'ˏˌt :d'ˏˌl | t ˏˌs :t ˏˌr' | d'	:— |	—
f ˏˌl :l ˏˌf | m	:m ˏˌm | f ˏˌf :f ˏˌf | r ˏˌr :f ˏˌf | m	:— |	—
d' ˏˌd' :d'ˏˌd' | d	:d'ˏˌd' | l ˏˌl :l ˏˌl | s ˏˌt :r'ˏˌt₁ | d'	:— |	—
f ˏˌf :f ˏˌf | d	:d ˏˌd | f ˏˌf :f ˏˌf | s ˏˌs :s ˏˌs | d	:— |	—

nge-na, ku su-han'; Ha ci-ke-la ko-na ka-ya, ku su-han'.

1 Nzi mufambi misaben',
Nziya nzoce a ndlelen';
Nzi ringilwe nguvu nguvu hi Satan'
Kanilezi le mahlwen'
Ku woneka kutsongwan',
A hi kule a ku huma munyamen'.

CHORUS—

Famba, famba a makolwa,
Tiyisani, ku suhan':
A tindlwini ta Dadan';
Hi ta ngena, ku suhan';
Ha cikela kona kaya, ku suhan'.

2 Wutsanweni ga xinen',
Tindleleni xibaben',
A banyingi ba ha famba le kufen'.
Kani mina hi zinen',
Nzi rangile kucaben',
Nza zi ranza nzi nga famba kubasen,.
CHORUS—

3 A banyingi xiwulen',
A banwani le mhangwen',
Bonklelele ba ha wela kuonhen';
Kani mina kuranzen',
Nzi komilwe kurulen',
Na nzi ranga le mahlweni kusasen',
CHORUS—

112. XINI LEXI KA MIN'!

Doh is Ab. Moderato.

1 Xi - ni le- xi   ka min'! Le-gi ti-ko ga ka-le.

Mu - ha - nyi - si   wa min' I fa - mbi-le a he-hla.

Ba   lo   mu   wo - na Yen', Wu - ho - si - ni   ga yen;

Na   ha ka-nzi-ya le   he - hla. Wa nzi si-ya wu - si-wan'.

1 Xini lexi ka min'!
Legi tiko ga kale.
Muhanyisi wa min'
I fambile a hehla.
Ba lo mu wona Yen',
Wuhosini ga yen;
Na ka kanziya le hehla.
Wa nzi siya wusiwan'.

2 Xini lexi ka min'
Kuhlakana ka tilo;
Ku tsubile nguvu
Ku nzi siya ni ndlala.
Kutsaka ka tilo
Ku hi xalalisa;
Ku hunza konkle ka tiko,
Ku xurisa hi zinen'.

3 Xini kuhanya lo!
Ku haklisa ku wuna.
Misaba yi mbela,
Ni kutsaka ka yona.
Nzi nga Mu wona Yen'.
A Hosi ya tilo;
Nzi nga tsama na Yenawu
Tilo hehla ga kaya.

113. MAXAKA YA MINA MA ENZILE.

Do—re 4.

1 Ma - xa-ka ya   mi - na   ma en-zi - le   Ma - kla - tu-ki -   le co-

ngwe-ni wa ku-fa;   Ma   en - ge-ni   -   le wu-to-mi ga he-hla.   Ma-

CHORUS.

ge - zu ya-*b*ye ma nzi bi-ta; Nzi   ma - zwa.   Nza ha-ta, Nza ha-ta. Nza

wo-na a ü - lo: Ma-ge-zu ya-*b*ye ma nzi bi-ta Nzi ma - zwa.

1 Maxaka ya mina ma enzile
  Ma*k*latukile congweni wa kufa;
  Ma engenile wutomi ga hehla.
  Magezu ya*b*ye ma nzi bita;
  Nzi ma zwa.

    CHORUS—
      Nza hata. Nza hata.
      Nza wona a tilo:
      Magezu ya*b*ye ma nzi bita
      Nzi ma zwa.

2 Masiku ya kutsaka misaben'
  Ma nyamatele kwatsi hi nzokati:
  Ma sasekile a ma *s*wa le tilwen',
  Magezu ya*b*ye ma nzi bita;
  Nzi ma zwa.
               CHORUS—

3 Nzi karatilwe tikweni a legi,
  Hi kufambeni a nguvu ni kule:
  A bamakweru a ba nzi kweneta,
  Magezu ya*b*ye ma nzi bita
  Nzi ma zwa.
               CHORUS—

114. XIKATI LEXO XA MINA.

Do—la 3.

Xi - ka-ti le - xo xa mi-na Ku en-ge-ni - swa ka ti-lo Xi nga ti-*b*ywi-ko ka mi-

na: A ka-ya he-hla ku wo-nwi. Ka-ni ku kwa-tsi hi le-*zi*, Xi-ka-ti xi hu-nza ngu-

4 CHORUS—

vu: Ka-ni mi-na na nzi-ya kon'. Ka-ni mi-na na nzi-ya kon'. Ena-ka, Nzi

ta M' wo-na Yen', Nzi M' wo-na ngo-he a ngo-hen': Nzi tsa-ma

na bo - na ba hi - na. Ba nzi ra-nge-le a he-hla.

1 Xikati lexo xa mina
Ku engeniswa ka tilo
Xi nga ti*b*ywiko ka mina:
A kaya hehla ku wonwi.
Kani ku kwatsi hi le*zi*,
Xikati xi hunza nguvu:
‖Kani mina na nziya kon':‖

2 Kuhanya loku ku hunza;
Wusiku ga ha tsinela;
Kutsaka laha ku baba,
Ku celwa hi ku xanisa.
A hi ncumo xikatanyan',
A hi ncumo milembiyan',
Nza tiba kwatsi *k*latukwen';
Nza ta mu wona a ngohe'.

CHORUS—

CHORUS—
Enaka, Nzi ta M' wona Yen',
Nzi M' wona ngohe a ngohen':
Nzi tsama na bona ba hina.
Ba nzi rangele a hehla.

115. MU CABELANI XITUNGEN'.

Do—sol 4.

1 Mu ca-be-la - ni xi-tu - ngen' A mu-ka-ra - li hi

zo - nho; Hla - mba-ni nwi-na co - ngwe - ni,

Hla - mba-ni nwi-na co - ngweni,   Hla - zwa-ni nwi-na

ku - on'.   Oa - ba-ni a   Mu-ha-nyi - si,

Ko - mbe-la-ni   Ho-si ku   mu po - na: Ye - na-wu i   ta mu

D. S.

1	:—	f	:—	m	:d .l	m₁	:d .,t	1	:—	—	:
1	:—	1	:—	l	:l .m	m	:se.,se	1	:—	—	:
d	:—	r	:—	d	:m .d	t	:r .,r	d	:—	—	:
1	:—	r₁	:—	m₁	:m₁ .m₁	se	:m₁ .,m₁	1	:—	—	:

go - nga' A mu-ka-ra - li hi zon'.

1 Mu cabelani xitungen'
   A mukarali hi zonho;
   Hlambani nwina congweni,
   Hlazwani nwina kuon'.
   Cabani a Muhanyisi,
   Kombelani Hosi ku mu pona:
   Yenawu i ta mu gonga'
   A mukarali hi zon';
   A mukarali hi zon'.

2 Ku kala kupinzukeni
   I ta mu hlayisa futsi;
   A mawokweni ma nene
   Mu ta eklela kwatsi.
   Haklisa wena nyamukla
   Mu nga hlweli wena ku nonaka;
   Tsika kurila makunu,
   A Hosi i ta mu gonga;
   A Hosi i ta mu gonga.

3 Nzi ta hlakana ku M' wona
   Na nzi engena ka Yena;
   Nzi ta Mu nyika kubonga
   Hi ntamo wa mina wonkle.
   Kona ku haba kurila
   Ni wusiku kambe gi mbetile.
   Yeni hi gambo ga hina
   A Hosi ya hina yi nen';
   A Hosi ya hina Yi nen'.

11

116. A SIKU GIɴWE NZI TAFA.

Do—fa 3.

1 A si-ku giɴ - we nzi ta-fa   Nzi nga ta ha - nya mi-sa-

ben', Ka-ni ku-tsa - ka ka ho-mbe! Ni nzi vu-ki-le le   Ho-sin'.

CHORUS.

A mi-na nzi   ta m' wo-na yen',   Nzi m' wo-na ngo-he ni   ngo-

hen'; Hi wu-xi-nji   ga-kwe ka min',   Nza nge-na ndlwi-ni ya   ye-na.

1 A siku giɴwe nzi tafa
  Nzi nga ta hanya misaben',
  Kani kutsaka ka hombe!
  Ni nzi vukile le Hosin'.

CHORUS—

  A mina nzi ta m' wona yen',
  Nzi m' wona ngohe ni ngohen';
  Hi wuxinji gakwe ka min'.
  Nza ngena ndlwini ya yena.

2 Ginwani siku gi tata,
  Gambo ga mina gi tafa;
  Hosi yi ta nzi kweneta;
  Nzi ta engena ka yena.
               CHORUS—

3 Gi*n*wani siku yind*l*u le',
Yi ta hlakala, yi tawa;
Kasi nzi ta mu rinzela
Ku engeniswa ka yena.
CHORUS—

4 O Hosi nzi longisela
Xikati lexo xa wena,
Laha u ta nzi bitana
Nzi ngena nd*l*wini ya wena.
CHORUS—

---

117. A WUXINJI GA JEHOVA.

Do—re-flat 2.

1 A wu - xi - nji ga Je - ho - va Gı e - na - ma ga ho - mbe;

Ko - ta bi - mbi ga ku e - ta, Gi hu - nza ku pi - mi - swa.

1 A wuxinji ga Jehova
Gi enama ga hombe;
Kota bimbi ga ku eta,
Gi hunza ku pimiswa.

2 A kuranza ka Jehova
Ku hunzile kupima:
Mbilu ya hi kupinzuka
Yi hi riwukisisa.

3 Loku banhu ba nga ranza
Hi kuranza kota Yen',
A kuhanya ku nga basa
Ku nga tsaka a nd*l*elen'.

118. NZI GONZILE LEZAKU JESU MISABEN'.

Do—re 6.

1 Nzi go-nzi-le le-za-ku Je-su mi-sa-ben', A nga bi-ta ba-na-na ka-

.kwe; Ba nga ti - zwa ti-mha-ka ti ne - ne ta - kwe; Ku nga

sa-sa ku tsa-ma na Yen'. Nzi nga ra-nza ha-ku - ba a

ma-ndla ya yen', Ma be-ki- lwe hlo-kwe-ni ya min'; Nzi nga

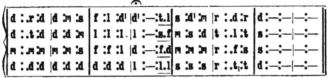

zwi-le a ge-zu le - go gi nga-lo, "A ba-na-na ba nga - ta ka Min."

1 Nzi gonzile lezaku Jesu misaben',
  A nga bita banana kakwe;
  Ba nga ti zwa timhaka ti nene takwe;
  Ku nga sasa ku tsama na Yen'.
  Nzi nga ranza hakuba a mandla ya yen',
  Ma bekilwe hlokweni ya min';
  Nzi nga zwile a gezu lego gi ngalo,
  "A banana ba nga ta ka Min."

2 Kanilezi nza kota ku lanzela yen',
  A ndleleni yi yako hehla.
  Nza fanela ku ringa ku gonza mina
  Loku nzi nga yi kuma ndlela,
  A banana bakwe ba ha yimbelela,
  Ba ha maha kuranza kakwe;
  Nzi nga klangana zinwe nzi famba na bon',
  Nzi nga tsama nwanana wa Yen'.

3 Wutsanweni ga hehla ku nene nguvu,
  A ba koti ku rila kambe.
  A kubabya ku haba, ni kuxanisa;
  Ba hlakama kupinzukeni,
  Loku nzi mu kozela hi ntamo wa min,
  Nza mu ranza hi mbilu ya min';
  Nzi ta kota ku m' wona, nzi muzwa kwatsi,
  Nzi ta famba na yena futsi.

119. NZI HLAYISE O JEHOVA.

Do—fa s.

1 Nzi hla-yi-se O Je-ho-va, A mu-ta-mbi le mi-

sa-be-ni; Nzi mu-la-bi ka-ni we-na Nzi po-ni-se ma-

ku-nu. A xi-ba-ba xa le ti-lwe-ni U nzi gi-se

nzi xu-ri-se: U nzi gi-se ka le ti-lo.

1 Nzi hlayise O Jehova,
  A mufambi le misabeni;
  Nzi mulabi kani wena
  Nzi ponise makunu.
  A xibaba xa le tilweni
  U nzi gise nzi xurise:
  U nzi gise ka le tilo.

2 U nzi vululele a congo
  Wu humako a kuhanyisa;
  Refu lego ga nzilo gona
  Nga nzi kome a ndlelen',
  Muklaklisi a nga ni ntamo
  Tsame wena xaka ga mina,
  Tsame wena xaka ga min'.

3 Laha mina nzi tsinela
  Lecongweni lo wa Jordani,
  Suse zonkle za kucaba
  Nzi ngenise le Kanan':
  Kudumisa ka kudumisa
  Nzi ta nyika Hosi ya hin'
  Nzi ta nyika Hosini ya hin'.

---

120. TSAMA NA MINA WUSIKU GI KON'.

Doh is Eb.

Tsa - ma na mi - na   wu-si-ku gi kon',   Mu - nya-ma

wu - ta,   Ho-si nzi vu-ae!   Le - zo ba-nwa-m

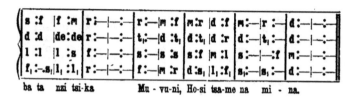

ba ta nzi tsi-ka　　Mu - vu-ni, Ho-si tsa-me na mi - na.

1 Tsama na mina wusiku gi kon',
   Munyama wu ta, Hosi nzi vune!
   Lezo banwani ba ta nzi tsika
   Muvuni, Hosi tsame na mina.

2 Tihora ti haklisa ku hunza;
   Wuxinji ga Wena nzi gi laba.
   Xini xi kota ku nzi miyeta
   Saseka Wena, Hosi ya mina.

3 A siku ga haklisa ku mbela,
   Kutsaka ka misaba ku wuna,
   A wutomeni ni le kufeni
   Muvuni, Hosi, tsame na mina.)

121. GAMBO GA MINA A MUHANYISI.

Doh is F.

1 Ga - mbo ga mi - na a Mu - ha - nyi - si,　　Wu - si - ku

gi ha - ba lo - ku U suhan'; A re - fu gi nga

wo - ne - ki Ku nzi fi - hla - le le ka we-na.

1 Gambo ga mina a Muhanyisi,
  Wusiku gi haba loku U suhan';
  A refu gi nga woneki
  Ku nzi fihlale le ka wena.

2 Xikati lexo xa ku eklela
  U valelisa a mahlo ya min';
  Tsame na min' U nzi gonge
  Ni le mixweni nzi vukise.

3 Na nzi vukile a kueklelen'
  Nzi katikise nzi wundle kambe;
  Lehandle ka wena mina
  Nza caba a ku maha cumo.

122. A TIKO GI KONA HEHLA.

Do is D.

:s	s .,s :s	:d'	m .,m :m	:s	d .,d :d	:r	m	:—
:m	m .,m :m	:m	d .,d :d	:d	d .,d :l₁	:t₁	d	:—
:s	d' .,d':d'	:s	s .,s :s	:m	m .,m :m	:s	s	:—
:d	d .,d :d	:d	d .,d :d	:d	l₁.,l₁:l₁	:s₁	d	:—

1 A   ti - ko gi   ko - na he-hla,   Bo - ba-sa ba   ko - na;

:s	s .,s :s	:d'	m .,m :m	:s	d .,d :d	:r	m	:—
:m	m .,m :m	:m	d .,d :d	:d	d .,d :l₁	:t₁	d	:—
:s	d' .,d':d'	:s	s .,s :s	:m	m .,m :m	:s	s	:—
:d	d .,d :d	:d	d .,d :d	:d	l₁.,l₁:l₁	:s₁	d	:—

A   si - ku xi - ka - ti   xo-n*k*le,   Wu - si - ku ku   ha - ba.

:s	f .,m :r	:f	m .,f :s	:d'	r'.,t :s	:f	f	:m
:m	r .,d :t₁	:r	d .,r :m	:m	f .,r :t₁	:r	r	:d
:s	s .,s :s	:s	s .,s :s	:s	s .,s :s	:s	s	:—
:d	s₁.,s₁:s₁	:s₁	d .,d :d	:d	s₁.,s₁:s₁	:s₁	d	:—

Wu - si - ku ci - ma   gi mbe-la   Zi   tsa-ngi zi   ko - na-wu;

:r	m .,f :s	:m	l .,s :d'	:l	s .,f :m	:r	d	:—
:t	d .,d :d	:d	d .,f :m	:f	d .,r :d	:t₁	d	:—
:s	s .,s :s	:s .d'	d'.,t :l	:d'	d'.,l :s	:s .f	m	:—
:s₁	d .,r :m	:d	f .,s :l	:f	m .,f :s	:s₁	d	:—

A   ku-fa ku   a - ba-nyi-sa   Ti   ko ga-*b*ye   ka   hin',

1 A tiko gi kona hehla,
Bobasa ba kona;
A siku xikati xon*k*le,
Wusiku ku haba,
  Wusiku cima gi mbela
  *Z*i tsangi *z*i konawu;
A kufa ku abanyisa
Tiko ga*b*ye ka hin'.

2 Masimu ya hombe ma kon',
Ma hluka yo tala;
Lezo ba Juda ba kale
Ba lo wona Kanan',
  Kani hinawu ha dzuka
  Ku klatu*k*a Jordani,
Ha namarela misabeni',
Ha caba ku suka.

---

123. HOSI YA KUNGANGAMELA.

Do—mi 4.

1 Ho - si   ya   ku-nga-nga-me - la,   U   bo - ngi - wa la   mi - sa - be - ni!

Ni   la - ba   u   nga   na bo - na   Ba   ku yi - mbe-le -   la   tilwen'!

1 Hosi ya kungangamela,
  U bongiwa la misabeni!
  Ni laba u nga na bona
  Ba ku yimbelela tilwen'!

2 U ba zwele wusiwana
  Laba yako kulahleken'!
  Hi wuxinji ba bitana
  Ba ta engena kuhanyen'.

3 Hi tsakile hikwalaho
  Ku ta ka mulonzowoti,
  Hakuba lezi a ngata,
  I hi nehele wutomi.

4 Makweru a hi kongeleni
  Dadani ni *n*wana wakwe
  Ni Moya wa kuhatima
  Kasi hi fela kuhanya.

124. MUTI WU KONA LE HEHLA.

Do—fa 4.

1 Mu-ti   wu ko - na le he - hla Wa ba   *k*la-*k*li - lwe - ko: Hi

wo - na mu - ti wa Je - su. Ho - si   ya ti - ho - si.

CHORUS.

Hi na-be-la ku - ya ka - ya: Ko - na hi ta - ya   mu   wo - na

Lo - yi a   nga hi fe - la; Lo - ku   a   pu - nzu wuba   Hi ta

s.,s :s.,s	s :	:	:f .m	r.,r :r.,r	r . :	:	: .r
:		.d¹.t	l.,f :f .f |f :	:		:r¹.d¹| t,.l:s.,l |s.f :m.t,
:		:	:		:	:	:	: .s,

vu-ka hi ha-nya,   Hi ta-ya fu-ma na Jesu   Ko-
    Hi ta vu-ka hi ha-nya,   Hi ta-ya fu-ma na Jesu

m :-.m |f :-.f	s :l	r :s	d.,t,:d .r |m :r	d :	
d :-.d |r :-.r	m :f	t, :t,	d.,t,:d .t,|d :t	d :	
d :-.d |f, :-.f,| d :d	s, :s,	d., :d .s,|d :s,	d :	

na ka-ya le ka hi - na. Ko-na ka-ya le ka hi - na.

1 Muti wu kona le hehla
   Wa ba klaklilweko:
   Hi wona muti wa Jesu.
   Hosi ya tihosi.

CHORUS—
   Hi nabela ku ya kaya:
   Kona hi taya mu wona
   Loyi a nga hi fela;
   Loku a punzu wu ba
   Hi ta vuka hi hanya,
   Hi taya fuma na Jesu
   Kona kaya le ka hina.

2 Hlowo yi kona le hehla
   Leyi velelako;
   Ba ta nwa kona a bonkle
   Laba vumelako.
       CHORUS—

3 A ba habi kosi kona
   Kurila ku mbela;
   Mumu a wa ha bayisi
   Tikweni ga wutomi
       CHORUS—

4 Tiyelani hlowo ya lufu
   Ni loku yi tele
   Ti hlomeleni ha Jesu
   Muhluli wa kona.
       CHORUS—

125. JERUSALEMA WA LE HEHLA.

Do—mi-ḅ 6.

```
{:d .|d :—:d |d :r  :m |s :—:l |s :—:— | d :d :d |r :—:r |r :—:—|—:—:d
{:d |d :—:d |d :—:d |m :—:f |m :—:— | d :d :d |t₁:—:t₁|t₁:—:—|—:—:d
{   | :  :   | :  :  | :  :  | :  |  : | m :m :m |s :—:s |s :—:—|—:—:
{   | :  :   | :  :  | :  :  | :  |  : | d :d :d |s₁:—:s₁|s₁:—:—|—:—:
```

1 Je-ru-sa-le-ma wa le   he-hḷa   Ti-ko ga ku   tsa-ka   U-

```
{ d :—:d |d :r  :m |s :—:l |s :—:— | r :r :r |m :—:r |d :—:—|—:—:s
{ d :—:d |d :—:d |m :—:f |m :—:— | t₁:t₁:t₁|d :—:t₁|d :—:—|—:—:d
{   | :  |  : | :   | :  :  | :  |  : | s :s :s |s :—:f |m :—:—|—:—:m
{   | :  |  : | :   | :  :  | :  |  : | s₁:s₁:s₁|s₁:—:s₁|d :—:—|—:—:d
```

ha - ti - ma-ko ko̱-ta   le-zi,   Mu-ti wa ba - ha-nyi,   Ku-

```
{ l :—:l |l :—:d¹|s :—:s |s :—:m | r :—:r |m :d :r |m :—:f |s :—:s
{ d :—:d |d :—:d |m :—:m |m :—:d | t₁:—:t₁|t₁:—:t₁|d :—:r |m :—:m
{ f :—:f |f :—:f |s :—:s |s :—:s | s :—:s |s :m :s |s :—:s |s :—:s
{ f :—:f₁|f₁:—:l₁|d :—:d |d :—:d | s₁:—:s₁|s₁:—:s₁|d :—:d |d :—:d
```

ba - *bya*, ko - mbe', ni   *ndla*-la,   A zi   ti-byi - wi ka we-na;   Ku

```
{ l :—:l |l :—:d¹|s :—:l |s :—:m | r :—:r |m :—:r |d :—:—|—:—:—
{ d :—:d |d :—:d |m :—:f |m :—:d | t₁:—:t₁|d :—:t₁|d :—:—|—:—:—
{ f :—:f |f :—:f |s :—:d¹|d¹:—:s | s :—:s |s :—:f |m :—:—|—:—:—
{ f :—:f |f :—:l₁|d :—:d |d :—:d | s₁:—:s₁|s₁:—:s₁|d :—:—|—:—:—
```

tsa - ka tse - na ku - ha-nya, Hi za   mu-ti   lo-wo.

CHORUS.

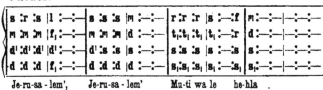

Je-ru-sa - lem',   Je-ru-sa - lem'   Mu-ti wa le   he-hla .

Je-ru-sa - lem',   Je-ru-sa - lem'   Mu-ti wa Je - ho-va.

1 Jerusalema wa le hehla
  Tiko ga ku tsaka
  U hatimako kota lezi
  Muti wa bahanyi
  Kubabya, kombe ni ndlala,
  A zi tibyiwi ka wena;
  Ku tsaka tsena kuhanya,
  Hi za muti lowo.

2 Jerusalema wa le hehla
  Muti wa kubasa,
  Lowu nga labiko gambo,
  A wu na wusiku.
  A ku na munyama kona,
  Hi kuwonekela tsena
  Ni xirami a xi kona
  Ka muti wa hina.
               CHORUS—

CHORUS—
  Jerusalem', Jerusalem',
  Muti wa le hehla:
  Jerusalem', Jerusalem',
  Muti wa Jehova.

3 Jerusalema wa le hehla
  Edeni wa tilo,
  Wena muti wa liranzo,
  Muti wa wuxinji!
  Kubengana a ku kona,
  Hi kutsakisa na ntsena:
  Hi muti wa xihambano
  Xi nga hi felako.
               CHORUS—

126. NZI RANGELE, KUWONEKELA KWATSI.

Do—la-flat 5.

.s₁	:d .r	m .,m	:r .d	:l₁ .d	l₁	:s₁	:—		d	:t₁	:d
.s₁	:s₁.s₁	s₁.,m₁	:f₁ .s₁	:s₁ .f₁	f₁	:s₁	:—		s₁	:s₁	:s .m
.m	:m .f	m .,d	:d .d	:d .d	d	:m	:f		s	:f	:m .d
.d	:d .d	d .,d₁	:r₁ .m₁	:f₁ .l₁	d	:—	:r		m	:r	:d

1 Nzi ra-nge-le, Ku-wo-ne-ke-la kwa - tsi;   Nzi   fa - mbi-

r	:—.s₁	:d .r	m .,m	:r .d	:l₁ .d	l₁	:s₁	:—	s₁	:d	:—.t₁	t₁	:d	:—
f₁	:—.s₁	:s₁.s₁	s₁.,m₁	:f₁ .s₁	:s₁.f₁	f₁	:m₁	:—	m₁	:s₁	:—.f₁	s₁	:—:—
d	:t₁.m	:m .f	m .,d	:d .d	:d .d	d	:—	:—	d	:m	:—.r	f	:m	:—
s₁	:—.d	:d .d	d .,d₁	:r₁ .m₁	:f₁.l₁	d	:d₁	:m₁	s₁	:s₁	:—.s₁	s₁	:d	:—

se-, Wu-si-ku kon', na mi-na nzi pe-ngi-le,   U   nzi   ra-nge-le.

r	:r	:r	r	:—	:r	r .m	:r .d	:t₁.l₁	s₁	:—	:—
s₁	:fe₁	:s₁	l₁	:—	:s₁	s₁.s₁	:fe₁	:fe₁	s₁	:m₁	:f₁
r	:d	:t₁ .m	r	:d	:t₁	t₁.t₁	:d	:d	t₁	:d	:r
t₁	:l₁	:s₁	fe₁	:—	:s₁	r₁.r₁	:r₁	:r₁	s₁	:—	:—

A - la   ka - nyi - se   mi-ko-nzo   ya   min',

m	:r	:d	d	:— .d	:t .l₁	s₁	:d	:— .t₁	t₁	:d
m₁	:f₁	:s₁.se₁	l₁	:— .l₁	:s₁ .f	m₁	:s₁	:— .f₁	f₁	:m₁
d	:l₁ .t₁	:d	d	:— .l₁	:t₁ .d	d	:m	:— .r	r	:d
d₁	:r₁	:m₁	f₁	:— .f₁	:f₁ .f₁	s₁	:—	:s₁	s₁	:d₁

A   nzi   ko - mbe - li ku wo-na   ma - hlwe-ni.

1 Nzi rangele, Kuwonekela kwatsi ;
  Nzi fambise–,
  Wusiku kon', na mina nzi pengile,
  U nzi rangele.
  Alakanyise mikonzo ya min',
  A nzi kombeli ku wona mahlweni.

2 Ku sanguleni nzi lo ala ku zwa
  Gezu ga Wen' ;
  Nzi lo ranza hlawula a ndlela,
  Makunu Wena.
  Nzi lo ranza zimahwa za banhu :
  Matsanza ma lo tsama hosi ya mina.

3 Nzi rangele, Kuwonekela kwatsi,
  U nzi yise ;
  Nzi tsetselele hi nkata wa Jesu ;
  U nzi rangele.
  Ni hi mixo nzi klanganise
  Ni bobasa baranzilweko a hehla.

127. TSUMBA JESU MU KRISTU.

Do—fa 6.

1 Tsu - mba   Je - su   mu Kri - stu,   U la - ngu-ta   he-

hla,   Si - kwin' ga ku - ka-ra - la;   I

12

CHORUS.

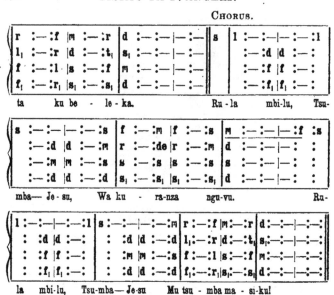

1 Tsumba Jesu mu Kristu,
  U languta hehla,
  Sikwin' ga kukarala,
  I ta ku beleka.

CHORUS—
      Rula mbilu,
      Tsumba—Jesu,
      Wa ku ranza nguvu.
      Rula mbilu,
      Tsumba—Jesu
      Mu tsumba masiku!

2 Tsumba Jesu mu Kristu,
  Sikwini ga wubabyi.
  Lo' ngo vuxa Lazaru,
  A nga ta tsika.
                CHORUS—

3 Tsumuba Jesu mu Kristu
  Siku ga lufu.
  I ta vulula nyangwa,
  Nyangwa ya matilo.
                CHORUS—

128. GA NANZIHA, GA NANZIHA.

Do—sol s.   *D. C.*

1 Ga na-nzi-ha,   ga na-nzi-ha   Si - ku le - go   nzi nga vu-mel';
  Ka Mu-a-*klakli*   wo wu-xi-nji   I   hla-zi-le   mbi-lu ya-nga.

𝄋 Chorus.   *Fine.*

Gi ne-ne,   gi ne-ne,   Si - ku le - go   ga ku-tsa-ka!

D. S.

Mu-hla-yi-si   nza ku tsu-mba;   Ho-si Je-su,   nza ku bo-nga;

1 Ga nanziha, ga nanziha
  Siku lego nzi nga vumel';
  Ka Muaklakli wo wuxinji
  I hlazile mbilu yanga.
  Gi nene, gi nene,
  Siku lego ga kutsaka!

CHORUS—
  Muhlayisi nza ku tsumba;
  Hosi Jesu, nza ku bonga;
  Gi nene gi nene
  Siku lego ga kutsaka.

                            CHORUS—

2 Ga nanziha, ga nanziha
  Siku legi ga nyamukla;
  Nza risiwa nzi hlayiswa,
  Nza pamelwa hi Dadani.
  Gi nene gi nene;
  Siku legi, ga kutsaka.
               CHORUS—

3 Ga nanziha, ga nanziha
  Siku lego gi ta ngata;
  Ga tisimu ni kukesa
  Ga nklangano wa Dadani:
  Gi nene, gi nene;
  Siku legi ga kutsaka.
               CHORUS—

129. TIKO LEGI GI TELE A ZONHO.

Do—fa 4.

1 Ti - ko le-gi   gi te le   a zo-nho,   Hi ta fa-mba! Hi ta fa-mba!

Hi   ta si-ya   ma-li ni   wu-ko-si,   Ni le zo-nkle Ni le zo-nkle

Za   kla-nga-na ku hi ka-nga-nyi-sa,   Ka - mbe Je-su   i ta hi   ha-nyi-sa;

d	:d .r	m	:m .f	s	:l .s	m	:		s	:f .m	r .r :m .r	d	:—		:
s₁	:s₁.t₁	d	:d .t₁	d	:d .t₁	d	:		d	:r .d	t₁.t :d .t₁	d	:—		:
m	:m .s	s	:s .s	m	:f .r	d	:		m	:s .s	s .s :s .f	m	:—		:
d	:d .s₁	d	:d .r	m	:f₁.s₁	d	:		s₁	:t₁.d	f .r :d .s₁	d	:—		:

Hi tsu-mbi-le nta-mo wa le he-hla,   Hi ta fa-mba, Hi ta fa-mba.

1 Tiko legi gi tele a zonho,
  ‖Hi ta famba!:‖
Hi ta siya mali ni wukosi,
  ‖Ni le zonkle:‖
Za klangana ku hi kanganyisa,
Kambe Jesu i ta hi hanyisa;
Hi tsumbile ntamo wa le hehla,
  ‖Hi ta famba:‖

2 A hi koti ku kuma wutomi,
  ‖Za hi hlula:‖
Siku legi hi ta lanzaleko
  ‖Ndlela ya hin':‖
Hi ta hanya hi bito ga Jesu
Loku ntsena hi benga zonho
Hi ta kuma ntamo wa le hehla,
  ‖Hi ta hlula:‖

3 Hambu banhu ba nga hi xanisa,
  ‖A hi ncumo:‖
Ba kolwako ba ta hanya lezo
  ‖A hi ncumo:‖
Ba kolwako a ba zi lanzisi
Hosi Jesu i ta hi hlulela;
Hi nga cabi ntamo wa balala:
  ‖Hi ta hlula:‖

130. O JESU WENA MAKABYE.

Do—re 2.

s	:s .s	l	:— .s	f	:m	s	:— .r	m	:— .m	r	:d	r	:—
d	:d .d	d	:— .d	r	:d	r	:— .t,	d	:— .d	l,	:l,	t	:—
m	:m .m	f	:— .s	l	:d¹	t	:— .s	s	:— .s	f	:m	s	:—
d	:d .d	f	:— .m	r	:l	s	:— .s,	d	:— .d	r	:l,	s	:—

1 O   Je-su we - na ma - ka - bye,   U ri - le-la   yi - ni?

d	:r .r	m	:— .f	s	:d¹	s	:— .m	r	:d	m	:r	d	:—
l,	:t, .t,	d	:— .r	m	:m	m	:— .d	l,	:l,	d	:t,	d	:—
m	:s .s	s	:— .s	s	:s	d¹	:— .s	f	:m	s	:s	m	:—
l,	:s, .s,	d	:— .d	d	:d	d	:— .d	r	:l,	s,	:s,	d	:—

Mbi - lu ya wen'   ya ba - yi - sa,   Yi ba - yi - se - la   yin'?

1 O Jesu wena makabye,
   U rilela yini?
   Mbilu ya wen' ya bayisa,
   Yi bayisela yin'?

2 Hakuba u lulamile,
   Wa caba kubiha;
   U wonil' zonho za mina.
   U nzi tsetselela.

3 Ba ku bomba xihambanwen'
   Xa ba onhileko;
   Nkata wu donel' misaben',
   Hi laha u nga fa.

131. JEHOVA, BA TEKE LABA.

Do—mi-b 3.

:s ,fe	s	:— .m	:l ,s	s	:f	:f ,m	f	:— .r	:s ,f
:		:m	:m		:f	:f		:f	:f
:		:s,	:s,		:t,	:t,		:t,	:t,
:		:d	:d		:r	:r		:r	:r

1 Je - ho - va,   ba te - ke la - ba,   Ba ti -ti -   sa ka we-

ɱ	:—	:s.,fe	s	:—	.ɱ :s	.d¹	t	:1	:1.t.d¹	s.,fe:s	:f
:ɱ	:ɱ		:ɱ	:ɱ			:f	:f.		:ɱ	:f
:s₁	:s₁		:s₁	:s₁			:l₁	:l₁		:s₁	:s₁
:d	:d		:d	:d			:d	:d		:d	:r

na;   Ba te - la   ku ta ko-mbe - la   Ku tsa-ki-si-wa hi   we-

Ⴒ. CHORUS.

ɱ	:—	:ɱ.f.s	1 .,se	:1	:1.t.d	s .fe	:f	:ɱ.f.s
ɱ	:—	:d.r.ɱ	f .,ɱ	:f	:f.s.l	ɱ .re	:ɱ	:d.r.ɱ
s₁	:—	:	d¹.,d¹	:d¹	:d¹	d¹.d¹	:d¹	:s
d	:—	:	f .,f	:f	:f	d .d	:d	:d

na.   Ba ka-te-ki - sa,   u ba a - m'ke - la   Mi-ko-nge-
            Ba ti la-be - la   Ku tsa-ki-si - wa   Ni ku ha-

|1st   *D. S.* |2d

f .,ɱ	:f .,1	:s .,f	ɱ	:—	f .,ɱ	:f	:r	d	:—
r .,de	:r .,f	:ɱ .,r	d	:—	r .,de	:r	:t₁	d	:—
s .,s	:s .,s	:s .,s	s	:—	s .,s	:s	:f	ɱ	:—
s₁.,s₁	:s₁ .,s₁	:s₁ .,s₁	d₁	:—	s₁ .,s₁	:s₁	:s₁	d₁	:—

lo   ya - bye ya   nya-mu-kla,   nyi-swa hi   we - na.

1 Jehova, ba teke laba,
  Ba titisa ka wena;
  Ba tela ku ta kombela
  Ku tsakisiwa hi wena.

CHORUS—

  Ba katekisa, u ba am'kela
  Mikongelo yabye ya nyamukla,
  Ba ti labela ku tsakisiwa,
  Ni ku hanyiswa hi wena.
                CHORUS—

2 Wuswa gi ba tsakisile,
  Ba gi ranza ni lezi,
  Ba nyikana a mawoko,
  Ba laba a xitsangi.
              CHORUS—

3 U nga hambani na bona
  Na bona ba nga hamban,'
  Ba kala ba heta ndlela
  Ya ku ta le ka wena.
              CHORUS—

132. A JEHOVA NZA KU LABA.

Doh is A.

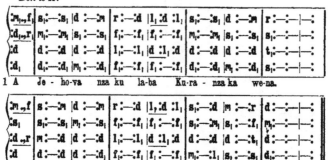

1 A Je - ho-va nza ku la-ba Ku-ra - nza ka we-na.

Nzi he Mo-ya wa ku Ba-sa, Nza wu la-ba le - zi.

1 A Jehova nza ku laba
Kuranza ka wena.
Nzi he Moya wa ku Basa,
Nza wu laba lezi.

2 A Jehova nza nabela
Le kaya tilweni.
Nza fanela a ku maha
Kuranza ka wena.

3 A Jehova nzi hlayise
Kala le kufeni;
Rumela a tingelosi
Ku ta teka mina.

133. WONA MUHANYISI WA HIN'.

Key B-flat.

s₁ :d	d :r	m :-.r	d :m	f :-.m	r :d	t₁ :r	:—
m₁ :s₁	s₁ :s₁	s₁ :-.f₁	m₁ :s₁	l₁ :-.l₁	l₁ :l₁	s₁ :s₁	:—
d :m	m :f	d :-.d	d :d	d :-.d	r :r	r :t₁	:—
d₁ :d₁	d₁ :d₁	d₁ :-.d₁	d₁ :d₁	f₁ :-.f₁	f₁ :fe₁	s₁ :s₁	:—

1 Wo-na Mu - ha - nyi - si wa hin', I   be-le - lwe si - nyen',

𝄞.   *Ukugcina.*

s₁ :d	d :r	m :-.r |r :m	f.m:r.d |t₁ :r	r :— |d :—
m₁ :s₁	s₁ :s₁	s₁ :-.f₁|m₁ :s₁	l₁ :l₁ |s₁ :s₁	f₁ :— |m₁ :—
d :m	m :f	d :-.d |d :d	d :f |r :t₁	d :— |d :—
d₁ :d₁	d₁ :d₁	d₁ :-.d₁|d₁ :d₁	f₁ :f₁ |s₁ :s₁	d₁ :— |d₁ :—

A li - ra - nzo li   nga la - kwe   A fe - la ba on - hi.
Mu - yi - me - li! wa   ba - on - hi   Wa yi - me - la hi - na.

CHORUS.   *D. S.*

f :s.f|m :m	r :m.r |d :s₁	r :-.d |t₁ :l₁	s₁ :— |s₁ :—
r :r |d :s₁	f₁ :s₁.f₁|m₁ :m₁	t₁ :-.l₁|s₁ :fe₁	s₁ :— |s₁ :—
: | :	: | :	: | :	: | :
s :t₁ |t :d	s₁ :t₁ |d :d	r :-.r |r₁ :r₁	s₁ :— |s₁ :—

Yi - va - na! ya hu - ma nka - ta,   Yi kla-bye-lwa hi - na,

1 Wona Muhanyisi wa hin'.
    I belelwe sinyen',
    A liranzo li nga lakwe
    A fela ba onhi.

3 Yi tsekatseka misaba
    A kufeni kakwe;
    Gi lo fihlala a gambo;
    Ma panzwa maribye.;
            CHORUS—

CHORUS—
    Yivana! ya huma nkata,
    Yi klabyelwa hina,
    Muyimeli! wa baonhi
    Wa yimela hina.

2 Nwana a ku, "Tsetselela
    Laba nzi dayako;
    A ba tibi cumo, Dadan'!
    Lezi ba mahako."
            CHORUS—

4 Wu rihilwe! nanzu wonkle
    Hi kufa ka yena;
    Ni ka hina ku zwalile
    Lego a wuxinji.
            CHORUS—

134. XEWEN' BA TEKANI.

Do—do 4.

1 Xe-wen' ba te-ka-ni,   Ta-nan' hi ku tsa-ka,   Ma

bi-ta-nwa hi Je-ho-va Ku kla-nga-ni-si-wa.   Mu

ta ka-te-ki-swa,   Ku wu-la Je-ho-va,   Lo-
  Mu ta ka-te-ki-swa,   Ku wu-la Je-ho-va,

ku mu ta hi ti-mbi-lu Le-ti to lu-la-ma.

1 Xewen' ba tekani,
Tanan' hi ku tsaka,
Ma bitanwa hi Jehova
Ku klanganisiwa,
Mu ta katekiswa,
Ku wula Jehova,
Loku mu ta hi timbilu
Leti to lulama.

2 Mu ba ni liranzo
Lo lu nga mbeliko,
Mu nga tsiki ku vumala
Mu nga bayisani,
Tsumbani Jehova
Loyi a nyikako
Za mimiri ni za moya
Laba kongelako.

3 Famban' ba tekani,
Yanan' hi ku tsaka
Mu katekiswa hi Jesu
Lo, a mu ranzako.
Hosi ya le Ceci,
Wena, Hosi, Jesu
Ba fambise hi ku tsaka
Ndlel'ni ya misaba.

---

135. I VUKILE HOSI JESU; HALELUYA!

1 I vukile Hosi Jesu ; Haleluya!
A hi nengeleni hina; Haleluya!
Yena a nga hi felako; Haleluya!
I vukile Yena Jesu ; Haleluya!

2 Dumisani hi tisimu! Haleluya!
Kristu, Hosi ya matilo; Haleluya!
Yena i lo ti nyikela, Haleluya!
Kuta ba hanyisa banhu; Haleluya!

8 Lezi a nga hi nehela Haleluya!
Ntamo wa ku hanya futsi Haleluya!
Tingelosi Dumisani Haleluya!
Hosi Yi nga hi felako. Haleluya!

136. HA FA HINA BANHU HOSI!

Key A.

d .d :r	:r	m .r :d	:r	m .m :f	:m	m :r :—
m₁.m₁:s₁	:s₁	s₁.f₁:m₁	:s₁	s₁.s₁:s₁	:s₁	s₁ :s₁ :—
d .d :t₁	:t₁	d .t₁:d	:t₁	d .d :r	:d	d :t₁ :—
d₁.d₁:s₁	:s₁	d .s₁:l₁	:s₁	d .d :t₁	:d	d :s₁ :—

1 Ha-fa hi - na   ba-nhu Ho - si!   Hi da-yi - lwe   ho - nkle;

s .m :m	:d	d .l₁:l₁	:d	s₁.d :d	:r	r :d :—
d .s₁:s₁	:s₁	l₁.f₁:f₁	:l₁	m₁.m₁:m₁	:f₁	f₁ :m₁ :—
m .d :d	:d	d .d :d	:d	d .d :d	:t₁	t₁ :d :—
d .d :d	:m₁	f₁.f₁:f₁	:f₁	s₁.s₁:s₁	:s₁	s₁ :d₁ :—

Zo-nho ha   on - ha ha zo - na,   Hi bi-hi - le   ho - nkle;

1 Ha fa hina banhu Hosi!
Hi dayilwe honkle;
Zonho ha onha ha zona,
Hi bihile honkle.

2 Ha fa hina banhu Jesu,
Muklakli wa hina!
Hi klaklise, hi hanyise
Zonhweni za hina.

3 Teka cadu le ga mhaka,
Zi tsema ha gona;
Zi tswulwa, zi suswa;
Hi klakliswe lezo.

---

137. NI LEZI BA NGA HAGA.

Doh is F.

m :—:f	m :—:r	d :—:l₁	l₁ :—:	s₁ :—:d	d :—:m	m :—:—	r :—:
d :—:d	d :—:t₁	l₁.:—:l₁	f₁ :—:	s₁ :—:s₁	s₁ :—:d	d :—:—	t₁.:—:
s :—:l	s :—:f	m :—:f	d :—:	m :—:m	s :—:s	s :—:—	s :—:
d :—:d	d :—:s₁	l₁.:—:f₁	f₁.:—:	d :—:d	m :—:d	s₁:—:—	s₁:—:

1 Ni   le-zi   ba nga ha-ga,   A te-ka   xi-ba - ba,

```
m :—:f |m :—:r   d :—:l₁ |l₁ :—:   s₁ :—:d |d :—:t₁   r :—:—|d :—:
d :—:d |d :—:t₁  l₁:—:l₁ |l₁ :f₁:  m₁ :—:s₁ |s₁ :—:s₁  s₁ :—:—|s₁ :—:
s :—:l |s :—:f   m :—:f |f :—:    d :—:m |m :—:r   f :—:—|m :—:
d :—:d |d :—:s₁  l₁:—:f₁ |f₁ :—:   s₁ :—:s₁ |s₁ :—:s₁  s₁:—:—|d :—:
```

Je - su a   ka - te - ki - sa,   Ye - na a   xi - ke - ma;

```
m :—:s |s :—:—   f :—:l |l :—:—   s :—:l |s :—:m   m :—:—|r :—:
d :—:d |d :—:—   d :—:f |f :—:—   m :—:f |m :—:d   d :—:—|t₁ :—:
s :—:m |m :—:—   l :—:d¹ |d¹ :—:   d¹ :—:d¹ |d¹ :—:s   s :—:—|s :—:
d :—:d |d :—:—   f :—:f |f :—:—   d :—:d |d :—:d   s₁ :—:—|s₁ :—:
```

A   nyi-ka   ba - pi - zan'   A   ku nga - lo ka - bye,

```
m :—:f |m :—:r   d :—:l₁ |l₁ :—:   s :—:d |d :—:t₁   r :—:—|d :—:
s₁ :—:l₁ |s₁ :—:se₁  l₁:—:f₁ |f₁ :—:   m₁ :—:s₁ |s₁ :—:s₁  s₁:—:—|s₁ :—:
d :—:d |d :—:t₁  l₁:—:d |d :—:    d :—:m |m :—:r   f :—:—|m :—:
d :—:d |d :—:m₁  f₁:—:f₁ |f₁ :—:   s₁ :—:s₁ |s₁ :—:s₁  s₁:—:—|d :—:
```

Te - ka - ni   le - xi, mu - ga,   Hi   mi - ri   wa mi - na.

1 Ni lezi ba nga ha ga,
  A teka xibaba,
  Jesu a katekisa,
  Yena a xikema;
  A nyika bapizan'
  A ku ngalo kabye,
  Tekani lexi, mu ga,
  Hi miri wa mina.

2 Jesu a teka kopo,
  A yi katekisa
  A nyika kabye a ku,
  Nwanani ha yona;
  Hakuba hi nkata
  Wa xivumelwana
  Lowu halatelweko,
  Ku basiswa zonho.

3 Kani lezi nza wula
  Nzi ngalo ka nwina,
  Ku sukela hi lezi
  Nzi nga ta nwa kambe
  Mihanzo ya xivin'
  Nzi ta nwa na nwina
  Yi hi yiswa mufunwen'
  Kona ka Dadina.

138. BA CIKELE BA NZI *B*YELILE.

1 Ba cikele ba nzi *b*yelile,
  Hi M' hanyisi a nga nzi laba:
Kanilezi i lota a laha ke
  Hile*z*i a nga ranza mina, mina,
Hile*z*i a nga ranza mina?
    Laya hi ma wulawulelo ya *z*inene
A ku Jesu Kristu i lota tikweni kuta
  hanyisa baonhi." 1 Tim. 1. 15.

2 Ba nzi *b*yela a ba ku ngalo,
  A hi fela a Xihambanweni;
Xana ku lo tsaliwa kwihi
  A ku i lo nzi fela mina, mina.
Aku i lo nzi fela mina.
"I lo xaniswa hi kota ya kuonha ka mina
I lo biwa hi kota ya *k*ubiha ka mina,
Hi ku biwa kakwe hi hanyiswa." Isa. 1.

3 Ba nzi *b*yela hi kaya tilweni,
  A ku *z*ona bana ba Jesu;
Kanilezi a muti le tilweni
  Wu sasiselwe kani mina, mina;
Wu sasiselwe kani mina.
"N*d*lwini ya Dadani ku kona ti *y*in*d*lu tinyingi.
Loku ku wa nga hi lezo nga nzi mu *b*yelile;
Hi lezi nzi ya nzi ya mu longisela wa tsamo.
Hakuba laha nzi nga kona
  Muba kona na nwina." John 14. 1-3.

---

139. NZA KU KESA WENA NUNGUNGULU!

Do—fa 4.

s :—	m :f	s :—	s :—	m :f	r :r	d :—	— :—
d :—	d :d	r :—	r :—	d :d	d :t,	s, :—	— :—
m :—	s :l	s :—	t :—	l :l	s :s	m :—	— :—
d :—	d :l,	t, :—	s, :—	l, :f,	s :s,	d :—	— :—

1 Nza   ku   ke - sa   we - na Nu - ngu-ngu - lu!

d :—	m :f	s :—	f :—	m :r	m :s	f e :—	s :—
s₁ :—	d :d	s₁ :—	d :—	d :t₁	d :t₁	r :—	r :—
m :—	s :l	s :—	l :—	s :s	s :s	l :—	t :—
d :—	d :l₁	m₁ :—	f₁ :—	d :s₁	d :m	r :—	s₁ :—

Wa zi ti - ba ku in - gi - sa zi - ri - lo

s :—	f :m	r :—	s :—	f :m	f :s	l :—	s :—
d :—	d :d	t₁ :—	d :—	d :d	l₁ :d	d :—	d :—
m :—	m :s	s :—	s :—	l :s	f :m	f :—	m :—
d :—	f₁ :d	s₁ :—	m₁ :—	f₁ :d	r :d	f₁ :—	d₁ :—

Le ko - mbye - ni lo - ku nzi ko - ze - la

r :—	m :f	s :—	r :—	m :f	r :r	d :—	— :—
t₁ :—	d :d	d :—	t₁ :—	d :d	d :t₁	s₁ :—	— :—
s :—	s :l	s :—	s :—	s :l	s :s	m :—	— :—
s₁ :—	d :l₁	m₁ :—	s₁ :—	d :f₁	s₁ :s₁	d₁ :—	— :—

U ti - ri - le hi ku hla - ma - li - sa

1 Nza ku kesa wena Nungungulu?
   Wa tiba ku ingisa zirilo
   Le kombyeni loku nzi kozela
   U tirile hi ku hlamalisa.

2 A nzi tsami nzutini wa kufa,
   Mbilu yanga yiswa yi rurumela.
   A nzi wona kufa kusuhi nguvu,
   Laho nzi ku nzi lwela Jehova!

3 A wuxinji gi le ka Jehova!
   Mahlo yanga i hlangule mihloti;
   I klaklile tingoti ta munyama.
   Nzi kumi ha yena wutomi.

140. WA KATEKA LOYI MUNHU.

Key G.

1 Wa ka-te - ka   lo - yi mu-nha   U nga fa - mbi   ni ba on - hako

U   nga tsa - mi   xi-tsa-nwe-ni   Xa-bye a ba-tse - ke - tse - la.

1 Wa kateka loyi munha
  U nga fambi ni ba onhako
  U nga tsami xitsanweni
  Xabye a batseketsela

2 Yona Hosi ya ti tiba!
  A ti ndlela ta makolwa!
  Ma ta kota yona sinya
  Yi byelweko le matini.

3 Yi humesako mihanzo
  Hi xikati le xa yona,
  Kambe lezo ba kolwako;
  Ba ta tangaliswa lezo.

141. HUWA YA MAKEDONIYA YI ZWALILE.

Doh is Eb.   *In moderate time.*

1 Hu-wa ya Ma-ke-do-ni-ya yi zwa-li - le: Pe-la - ni mu ta ka hin', ta-nan;
3 A Je-ho-va hi xi-kla-ngu xa ma-ko - lwa   I ta mu vn-ke-la sa - ta-ni

FINE.

Hi bo-hi-lwe hi mi-ta-mo ya sa-ta   -   ni   Hi vu - ma-la Mu-lwe-li,
Mu ta ba hlu-la hi ku-fa ka Je-su   Ni ku - vu-xi-wa ka - kwe.

2 Fa-mba-ni mu ya ba *b*ye-la i-va-ṅge - li   Le-yi yi ta nga ba ha-nyi-sa

Mu nga dzu-nzi mu ri-ba-la ba-ma-kwe-ru   Je-su   i mu ru - mi - le.

CHORUS.

Ba ta hu - ma *n*wa-lu - ngweni Le dzo-nge - ni ni   wu-ceni   Ni   mu

13

f	:r		m	:d	r	:—		—	:s .,s	l .,l	:l	.,l		l	:d¹ .,l
t₁	:r		d	:d	t₁	:—		—	:d .,d	d .,d	:d	.,d		d	:d .,d
r	:s		s	:s	s	:—		—	:m .,m	f .,f	:f	.,f		f	:l .,f
r	:t₁		d	:m	s	:—		—	:d .,d	f .,f	:f	.,f		f	:f .,f

pe - la   a   ga - mbo;   Ba ta en - ge-na ti-lweni   Ba ta

D. C. in full Chorus.

s .,s	:s .,s		s	:l .,s	s	:r		m	:fe	s	:—		—
d .,d	:d .,d		d	:d .,d	t₁	:r		d	:d	t₁	:—		—
m .,m	:m .,m		m	:f .,m	r	:t		l	:l	s	:—		—
d .,d	:d .,d		d	:d .,d	r	:r		r	:r	s₁	:—		—

hle - nge-le - ta-na   Hi la-ba   ba   kla - kli - lweko.

---

142. HIWA MIKONZWEN' YA HOSI.

Do—fa 4.

:		d	:—	s	:s		l	:l	s	:—		—	:f	m	:—		:s
:		s₁	:—	d	:d		d	:d	d	:—		t₁	:—	d	:—		:
:		m	:—	s	:m		l	:f	m	:—		—	:r	d	:—		:s
:		d	:—	m	:d		f	:r	s	:—		s₁	:—	d	:—		:

1   Hi -   wa mi - ko-nzwen' ya   Ho - si,   Kwa-

d¹	:-.d¹		d¹	:d	t	:—		:s	s	:—		l	:—	s	:—		fe	:—
:			:r	r	:-.r		r	:r	m	:m		m	:m	r	:—		r	:—
m	:-.m		m	:fe	s	:—		:t	d¹	:—		d¹	:—	t	:—		l	:—
:			:r	s	:-.s		s	:f	m	:d		l₁	:d	r	:—		r₁	:—

tsi   ba-nhu ba - kwe   Hi na -   be -   la   ku

```
s :— |— :s  | l :s |f :l | s :f |m :s | d¹ :s |l.s:f.m
r :— |— :   |   :  |  :  |   :  |  :  |   :   |   :
t :— |— :m  | f :m |r :f | m :r |d :m | s :m  |f.m:r.d₁
s₁:— |— :   |   :  |  :  |   :  |  :d | m :d  |f₁ :f₁
```
in   -   gi - sa, Mha-ka ya wu-to-mi. Hi ra-nzi-le xi-

```
m :— |r :—  |   :d |m :s | l :— |s :— | d :— |— :d¹
  :  |   :   |   :s₁|d :d | d :— |d :— | m :r |d :m
d :— |t₁:—  |   :m |s :d¹| f :— |m :— | s :— |— :s
s₁:— |   :   |   :d |d :m | f :— |d :— | d :r |m :d
```
lu   -   be-lo: Da-da - ni   in   -   gi-

```
t :— |   :l  | s.,f:m.,f |s   :— | f.,m:r.,m |f   :—
r :— |   :   |   :    |  :m | r.,d:t.,d |r   :—
s :— |   :   |   :    |  :  |   :   |   :l
s :— |   :   |   :    |  :  |   :   |   :t₁
```
sa!   A - mu   -   -   -   -

```
m.,r:d.,r |m :f | m :— |r :— | d :— |— :— |— :—
d :  |— :d | d :— |t₁:— | d :— |— :— |— :—
s.,f:m.,f |s :l | s :— |s :f | m :— |— :— |— :—
d :  |— :f₁| s₁:— |s₁:— | d :— |— :— |— :—
```
-   -   ke-la   mi - ko-

1 Hi wa mikonzwen' ya Hosi,
Kwatsi banhu bakwe
Hi nabela ku ingisa,
Mhaka ya wutomi.

2 Hi ranzile xilubelo:
Dadani ingisa!
Amukela mikongelo,
Hosi ya wuxinji!

3 Hi na tora hi he mati
La' ma timelako;
Hi na ndlala hi pamele
Wuswa ga wutomi.

143. KU TA KU YINI KUFENI.

Key E-flat.

```
{| d  :— :d  |м  :r  :d  | r  :— :r  |f  :— :r  || м  :— :м  |s  :f  :м  |
 | s₁ :— :s₁ |s₁ :— :s₁ | t₁ :— :t₁ |r  :— :t₁ | d  :— :d  |м  :r  :d  |
 | м  :— :м  |s  :f  :м  | s  :— :s  |s  :— :s  | s  :— :s  |s  :— :s  |
 | d  :— :d  |d  :— :d  | s₁ :— :s₁ |s₁ :— :s₁ | d  :— :d  |d  :— :d  |}
```

1 Ku   ta ku   yi - ni   ku - fe - ni Ka   wa ku - fa

```
{| l  :— :l  |r  :— :r  || м  :— :l  |s  :— :fe |s  :— :— |s  :— :
 | d  :— :d  |t₁ :— :t₁ | d  :— :м  |r  :— :r  |r  :— :— |r  :— :
 | f  :— :l  |s  :— :s  | s  :— :d¹ |t  :— :l  |t  :— :— |t  :— :
 | f₁ :— :fe₁|s₁ :— :s₁ | d  :— :l₁ |r  :— :r  |s₁ :— :— |s₁ :— :
```

hi   ku - o - nha? Hi   ma - ko - mbo wo - ce;

𝄋.   *D. S.*

```
{| s  :— :s  |d¹ :t  :l  | s  :— :s  |s  :— :м  || l  :— :l  |s  :f  :м  | r  :— :— |d  :—
 | м  :— :м  |м  :s  :f  | м  :— :r  |м  :— :d  | d  :— :d  |t₁ :— :d  | t₁ :— :— |d  :—
 | d¹ :— :d¹ |s  :— :d¹ | d¹ :— :t  |d¹ :— :s  | f  :— :f  |r  :— :м  | f  :— :— |м  :—
 | d  :— :d  |d  :— :d  | d  :— :s₁ |d  :— :d  | f₁ :— :f₁ |s₁ :— :s₁ | s₁ :— :— |d  :—
```

Wo - fa a   nga ko - mbe-la   ngi; Ku ba-yi - sa ko - ce.
Wo - fa a   nga hu - nzu-lu - kangi;

1 Ku ta ku yini kufeni	2 A nga na kuwoneka,
Ka wa kufa hi kuonha?	A nga ta ha cabelelwa;
'Hi makombo woce;	A nga na ku tsumba;
Wofa a nga kombelangi;	A nga cuwuki Hosini;
Wofa a nga hunzulukangi;	A nga woni le Hosini;
Ku bayisa koce.	A ma fela lawo.

3 O makweru hunzuluka
   Le kuonheni ka wena,
      Na wa ha kesela:
   U nga ta ku u fisa lezo
   U nga ta tsama le nzilweni:
      Kala ku pinzuka.

---

144. JESU KRISTU, HA KU TSUMBA!

Key E-flat.

1 Je - su   Kri - stu, ha ku   tsu-mba! Hi *k*la-nga-ne   la - ha ho-n*k*le;

Ha ta   ku - zwa mha-ka   ya-wen', Je - su . u   hi ka - te - ki - sa!

1 Jesu Kristu, ha ku tsumba!
   Hi *k*langane laha hon*k*le;
   Ha ta kuzwa mhaka yawen',
   Jesu u hi katekisa!

2 Jesu Kristu, Wakutsoma!
   Nga u hi he a timbilu
   Ta ku kufumela ton*k*le
   Ku am'kela mhaka ya wen'.

3 Vuxa timbilu ta hina,
   Ti nge '*k*leli kuonheni;
   Hi y' am'kele mhaka yawen'
   A hi kanelela lezo.

4 Hi kala hi komisisa,
   Hi ku vunwa hi wenawu;
   Kala yi hi fambisise,
   Yi hi lulamise futsi.

145. NYAMUKLA HI *K*LANGEN' LAHA.

Key A.

```
:d .r | m     :f  | m .r :d .t, | d   :r   || m   :s   | f .r :m .d ||
:m, .s,| s,    :l, | s,   :s,    | s,  :s,  || s,  :s,   | s,  :s,    ||
:d .t, | d     :d  | d .r :m .f  | m   :t,  || d   :d    | t,  :d     ||
:d, .s,| d     :f, | s,   :s,    | d,  :s,  || d   .:m,  | r,  :d, .m, ||
```

1 Nya-mu-*k*la   hi   *k*la - ngen'   la - ha,   Hi   ti - le   ku

```
 r   :r   || m   :s   | f . :– .f | m .r :d .t, | d   :s,  ||
 s,  :s,  || s,  :s,  | l, :– .l, | s,   :s,    | s,  :s,  ||
 t,  :t,  || d   :d   | d  :– .r  | m .f :m .r  | m   :m   ||
 s,  :s,  || d   :m,  | f, :– .f, | s,   :s,    | d,  :d,  ||
```

go - nza;   Nga   hi   nyi - kwe a   ti - mbi - lu,

```
 s   :l   | s .f :m .r | m   :f   || s   :l   | s .f :m .r | r   :–   | d  ||
 m   :f   | m .r :d .t,| d   :r   || d   :d   | m .r :d .t,| t,  :s .f | m  ||
 .   .    | .    .     | .        || d   :d   | d .r :m .f | f   :t,  | d  ||
 .   .    | .    .     | .        || m,  :f,  | s,   :s,   | s,  :–   | d, ||
```

Ho - si,   ta   ku   pi - ma.   Ho - si,   ta   ku   pi - ma.

1 Nyamu*k*la hi *k*langen' laha,
  Hi tile ku gonza;
  Nga hi nyikwe a timbilu,
  ‖Hosi, ta ku pima:‖

2 Lezo nga hi gonza buku
  Hi laha mbilwini.
  Lezo nga hi gonza gona
  ‖Hi laha mbilwini:‖

3 Hosi hi laba ku ingisa
   Leyi mhaka yako;
   Hi gonzise, makunu ke,
   ‖Lego buku ga wen’:‖

---

146. HI WUSIKU YENA JESU.

Key A-flat.

m :—m ‖m :—:r	d :—:l ‖d :—:f	m :—:m ‖m :r :d	r :—:—‖f :—:—
s₁:—:s₁ ‖s₁:—:f₁	l₁:—:f₁ ‖l₁:—:l₁	s₁:—:s₁ ‖fe₁:—:fe₁	s₁:—:—‖s₁:—:—
d :—:d ‖d :—:d	d :—:d ‖d :—:d	d :—:d ‖d :—:d	t₁:—:—‖t₁:—:—
d₁:—:d₁ ‖d₁:—:d₁	f₁:—:f₁ ‖f₁:—:f₁	d₁:—:d ‖l₁:—:l₁	s₁:—:—‖s₁:—:—

1 Hi wu-si - ku ye - na Je - su   A   nga nyi - ke - lwa - ko,

m :—m ‖m :—:r	d :—:l₁ ‖d :—:f	m :—:s ‖r :—:m	d :—:—‖d :—:—
s₁:—:s₁ ‖s₁:—:f₁	l₁:—:f₁ ‖l₁:—:l₁	s₁:—:s₁ ‖s₁:—:s₁	s₁:—:—‖s₁:—:—
d :—:d ‖d :—:t₁	d :—:d ‖d :—:d	d :—:m ‖f :—:s	m :—:—‖m :—:—
d₁:—:d₁ ‖d₁:—:d₁	f₁:—:f₁ ‖f₁:—:f₁	d₁:—:d ‖s₁:—:s₁	d₁:—:—‖d₁:—:—

Ba wa ha - ga ba - pi - za - ni, Ye - na zi - nwe na - bo.

---

1 Hi wusiku yena Jesu
  A nga nyikelwako,
  Ba wa ha ga bapizani,
  Yena zinwe nabo.

2 A ku teka kuga aku,
  Wu hi miri wanga
  Wu komelelweko nwina,
  Ganani, ba mina!

3 A yi teka kopo, aku,
  Hi kata wa mina,
  Wu halatelweko nwina,
  Nwanani, ba mina!

4 Hi ta teka kuga, Jesu!
  Hi ku alakanya;
  Hi ta teka hi ga kona.
  Hi ku ranza wena

147. HOSI HI KLANGENE.

Key F.

d :d	m :f	s :—	s :—	l :t	d¹ :s	m :fe	s :—
s₁ :s₁	d :d	t₁ :d	t₁ :—	d :r	m :r	d :—	t₁ :—
m :m	s :f	r :m	r :—	f :f	s :s	s :d	r :—
d :d	d :l₁	s₁ :—	s₁ :—	f₁ :r	d :t₁	d :l₁	s₁ :—

I Ho - si hi kla - nge - ne, La - ha ndlwi-ni ya - ko:

f :r	m :f	m :r	d :d	t₁ :d	r :m	r :—	d :—
l₁ :s₁	s₁ :l₁	s₁ :s₁	m₁ :l₁	s₁ :s₁	t₁ :d	d :t₁	d :—
d :r	d :d	d :t₁	d :d	r :m	f :s	s :—.f	m :—
l₁ :t₁	d :f₁	s₁ :s₁	l₁ :l₁	s₁ :m₁	r₁ :d₁	s₁ :—	d₁ :—

Ta - na we - na hi en - ge - na, Ma-hle-ni ka we - na.

1 Hosi hi klangene,
Laha ndlnini yako;
Tana wena hi engena,
Mahleni ka wena.

2 Neha mhaka yako,
Nga hi yi zwa yona;
Ni ku vuxiwa ka wena,
Nga hi kuzwa kona.

3 U hi lulamise,
Hina hi ba wena;
Loku hi fa hi ngenise
Tilweni ga wena.

---

148. NGONAKE, NGA HIYA TIKWEN' GA WUTOMI.

Key C.

:d	d m :s	d¹ :t :d¹	m¹ :r¹ :d¹	r¹ :s	s	r¹ :m¹ :f¹	m¹ :d¹ :s
:d	d m :s	s :f m	s :f m	r :r	s	s :s :s	s :m :s
:d	d m :s	m¹ :r¹ :d¹	d¹ :t :d¹	t :t	s	t :d¹ :r¹	d¹ :d¹ :s
:d	d m :s	d¹ :s :d	d :s :d¹	s :s	s	s :s :s	d¹ :d¹ :s

1 Ngo-na-ke, nga hi ya ti-kwen' ga wu-to-mi I ka-ya ka bo-nkle la-

ba   ko - lwa-ko; U yi - ni, xi - fa - mbi hi n*d*le-la ya zo - nho?

CHORUS.

U yi-ni? wa vu-me-la a ku ya ko-na.   Wa ya-ke?   wa ya-ke?

wa   ya-ke?   wa   ya-ke?   Vu - me-la a ku ya—a ku ya he-hla.

1 Ngonake, nga hi ya tikwen' ga wutomi
  I kaya ka bon*k*le laba kolwako;
  U yini, xifambi hi n*d*lela ya zonho?
  U yini? wa vumela a ku ya kona.

   CHORUS—
    Wa yake? wa yake? wa yake? wa yake?
    Vumela a ku ya—a ku ya hehla

2 Ku haba makombo ka banhu ba kona,
  A ba zwi ni kufa ni bango bona,
  Ba tsama ni Hosi, yi baha wutomi;
  U yini? u ta ya a ku ya kona.

                         CHORUS—

3 Ni loyi a biwako hi hlanekera
   A rile a labe a ku *k*la*k*liswa,
   A nga ta ka Jesu, a n*d*lela ya wutomi,
   U yini, ina, nyangwa yi vululwi!

CHORUS—

    CHORUS—

      Ha yake? ha yake? ha yake? ha yake?
      Mu feli wa baonhi! lezo hi taya.

149. MINA JESU, NZI N*D*LELA.

Key F.

1 Mi - na Je-su, nzi n*d*le-la,   Ni   zi-ne - ne ni ku-ha - nya;

Ha - *k*li-sa - ni mu tsi-ne - la,   Mu a - mu-ke-la   ku - ha - nya.

1 Mina Jesu, nzi n*d*lela,   2 Jesu wena u hi n*d*lela,
  Ni zinene ni kuhanya;   Yo hi yisa le tilweni.
  Ha*k*lisani mu tsinela,   Wena u hi rihelako.
  Mu amukela kuhanya.   Wa hi susa le zibini.

        3 Wena Jesu u hi n*d*lela,
          Ni zinene ni kuhanya!
          Ha ha bonga ni ku bonga;
          Ha ha tsumba ni ku tsumba.

150. INGISANI MHAKA YATSI.

Key A.

d :t₁.d	r :d	f :f	f :m ‖ l₁ :t₁	d :l₁	s₁ :s₁	s₁ :s₁
s₁ :s₁	s₁ :s₁	d :s₁	s₁ :s₁ ‖ f₁ :s₁	s₁ :f₁	m₁ :r₁	m₁ :m₁
m :f.m	r :m	f :t₁	d :d ‖ d :r	d :d	d :t₁	d :d
d :r.d	t₁ :d	l₁ :s₁	d₁ :d₁ ‖ f₁ :f₁	m₁ :f₁	s₁ :s₁	d₁ :d₁

1   I - ngi - sa - ni   mha-ka   ya - tsi   Le - yi   ta - ko   hi   le   he - hla;

m :r	d :m	s :–.f	m :m ‖ l₁ :t₁	d :f	m :r	d :d
s₁ :s₁	s₁ :s₁	s₁ :s₁	s₁ :s₁ ‖ f₁ :s₁	s₁ :f₁	s₁ :–.f₁	m₁ :m₁
d :s.f	m :d	r :t₁	d :d ‖ d :r	d :d	d :t₁	d :d
d :t₁	d :d	t₁ :s₁	d :d₁ ‖ f₁ :f₁	m₁ :l₁	s₁ :s₁	d₁ :d₁

Mha-ka   yi   nga   yi - mbe - le - lwa   Hi   nge - lo - si   ka - le   lo - ko.

1 Ingisani mhaka yatsi
  Leyi tako hi le hehla;
  Mhaka yi nga yimbelelwa
  Hi ngelosi kale loko.

2 Yi cikele a ngelosi
  Ka barisi ni wusiku;
  Ba wa caba ni kucaba,
  Yona, yiku, Mu nga cabi.

8 Langutani i *t*ralilwe
  A Mesia Muhanyisi;
  Mu nga ya, mu ya mu wona
  Xigowolwen' xa tihomu'.

4 Ku wa hi kona makunu;
  Zinwe nayo a ngelosi,
  A xidlemo le xa hombe
  Xi nga yimbelela.

5 " Nga ku hi ka Nungungulu
  A wukosi gi hunzako:
  Ni ka nwina misabeni
  A kurule ni kuranza ! "

151. JESU HOSI WENA!

Key G.

1 Je - su   Ho - si   We - na!   U   hi   ka - te-

ki - se;   Hi   am' - ke   la   mha - ka - le - yi,   Hi   am'-

ke - la   mha - ka   le - yi,   Hi   ti - mbi - lu   to - nkle.

1 Jesu Hosi Wena!
  U hi katekise;
  Hi am'kela mhaka leyi,
  ‖Hi timbilu tonkle :‖

2 Kani a banyingi
  Ba ha hi kuonheni;
  Nga u ba hunzula bonkle,
  ‖Bonkle ba hanyiswe :‖

3 Jesu, Wakutsomo!
  U hi katekise;
  Hi woninge hi xikari,
  ‖Hi wukulu ga wen' :‖

152. LE HEHLA LE HOSINI.

Key F.

:d	d :t, :d	r :d :r	m :— :—	f :—	m
:s,	s, :— :s,	t, :l, :t,	d :— :—	d :—	d
:m	m :f :m	s :— :s	s :— :—	l :—	s
:d	d :r :d	s, :— :s,	d :— :—	d :—	d

1 Le he - hla le Ho - si - ni Ba

m :f :m	m :r :d	m :—:—:r :—	d	d :t, :d	r :— m
d :— :d	d :s, :s,	d :—:—:t, :—	s,	s, :— :s,	t, :— :d
s :l :s	s :f :m	s :—:—:s :—	m	m :f :m	s :— :s
d :— :d	d :— :d	s, :—:—:s, :—	d	d :r :d	s, :— :d

ba - si-si - lwe ko - na; Le he - hla le ti-

m :—:— :f :—	m	m :— :r	d :— :t,	r :—:— :d :—
d :—:— :d :—	d	r :d :l,	s, :— :s,	s, :—:— :s, :—
ta :—:— :l :—	s	se :l :r .f	m :— :r	f :—:— :m :—
d :—:— :f, :—	d	t, :l, :f,	s, :— :s,	s, :—:— :d, :—

lwe - ni Ku tsa - ma la bo ba - sa.

1 Le hehla le Hosini
  Ba basisilwe kona;
  Le hehla le tilweni
  Ku tsama la bo basa.

2 Jesu i lo hi fela,
  Ku mbela nanzu lowu
  Ku kala ku basiswa
  Mihefemulo yonkle.

3 Hosi ha ti rilela
  Na hi nga se ku loba
  U hi nyike wutomi
  Legi ga kupinzuka.

153. A XIKATI XI KOMILE.

Key A-flat.

s₁ :s₁	l₁ :l₁	s₁ :—	s₁ :—	s₁ :s₁	— :	d :d	r :m
m₁ :m₁	f₁ :f₁	m₁ :—	r₁ :—	m₁ :m₁	— :	m₁ :m₁	s₁ :s₁
d :d	d :d	d :—	t₁ :—	d :d	— :	d :d	t₁ :d
f₁ :d₁	f₁ :f₁	s₁ :—	s₁ :—	d₁ :d₁	— :	l₁ :l₁	s₁ :d₁

1 A   xi - ka - ti   xi   ko - mi - le,   *N*wi-na, b'o - nhi

r :—	r :—	d :d	— :	r :r	r :r	r :—	d :—
l₁ :—	s₁ :f₁	m₁ :m₁	— :	s₁ :s₁	s₁ :s₁	fe₁ :—	l₁ :—
d :—	t₁ :—	d :d	— :	t₁ :t₁	t₁ :t₁	l₁ :r	r :—
f₁ :—	s₁ :—	d₁ :d₁	— :	s₁ :s₁	s₁ :s₁	r₁ :—	r₁ :—

i   -   ngi   -   sa - ni !   A   ma - le - mbe ma   ha

t₁ :t₁	— :	d :d	d :l₁	s₁ :—	s₁ :—	s₁ :s₁	— :
s₁ :s₁	— :	s₁ :s₁	l₁ :f₁	m₁ :r₁	f₁ :—	m₁ :m₁	— :
r :r	— :	d :d	d :d	d :t₁	r :—	d :d	— :
s₁ :s₁	— :	m₁ :m₁	f₁ :f₁	s₁ :—	s₁ :—	d₁ :d₁	— :

hu - nza,   Lo - ku - lo - ku   ma   ta   mbe - la.

1 A xikati xi komile,
  *N*wina, b'onhi ingisani !
  A malembe ma ha hunza,
  Lokuloku ma ta mbela.

2 A xikati xi komile,
  *N*wina b'onhi ha*k*lisani !
  Nyamu*k*la *n*win' mu bitanwa
  Muhanyisi i mu fela.

3 A xikati xa komile,
  *N*wina, b'onhi, koramani,
  Mu wa hasi, mu dumise,
  Jesu Kristu Muhanyisi !

154. LE TILWENI KA JEHOVA!

Key E-flat.

1 Le   ti - lwe - ni   ka   Je - ho - va!   Ku   ba - si - le

ko   -   na;   Le - ti   -   lwe - ni

ka   Je - ho - va   Hi   ku - fu - ma ko   -   ce.

1 Le tilweni ka Jehova!
Ku basile kona;
Letilweni ka Jehova
Hi kufuma koce.

2 A ku ngeni zonho kona,
Hambu, xonho xinwe;
A ku ngeni kufa kona,
Hambu, kufa kunwe!

3 Ba basile bonkle kona
Ba tsamako kona;
Ba kuranza ba kubonga,
Nungungulu! Wena.

4 Ba kumile muti kona
Muti ba nga fiko;
Ba kumile wutomi kon'
Le gi nga mbeliko.

155. NZI WA HAMBUKA HI BYALA.

Key E-flat.

:m.,f	s	:- .s :l .,s	s	:m	m.,f	s	:- .m m,r.,d	m	:r
:d.,r	m	:- .m :f .,m,	m	:d	d.,r	m	:- .d :d .,d	d	:t,
:s .,s	s	:- .s :d¹.,d¹	d¹	:s	s .,s	s	:- .s :fe.,fe	s	:s
:d.,d	d	:- .d :d .,d	d	:d	d .,d	d	:- .d :l,.,l,	s,	:s,

1 Nzi wa ha - mbu-ka hi *b*ya - la,   Nzi   la - hle-ka hi n*d*le - la,

:m.,f	s	:- .s :l .,s	s	:m	r .,s	t	:- .l :m,.fe	l	:s
:d.,r	m	:- .m :f .,m	m	:d	t,.,t,	r	:- .d :d .,d	d	:t,
:s .,s	d¹	:- .d¹:d¹.,d¹	d,	:s	s .,s	s	:-.fe :l .,l	s	:s
:d.,d	d	:- .d :d .,d	d	:d	r .,r	r	:- .r :r .,r	s,	:s,

Ku ci-ke - la a mu-nya - ma,   Ku   wa   pu-ma a ngo - hen';

:f .,m	f	:- .r :l .,s	m	:s	l .,t	d¹	:- .l :s .,m	r	:r
:r.,de	r	:- .t,:f .,m	d	:m	f .,s	l	:- .f :m .,d	t,	:t,
:s .,s	s	:- .s :s .,s	s	:d¹	d¹.,d¹	d¹	:- .d¹:d¹.,s	s	:s
:s,.,s,	s,	:- .s,:s,.,s,	d	:d	f .,f	f	:- .f :d .,d	s	:f

Ku zwa-le - ka nzi bo-hi - lwe,   Nzi   mbe - la nta-mo mi - na,

:m.,f	s	:- .m :f .,s	l	:d¹	t .,l	s	:- .m :f .,r	r	:d
:d .,r	m	:- .d :d .,d	d	:d	s .,f	m	:- .d :r .,t,	t,	:d
:s .,s	d¹	:- .s :f .,m	f	:l	d¹.,d¹	d¹	:- .s :s .,s	f	:m
:m.,r	d	:-.ta,:l,.,d	f	:f	f,.,f,	s,	:- .s,:s,.,s,	s,	:d

A zi-ko - tso za nzi bo - ha,   Li   ra - nzo li go-he - ka.

CHORUS.

:s .ᴍ	l	:– .s :s .,ᴍ	s	:f		f .,r	t	:– .t :l .,t	l	:s	
:ᴍ .,d	f	:– .ᴍ :ᴍ .,d	ᴍ	:r		r .,t,	r	:– .r :f .,f	f	:ᴍ	
:s .,s	dˡ	:– .dˡ:dˡ .,s	s	:s		s .,s	s	:– .s :s .,s	s	:dˡ	
:d .,d	d	:– .d :d .,d	s,	:s,		s, .,s,	s,	:– .s, :s, .,s,	d	:d	

Gi hi na - la lo wa ho - mbe! Gi ha - mbu-ki-sa mbi - lu;

:s .,s	dˡ	:– .ᴍ :f .,s	l	:dˡ		t .,l	s	:– .ᴍ :ᴍ .,r	r	:d	
:ᴍ .,ᴍ	ᴍ	:– .d :d .,d	d	:d		s .,f	ᴍ	:– .d :t, .,t,	t,	:d	
:dˡ.,dˡ	s	:– .s :f .,ᴍ	f	:l		dˡ.,dˡ	dˡ	:– .s :s .,s	f	:ᴍ	
:d .,d	d	: .ta,:l, .,d	f	:f		f,.,f,	s,	:– .s,:s, .,s,	s,	:d	

Gi fa-mbi - sa a ba nyi - ngi Ba mbe - la le ku-fe - ni.

1 Nzi wa hambuka hi *byala,*
Nzi lahleka hi n*d*lela,
Ku cikela a munyama,
Ku wa puma a ngohen';
Ku zwaleka nzi bohilwe,
Nzi mbela ntamo mina, .
A *zi*kotso *za* nzi boha,
Li ranzo li goheka.

CHORUS—
Gi hi nala lo wa hombe!
Gi hambukisa mbilu;
Gi fambisa a ba nyingi
Ba mbela le kufeni.

2 Nala wa nzi hambukisa,
Ngwa homba loyi nala,
Hi raru wa *zi*bi *zonk*le,
A kokela *zi*nwi,
Jesu, Hosi! ha ku bonga
Hi wuxinji ga hombe;
Wa nzi wona, wa nzi susa,
Le mhangweni ya hombe.
CHORUS—

3 Ingisani *n*wen*k*le, ba*s*wa!
Pimani lay' ma gezu
Tsikani leyi n*d*lela
Hi tsamile mhangweni;
Ma tsikeni a ma*b*yala
A tixaka ta wona
Mu nga komi ni a kun*w*e,
Tsamani mu nengela.
CHORUS—

14

156. O JEHOVA! NZI ONHILE.

Key B-flat.

1 0 Je-ho-va! nzi o-nhi-le, Nzi na na-nzu wa wu wo-na,

Lo-ku nzi-fa a hi cu-mo, Ho-si nzi he a wu-xi-nji.

1 O Jehova! nzi onhile,
Nzi na nanzu wa wu wona,
Loku nzifa a hi cumo,
Hosi nzi he a wuxinji.

2 Mina a nzi ku ranzangi,
Hosi wena, u Mumahi!
Nzi pengile ni ku hemba,
Hi kufamba konkle futsi,

3 Lomu mbilwini ya mina,
Ku na caka ni munyama:
Hi mahile za ku biha,
A kunabela ka nyama.

4 Nza ta, Hosi! hi kuwuya
Vunetela Hosi, Wena!
A timbilu nga ti hanya—
Leti bihileko nguvu.

157. A GAMBO GI HUMA.

Key C.

1 A ga-mbo gi hu-ma Wu-tsa-nwe-ni le-gi; Gi hlo-ngo - la
Gi hlo-ngo-la Gi hlo-ngo-la

Hi-ku- wo-ne-ke - la.

a - mu-nya-ma   wo-ne-ke - la.

1 A gambo gi huma
  Wutsanweni legi;
  Gi hlongola a munyama
  Hi kuwonekela.

2 Ga ha hi woninga
  Gi hi nengelisa;
  Lezo mhaka ya Jehova
  Nga yi hi fambisa.

3 I mhaka ya Hosi
  I gambo ga hina;
  Nga gi ngena, gi woninga
  Hi kuwonekela.

4 Rumela a mhaka
  Yi nga ni ntamo,
  Yi woninga gonkle tiko
  Hi kuwonekela.

158. NZI MUONHI NZI X'SIWANA.

Do—fa 2.

Nzi mu-o-nhi nzi x'si-wa-na   Nza ta ka we-na Ho-si   Nzi ki-za-ma hi ti-nga-na
𝄋   *D. S.*

Ha-ku-ba nzi mu-o-nhi   A zi-nyi-ngi nzi ma-hi le Le-zi nzi nga ra-nzi-ko
                                  Ho-si Je-su nzi a - li- le Ku ko-ma na-yo wa wen'.

1 Nzi muonhi nzi x'siwana
Nza ta ka wena Hosi
Nzi kizama hi tingana
Hakuba nzi muonhi
A zinyingi nzi mahile
Lezi nzi nga ranziko
Hosi Jesu nzi alile
Ku koma nayo wa wen'.

2 Lokuloku mbilu yanga
Ya vuka hi kucaba
Hi kururumela futsi
Ntamo wanga wu haba
A Dadani wa kurula
Nzi mahele wuxinji
Nza zi laba aku tsika
Konkle loku ku biha.

159. MUZIKA WA ANZULA LE MOYEN'.

Do—do 4. Unison.

s.,s :l .,l | t	: .,t	d	:m.,d'| l.,l :m.,r	d.,t :l.,t |d'	: ., ‖
r.,r :r .,r |r	: .,s	s	:s.,s | f.,f :f.,f	f.,f :f.,f |m	: ., ‖
l.,l :l .,l |s	: .,r	d'	:d.,d'|d'.,d':l.,l	s.,s :s.,s |s	: ., ‖
m.,m :fe.,fe|s	: .,f	m	:d.,m |f.,f :f.,f	s.,s :s₁.,s₁|d	: ., ‖

fa-mba le-ndle-len'   Ba-na - na ba ha fa-mba le ndle-le-ni ya Hosi.

1 Muzika wa anzula le moyen',
  Tisimu tiswa ti zwala ka hin'
  Na le mahlwen' ha wona a ngapa;
  Banana ba ha famba le ndleleni ya Hosi.

CHORUS—

    Banana ba ha famba le ndleleni ya Hosi
    Banana ba ha famba le ndleleni ya Hosi
    Hi tisimu ti nene, ba famba le ndlelen'
    Banana ba ha famba le ndleleni ya Hosi.

2 Tingohe tabye ti kwatsi hi byany',
  Xitsangi xa gona xi saseka;
  Ba famba—famba ka mati ma nen',
  Banana ba ha famba le dleleni ya Hosi.
                    CHORUS—

3 A yimpi ya banana yi n' tamo,
  A ntamo yabye yi ku nen';
  Mahlweni kabye Hosi ya tilo;
  Banana ba ha famba le ndleleni ya Hosi.
                    CHORUS—

160. DUMISANI HOSI JESU.

1 Dumisani Hosi Jesu
  Tingelosi ta matilo:
  Tinyeleti, dumisani,
  Nwina gambo ni a hweti.
  Dumisani hi mahilwe
  Hina i lo hi mahela
  I lo hi mahela nayo
  Wo saseka; dumisani.

2 Dumisani; xitsumbiso
  Xakwe, hosi yo pinzuka
  U ba vunetela banhu
  Ba nga dayiwa hi Satani
  Dumisani, Nungungulu
  Yena a hi hanyisako,
  Dumisani ba matilo,
  Dumisani misabeni.

161. JESU! U MURISI WENA.

Key C.

Je - su ! u   mu - ri - si we - na,   Ha ku   tsu - mba we - na;

We - na, Ho - si   ya   hi-na-wu,   U hi   ka - te - ki - se.

1 Jesu! u murisi wena,
　Ha ku tsumba wena;
　Wena, Hosi ya hinawu,
　U hi katekise.

2 A mimiri hi ya wena,
　Ya ku kozelawu,
　Hi ta wena ni timbilu,
　Hi ku ranza wena.

3 Zonkle zonho ha zi tsika,
　Hi mhaka ya wena;
　Xihambano a xi kona,
　Ha ku ranza wena.

4 U hi vune. hi hlayise,
　Laha misabeni;
　Le kufeni vunetela
　Kaya, le tilweni.

---

162. MUFUMO WA JESU WU AKILWE RIBYENI.

Doh is A.　　　　　　　　　　　　　E. t.

Mu - fu - mo wa Je - su wu aki - lwe ri - bye-ni, Ga nta - mo wa

f. A.

m	.f	:s	.l	m		:r	.d	d		:—	(.d)	d¹	s	:f₁	.m	f		:m	.m
d	.d	:d	.d	d		:t₁	.d	d		:—	(.d)	d	s₁	:s₁	.s₁	s₁		:s₁	.s₁
s	.s	:d¹	.l	s		:f	.m	m		:—	(.d)	l	m	:r₁	.d	r		:d	.d
d	.r	:m	.f	s		:s₁	.d	d		:—	(.d)	d	s₁	:s₁	.s₁	s₁		:s₁	.s₁

ho - mbe bu-kwi-ni ga-kwe; Ku ko-ti ku wu - la ku

r	.m	:d	.r	t₁	.,l₁	:s₁	.d	d	.t₁	:d	.r	d		:s₁	.m	m	.r	:m	.f
s₁	.s₁	:s₁	.l₁	s₁		:s₁				:				:		.d	d	.t₁	:d	.r
t₁	.d	:m	.r	r	.d	:t₁	.d	d	.t₁	:d	.r	d		:s₁	.m	m	.r	:m	.f
s₁	.d	:m₁	.f₁	s₁		:s₁				:				:		.d	d	.t₁	:d	.r

e - nge -te - la ka - mbe, Ka nwi - na ma-ko - lwa, mu M' ra - nza Je-

m		:r	.m	f	.m	:r	.d	t₁		:d	.f	m		:r	.,d	d		:—	.
d		:s₁	.d	r	.d	:t₁	.l₁	s₁		:s₁	.d	d		:t₁	.,d	d		:—	.
m	.	:r	.m	f	.m	:r	.d	r		:d	.l	s		:f	.,m	m		:—	.
d		:s₁	.d	r	.d	:t₁	.l₁	s₁	.f₁	:m₁	.f₁	s₁		:s₁	.,d₁	d₁		:—	.

su.   Ka nwi-na ma - ko-lwa, mu M' ra - nza Je-su.

1 Mufumo wa Jesu wu akilwe ribyeni,
   Ga ntamo wa hombe bukwini gakwe;
   Ku koti ku wula ku engetela kambe,
   Ka nwina makolwa, mu M' ranza Jesu.

2 Kucaba ku haba, hakuba 'Nzi na nwina'
   Nzi ta mu vukela, Nzi ta mu wundla,
   Nzi ta mu tiyisa, nzi ta mu vunetela,
   Mu ta alakanyiswa hi Hosi ya nwina.

3 Na mu bitanilwe ku klatuka Jordani
   Macongo ya kufa ma ta miyeta,
   Hakuba na Mina Nzi ta ba na wenawu
   Hi mawokweni yanga mu ta komiswa.

163. KUDUMISA KO SASEKA.

Do—la-flat 4.

Ku - du - mi - sa ko   sa - se - ka   Ha   kla - ku - sa ka   Je - ho - va;

Ka   ma - ti - lo ku   ta zwa-la,   A   ku du - mi - sa ka hi - na.

CHORUS.   *ritard*

Ha-le -lu - ya! Ha - le - lu - ya! Wu - ho-si ka Ho - si.

Ha-le - lu - ya! Ha - le - lu - ya! Ha - le - lu - ya! Ha - le - lu - ya!

```
{:d.,d|1 :-.1|r :r |s :-s |f :r |d :— |t :— |d :— |— 
{:d.,d|1, :-.1,|s, :s, |s, :-.te,|1, :1, |s, :— |s,.1,.s,.f,|m, :— |— 
{:d.,d|d :-.d|t, :t, |d :-.de|r :f |m :— |r :— |d :— |— 
{:d.,d|f, :-.f,|f, :f, |m, :-.m,|f, :f, |s, :— |s, :— |d :— |— 
```

Mu du-mi - sa Yen', Ho - si ya hin', A Je - ho - va.

1 Kudumisa ko saseka
Ha *k*lakusa ka Jehova;
Ka matilo ku ta zwala,
A ku dumisa ka hina.

2 Ha kesa bito ga wena;
Ha kesa ntamo wa wena;
Ha kesa wuranza ga wen';
Wu n'tamo ku hi basisa.
CHORUS—

CHORUS—
Haleluya! Haleluya!
Wuhosi ka Hosi.
Haleluya! Haleluya!
Haleluya! Haleluya!
Mu dumisa Yen',
Hosi ya hin',
A Jehova.

3 Hi masiku won*k*lelele
Hi ta *k*lakusa tisimu;
Na hi mbetile misaben,
Hi yimbelele le hehla.
CHORUS—

164. CUWUKA! A PUNZU! WE!

Do—re 4.

```
{|s :m.,f|s :1 |1 :— |s : |s :d'.,s|m :d |1 :—|—: 
{|m :d.,r|m :m |f :— |f : |s :d'.,s|m :d |f :—|—: 
{|d' :s.,s|d' :d' |t :— |t : |s :d'.,s|m :d |d' :—|—: 
{|d :d.,d|d :d |r :— |s : |s :d'.,s|m :d |f :—|—: 
```

Cu - wu-ka!a pu - nzu! we! Vu - ka- ni hi mi - xo,

TISIMU TA IVANGELI.

Ma-hlwe-ni la - ha ba - la-la ba kona; Ma-hlwe-ni, Yi - ngi-san';

Hlo - ma-ni a xi - kla - ngu, Hu - ma-ni ku hlu - le - ni;

I - ngi-sa - ni mha-ka ya Ho - si, Ma-hlwe-ni, ba-nya - ka-sane.

CHORUS.

Ma-hlwe-ni, hi nga - pa ya he - hla, Ba hu ma ni hi le ku-buma;

s .,l :s .,m|s	:m'	r' :d' |t :l	s :-,s |t :r'	d' :—|—:—
m.,f :m.,d|m	:s	s :s |s :f	m :-,m |r :f	m :—|—:—
d'.,d':d'.,s|d'	:d'	t :d' |d' :d'	d' :-,d'|s :s	s :—|—:—
d .,d :d .,d|d	:d	r :m |f :f	s :-,s |s, :s,	d :—|—:—

Ka-ti-gi-*n*we mu ya ni ku-tau-mba; Ma-hlwen' ku hlu-la.

1 Cuwuka! a punzu! We!
Vukani hi mixo,
Mahlweni laha balala ba kona;
Mahlweni, Yingisan';
Hlomani a xi*k*langu,
Humani ku hluleni;
Ingisani mhaka ya Hosi,
Mahlweni, banyakasane.

CHORUS—
Mahlweni, hi ngapa ya hehla,
Ba humani hi le kubuma;
Katigi*n*we mu ya ni kutsumba;
Mahlwen' ku hlula.

2 Kwatsi hi banyakasane;
Kwatsi ha ingisa;
Tsumban' a Hosi, kucaba ku haba,
Ku dzuka ku haba.
Kutani mu xaniswa,
Hambu balala ba kona
Tiyani nguvu, tiyisani;
Kanani gi le mahlweni.
CHORUS—

3 N*d*ela yi ta woneka;
Ku ka*r*ala ku haba;
Hi nga pen*d*liswi, kupima ku nen';
Ha tsumbela ku nen';
Ha cuwuka a Hosi;
Ha *b*yela mhaka ya kale
Ha ringela ku bitanwa
Ku humuleni le hehla.
CHORUS—

165. A BITO GA SASELA GI TAKO KA JESU.

Doh is D.

A   bi-to go   sa-se-ka   gi   ta - ko ka Je-su,   Gi ta ha-nyi - sa

ba-nhu,   gi   ta   su-sa ku-fa.   Na nzi ri-le - la mi-na,   ku

bi - ha le mbi-lwin', Nzi nga-lo nzi   bi-ta-nwa   ku "Ta - na', ka Je-su.

CHORUS.   A. t.   f. D.

Ta - na, tan' ka mi - na;   Ta - na tan' ka mi - na;   We - na wa bi-
Tu - na ka   mi - na;   Ta - na ka   mi - na;

nzwa-ko, u ta hla-ka-ni-swa: Ta - na, tan' ka mi - na,
Ta - na tan' ka mi - na,

Ta-na tan' ka mi - na, We - na a ti-ra - ko, u ta hu-mu-li-swa.
Ta-na ka mi - na,

1 A bito go saseka gi tako ka Jesu,
  Gi ta hanyisa banhu, gi ta susa kufa.
  Na nzi rilela mina, ku biha le mbilwin',
  Nzi ngalo nzi bitanwa ku "Tana', ka Jesu.

    CHORUS—
      Tana, tan' ka mina; Tana tan' ka mina;
      Wena wa binzwako, u ta hlakaniswa:
      Tana, tan' ka mina, Tana, tan' ka mina,
      Wena a tirako, u ta humuliswa.

2 Wutomi le ga mina, haklisa ku vuka;
  Wa M' siya hi ku yini, Loye wa kubasa?
  Nzi laba kulahleka, kulaywa ku tsanza;
  Kani nza ha bitanwa, nza ha ta ka Jesu.
                    CHORUS—

3 Jesu, U nzi tiyise, nzi ta ku kozela:
  Wonisa ku woninga; hanyisa a tiko.
  Lezo nzi ta hlakana, nzi ta tangaliswa:
  U teka canja ganga, nzi famba na wena.
                    CHORUS—

166. HAMBU WENA WA HA PENGILE.

Doh is Ab. DUET.

1 Ha-mbu we - na wa ha pe - ngile, *K*le-la we-na nya - mu - *k*la;

Ha-mbu we - na wa ha pe - ngile, *K*le-la we-na nya - mu - *k*la;

QUARTET.

I-ngi-sa Ye - na a Ho - si, *K*le-la nya - mu - *k*la.
I-ngi-sa Yen'

DUET. *p*   QUARTET. *f*

Ha-mbu we - na wa ha pe - ngile, Ha-mbu we - na wa ha pe - ngile, *p   ritard.* . . . .

:r .d	d	:-.t,	:d .,l,	s,	:—	:s, .s,	s,	:- .s, :, s .s,	s,	:—
:s, .s,	l,	:-.se,:l, .,f,	m,	:—	:m, .m,	r,	:- .m, :f, .r,	m,	:—
:d .d	d	:-.d	:d .,d	d	:—	:d .d	t,	:- .d :r .t,	d	:—
:m, .m,	f,	:-.f,	:f, .,f,	d,	:—	:d, .d,	s,	:- .s, :s, .s,	d,	:—

K̓ le-la we - na nya mu-k̓la.   *K̓ le-la we - na nya-mu-k̓la.*

1 Hambu wena wa ha pengile,
K̓lela wena nyamuk̓la;
Hambu wena wa ha pengile,
K̓lela wena nyamuk̓la;
Ingisa Yena a Hosi,
K̓lela nyamuk̓la.
Hambu wena wa ha pengile,
Hambu wena wa ha pengile,
K̓lela wena nyamuk̓la.
K̓lela wena nyamuk̓la.

2 Hi Dadani a ku bitana,
Zwana wena nyamuk̓la;
Hi Dadani a ku bitana,
Zwana wena nyamuk̓la.
A hi wunene a nguvu;
Zwana nyamuk̓la.
Hi Dadani a ku bitana,
Hi Dadani a ku bitana,
Zwana wena nyamuk̓la.

3 I ta tsetselela a zonho.
A nga ta zi zwa kambe;
I ta tsetselela a zonho.
A nga ta zi zwa kambe.
"Cuwuka hehla a banhu"
A ku Hosi Yen'.
I ta tsetselela a zonho,
I ta tsetselela a zonho,
A nga ta zi zwa kambe.

167. BAYETI! NTAMO WA JESU.

Do is G.

:s,	d	:d	:m	:m	r	:d	:r	:m	r	:d	:m	:r
:m,	m,	:m,	:s,	:s,	s,	:s,	:s,	:s,	s,	:m,	:s,	:f,
:d	d	:d	:d	:d	t,	:l,	:t,	:d	t,	:d	:d	:t,
:d,	d,	:d,	:d	:d	s,	:s,	:s,	:s,	s,	:l,	:s,	:s,

1 Ba - ye - ti! nta - mo wa Je - su, Bo - nk̓le ba mi - sa-

d	:—	|—	:r	m	:r	|d	:m	s .f	:m .r	|m	:s	s	:—
m₁	:—	|—	:s₁	d	:s₁	|m₁	:d	m .r	:d .t₁	|d	:r	d	:—
d	:—	|—	:r	m	:r	|d	:m	s .f	:m .r	|m	:r	m	:—
d₁	:—	|—	:s₁	d	:s₁	|m₁	:d	m .r	:d .t₁	|d	:t₁	d	:—

ben'.   Ni ti - nge - lo - si   ta   ti - lo,   Mu m' ke-

CHORUS.

|s	:—	|l	:—	|s	:fe	s	:—	|—	m	s	:m	|d	:m
|r	:—	|d	:—	|t₁	:l₁	t₁	:—	|—	d	d	:d	|s₁	:d
|r	:—	|m	:—	|r	:—	r	:—	|—	d	m	:s	|s	:s
|t₁	:—	|l₁	:—	|r	:—	s₁	:—	|—	d	d	:d	|m	:d

sa   hi   nta -   mo.   Ni ti - nge - lo - si

r .d	:r .m	|r	:d	s	:—	|f	:—	m	:-.f	|r	:r	d	:—	|—
t₁.l₁	:t₁.d	|t₁	:d	d	:—	|l₁	:—	s₁	:—	|—	:s₁	s₁	:—	|—
s	:s	|s	:m	d	:—	|d	:—	d	:-.r	|t₁.r	:f	m	:—	|—
s₁	:s₁	|s₁	:l₁	m₁	:—	|f₁	:—	s₁	:—	|—	:s₁	d₁	:—	|—

ta   ti - lo,   Mu m' ke -   sa   hi   nta-mo.

1 Bayetti! ntamo wa Jesu,
  Bonkle ba misaben'.
  Ni tingelosi ta tilo,
  Mu m' kesa hi ntamo.

2 A mbewu ya mu Israel,
  Mu rihilwe hi Yen'.
  Mu kesa Yena a Hosi,
  Mu m'kesa hi ntamo.

3 Tixaka tonkle ta banhu
  Ta misaben yonkle;
  Nehani wuhosi nguvu;
  Mu m' kesa hi ntamo.

4 A hi yimeni na bona
  Mikonzweni yakwe;
  Hi nga klangana na bona,
  Hi m' kesa hi ntamo.

168. LOKU WENA WA XANISWA.

Doh is G.

1 Lo - ku we - na wa xa - ni - swa Wa ni wu - si - wan',

Je - su a - ku, Ta - na we - na; Hu - mu - la.

1 Loku wena wa xaniswa
Wa ni wusiwan',
Jesu aku, Tana wena,
Humula.

2 Nzi ta m' tiba hi ku yini
Loku nzi mu won?
Hi marika mikonzweni]
Ni mandlen'.

3 A xidlodlo xa wuhosi
I na xona ke?
A xidlodlo hi zinene
Za mizwa.

4 Loku nzi kombela kakwe
I ta nzi zwa ke?
Le tilweni ba ku ngalo
Hi zinen'.

169. GI KONA A KAYA MAHLWENI.

Do—b s.

Gi ko-na a ka-ya ma-hlwe-ni, Gi sa - si - le kwa-tsi ngu-

15

m :—:	d .t :d :t	l :t :l	s :—:—	t .t :d .r :t
d :—:	r .r :r :r	r :r :r	t :—:—	r .r :m .f :f
s :—:	fl.fl :fl :fl	fl :fl :fl	s :—:—	s .s :s .s :s
d :—:	r .r :r :r	r :r :r	s :—:—	s .s :s .s :s

vu   Gi ko - na   wu - to - mi   gi   nene   Gi nga ta wu-ne-

s :d :s	s :d :—	s :l .t :d	s :— :m	s .l :s :f .s
m :s :m	m :s :—	r :l .s :s	r :— :d	r .f :m :r .m
s :s :s	s :s :—	d :d .d :d	d :— :d	s .s :s :s .s
s :d :d	s :d :—	d :d .d :d	d :— :d	s .s :s :s .s

ka   ka-mbe: Zi - lo   za hu-nza mi - sa   -   ba;   Za ha ku-nga-nga-

f :m :—	s :l .t :d	s :— :m	t :t .l :t	d :— :—
r :d :—	m :f .s :s	m :— :d	s :s .f :s	m :— :—
s :s :—	d :d :d	d :— :d	s :s :s	s :— :—
s :d :—	d :d :d	d :— :d	s :s :s	d :— :—

me - la.   Oh,! hi ta-ya   rini?   Ka - ye - na kwa-tsi nguvu
          Oh,! hi ta-ya   rini,   Ka - ye - na   he - hla?

1 Gi kona a kaya mahlweni,
   Gi sasile kwatsi nguvu;
   Gi kona wutomi gi nene
   Gi nga ta wuneka kambe:
   Zilo za hunza misaba;
   Za ha kungangamela.

     CHORUS—
      Oh,! hi ta ya rini?
      Kayena kwatsi nguvu;
      Oh,! hi ta ya rini,
      Ka yena hehla?

2 Zi kona zitsangi zi nene;
   Micongo yo tala ma kon',
   A mati ya wona ma nene;
   Banwako a bafi kambe,
   Ti sinya ta tilo ti kona,
   Yi huma mihanzu yi nen'.
                CHORUS—

3 A tindlu to basa ti kona,
   Kubabya ku ngeni kona,
   Mihloti yi haba konawu,
   Kuxanisa ku vumala;
   Ba yimbelela tisimu;
   Ba ha hlakana kwatsi.
                CHORUS—

170. A NGAPA YA IVANGELI.

Do—sol 4.

```
:s₁ | d :s₁ |l₁.t₁:d.r |m :─.r |d :m | s :m |s :l | s :─ |─
:s₁ | d :s₁ |l₁.t₁:d.r |m :─.r |d :d | d :d |te₁:te₁| t₁ :─ |─
:s₁ | d :s₁ |l₁.t₁:d.r |m : .r |d :s | m :s |m :m | f :─ |─
:s₁ | d :s₁ |l₁.t₁:d.r |m :─.r |d :d | d :d |de :de | r :─ |─
```

1 A nga-pa ya I - va - nge-li, Mu yi tsa - bu - lu - ta;

```
:s₁ | s :f.m|r :l | s :m |d :m | r :d.t₁|l₁ :r | s₁ :─ |─
:s₁ | t₁ :t₁ |t₁ :t₁ | d :─ |s₁ :s | fe₁:fe |fe :fe | s₁ :─ |─
:s₁ | r :r.m|f :f | m :s |m :d | l₁ :l₁.t₁|d :d | t₁ :─ |─
:s₁ | s₁ :s₁ |s₁ :s₁ | d :─ |d :l₁ | r₁ :r₁ |r₁ :r₁ | s₁ :─ |─
```

Ma-ko - lwa ya xi - ha - mba-no Mu nga hlu - la hi zon'.

CHORUS. *Unison.*

```
:s₁ | m :m |m :m | m :─ |f :s₁ | f :f |f :f | fe :─ |s
```

Fa - mba-ni a ma-hlwe - ni, Ti - ya - ni a ndle-le - ni;

```
:d | l :f |s :m | f :s |m :d | f :m |r :─.m|d :─ |─
```

Na Je - su hi mu - ko-mbe - li, Mu ta hlu - la zo - nkle.

1 A ngapa ya Ivangeli,
  Mu yi tsabuluta;
  Makolwa ya xihambano
  Mu nga hlula hi zon'.

  CHORUS—
    Fambani a mahlweni,
    Tiyani a ndleleni;
    Na Jesu hi mukombeli,
    Mu ta hlula zonkle.

2 Celani kota ka Jesu,
  Lwanani kubihen';
  Yena I ta mu tiyisa,
  Hi ntamo lo wakwe.
                    CHORUS—

3 Makunu I ta cikela,
  A Hosi ya hombe;
  I ta woneka misaben'.
  I ta fuma kwatsi.
                    CHORUS—

171. O WENA A KU XISIWANA.

Do—do 4.

(musical notation — tonic sol-fa)

1 0 we - na a ku xi-si-wa - na   K'la-ku - sa a ma-hlo ya wen':   A

ndle - la le' ya xi-ha mba - no   Ku - ta - ni yi tsa - nza ka

wen';   Ka - ni Je - su i ko - na na wen'.

CHORUS. *Unison. 6.*

Ta - na a ma-ko - lwa, Je - su i su han';

Wu - si-wan' gi ha - ba go - nkle le ndle-len':

Ta - na hi ku-tsa - ka, lo - sa a Ho-si:

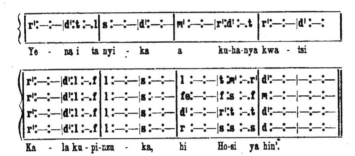

Ye - na i ta nyi - ka a ku-ha-nya kwa - tsi

Ka - la ku - pi-nzu - ka, hi Ho-si ya hin'.

1 O wena a ku xisiwana
Klakusa a mahlo ya wen':
A ndlela le' ya xihambano
Kutani yi tsanza ka wen';
Kani Jesu i kona na wen'.

CHORUS—
Tana a makolwa, Jesu i suhan';
Wusiwan' gi haba gonkle le ndlelen':
Tana hi kutsaka, losa a Hosi:
Yena i ta n'yika a kuhanya kwatsi
Kala kupinzuka, hi Hosi ya hin'.

2 Yan', gi hi tilo ga wena,
Wuhosi gi nga ta timwa;
Gi woneka le munyameni
Ku wonisa ndlela mahlwen';
Kani Jesu i kona na wen'.
CHORUS—

3 A gezu ga tonkle titanga
Gi zwala ndlebeni ya wen';
"Hakuba nzi hanya na mina
Na wena wa hanya futsi";
Kani Jesu i kona na wen'.
CHORUS—

172. DUMISANI A HOSI YI NGA HEHLA NGUVU.

Do—la 6.

1 Du - mi - sa - ni   a   Hosi yi   nga hehla nguvu.   Yi - mbe-le - la-

ni　　nwi-na wu-ra - nza   gakwe.　Xi - kla ngu xa hi - na,   hi

ma - si - ku wonkle,　Mu - vi - ki   wa hi - na   hi   ti - ta-nga   to - nkle.

1 Dumisani a Hosi yi nga hehla nguvu,
　Yimbelelani nwina wuranza gakwe.
　Xiklangu xa hina, hi masiku wonkle,
　Muviki wa hina hi titanga tonkle.

2 Mu byeleni a ntamo ni wuxinji gakwe,
　Ni ku ambexa ka yena hi kungangamela.
　A xingwalangwanza ni kudzinza kambe,
　Za wonisa ntamo wa Mumahi wa zon'.

3 A banana ba ntsuri, ba vumala ntamo,
　Hi nga tsumba ka Wena, hi nga kohlisiwi.
　A Mumahi wa hina, Murihisi kambe,
　Muringela wa hina, a li Xaka kambe.

173. MOYA WO BASA HEHLA!

Do—ti-flat 3.

1 Mo - ya wo Ba - sa he - hla! Ta - na,

nza ha - ti - mi - se - la, Hu - nzu - lu - sa

wu - si - ku; Gi ma - he - ke ku ba - sa.

1 Moya wo Basa hehla!
Tana, nza hatimisela,
Hunzulusa wusiku;
Gi maheke ku basa.

2 Moya wo Basa hehla!
Hlazwa mbilu ya mina:
Zisiwana fambise,
Nzi tsamise na Wena.

3 Moya wo Basa hehla!
Nzi tiyise kukolwen';
Fuma, Wena le mbilwin';
Nzi komise le ndlelen'.

174. KUKOLWA KA MINA.

Doh is E♭.

1 Ku - ko - lwa ka mi-na   Ku   cu - wu - ka   We-na;

Ho - si ya min':   Ma - ku - nu i - ngi-se,   Nza ko-mbe-

la We-na;   Nzi tsa-me na we-na, Le - gi   si - ku.

1 Kukolwa ka mina
  Ku cuwuka Wena;
  Hosi ya min':
  Makunu ingise,
  Nza kombela Wena;
  Nzi tsame na wena,
  Legi siku.

2 Wuxinji ga wena
  Nga gi nzi fihlela:
  Nzi tiyise:
  Wena wa nzi fela,
  Mina nza ku ranza,
  Hi mbilu ni ntamo,
  Nzi Vurise.

3 Na nzi famba laha,
  Ku ringwa ku kona;
  Nzi komise:
  U susa munyama,
  Kulula mihloti,
  U nga nzi vumela
  Ku Ku penga.

175. DADANI, HOSI YA HINA.

Do—mi 2.

:d	m :f	s :d	r :m	f :m	r :d	d :t,	d
:s,	d :d	t, :l,	t, :d	d :d	t, :l,	l, :s,	s,
:m	s :d	r :d	s :s	l :s	s :m	f :r	m
:d	d :l,	s, :l,	s, :d	f, :d	s, :l,	f, :s,	d

1 Da - da - ni, Ho - si ya hi - na, Ha tsu - mba ka we - na;

:s	d' :t	l :s	s :fe	s :m	r :d	d :t,	d
:d	m :r	d :t,	l, :d	t, :d	t, :l,	l, :s,	s,
:m	s :s	m :r	m :l	s :s	s :m	r :r	m
:d	d :s,	l, :t,	d :r	s, :d	s, :l,	f, :s,	d

U hi ko - mi - si - se kwa-tsi, U hi ha - nyi - se - le.

1 Dadani, Hosi ya hina,
Ha tsumba ka wena;
U hi komisise kwatsi,
U hi hanyisele.

2 Nzutini wa canja ga wen',
Hi ta tsama kwatsi.
Hi nga to caba na cumo,
Loku u hi vuna.

3 Banhu ba ha hunza futsi
Na ba ta ribalwa.
Wena wece U ta tsama
Kala ku pinzuka.

176. VUKA, WUTOMI GA MIN'.

Do—sol 4.

d :s,	d :r	m :r	m.f:s	l :s	f :m	r :—	:
s, :s,	l, :t,	d :t,	d :d	d :d	l,.t,:d	t, :—	:
m :r	m :s	s :s	s :s	f :s	f.s:s	s :—	:
d :t,	l, :s,	d :s,	d.r:m	f :m	r :d	s, :—	:

1 Vu - ka, wu - to - mi ga min', Ko - mi - sa ku ba - sa!

d :s₁	d :r	m :r	m.f :s	l :s	f :m	r :—	:— :
s₁ :s₁	l₁ :t₁	d :t₁	d :d	d :d	l₁.t₁:d	t₁ :—	:— :
m :r	m :s	s :s	s :s	f :s	f.s :s	s :—	:— :
d :t₁	l₁ :s₁	d :s₁	d.r :m	f :m	r :d	s₁ :—	:— :

Vu - ka   he - hla   ka ti - ko   Ka ti - lo   ga   we-na;

s :l	s :l	s :f.m|r :—	m :r.m|f :m	r.d :r.m|r :—
d :d	d :d	d :r.d|t₁ :—	d :t₁.d|r :d	t₁.l₁:t₁.d|t₁ :—
m :f	m :f	m :s	s :—	s :s	s :s	s :s	s :f
d :d	d :d	d :t₁.d	s₁ :—	s₁ :s₁	s₁ :s₁	s₁ :s₁	s₁ :—

Ga - mbo gi   ta   su   wu - na,   A   mi - sa - ba   yi   hu - nza;

d :s₁	d :r	m :r	m.f :s	l :s.f	m :r	d :—	:— :
s₁ :s₁	l₁ :t₁	d :t₁	d :d	d :d.r	d :t₁	d :—	:— :
m :r	m :s	s :s	s :s	f :s.l	s :f	m :—	:— :
d :t₁	l₁ :s₁	d :s₁	d₁.r₁:m₁	f₁ :m₁.f₁	s₁ :s₁	d₁ :—	:— :

Vu - ka,   wu - to - mi ga   min'   Cu - wu - ka   le   he - hla.

1 Vuka, wutomi ga min',
  Komisa ku basa!
  Vuka hehla ka tiko
  Ka tilo ga wena;
  Gambo gi ta su wuna,
  A misaba yi hunza;
  Vuka, wutomi ga min'
  Cuwuka le hehla.

2 A macongo ka bimbi
  Ma tsutsuma futsi;
  Nzilo wuya letilweni
  Wu ala ku tsama.
  Lezi wutomi kambe
  Gi laba ku klelela
  Hehla kaya ka gona
  Ka hosi ya tilo.

3 A bafambi misaben'
  Mu nga rili kambe,
  Lokuloku hi ta ngen'
  A wuhosin' hehla;
  A xikati xa hunza
  A kuhanya ka tsami;
  Vuka, wutomi ga min'
  Cuwuka le hehla.

177. O! MAKWERU LEXI HI XIKATI.

Do—fa 4.

1 O! ma-kwe-ru   le-xi hi xi-ka-ti   U vu-me-la, Ho - si ya ku bi-ta.

Hi   Je - su!   I - ngi - sa! Wu-ya,   wu-ya le - zi.

1 O! makweru lexi hi xikati
  U vumela, Hosi ya ku bita.
      Hi Jesu! Ingisa!
      Wuya, wuya lezi.

2 Wona! gambo gi nga ku pelela,
  Ni wusiku gona ga haklisa.
      Ingisani—Jehova
      Ite: wuya lezi.

3 U nga wuli: Nzi ta kolwa kwatsi!
  A ku tibi siku ga manziko.
      Nyamukla vumela;
      Tana wuya lezi.

178. MOYA WANGA WA KU LABA.

Do—fa 4.

1 Mo - ya wa - nga wa ku la - ba We-

na Mo-ya wa Je - ho - va, We - na Mo - ya wa

Je - su! Ha - ndle ka we - na ha ku-

ma Wu - si - wa - na ni mu - nya - ma, Ku

```
l :s  |f  :m   r :—  |d :—   s :— |m :—   s :—  |m :—
d :d  |d  :d   d :t  |s, :—  t, :— |d :—   t, :—  |d :—
f :s  |l  :s   s :—  |m :—   s :— |s :—   s :—  |s :—
f, :m,|f, :d   s, :— |d, :—  m :— |d :—   m :—  |d :—
```

la - hle - ka ni lu - fu. Mo - ya, Mo - ya.

```
m :m  |r :r   m :m |r :r   m :m |r :d¹   d¹ :— |s :
d :d  |d :t,  d :d |d :t,  d :d |t, :d   m :— |d :
s :s  |s :s   s :s |s :s   s :s |s :m    l :— |m :
d :m  |s, :s, d, :m,|s, :s, d, :m,|s, :d   l, :— |d :
```

Hi hla - yi - se, hi po - ni - se. Hi wo - ni - nge; Hi - na

```
l :—  |s :—   f :m |r :—   d :— |    :
d :—  |d :—   l, :s,|s, :—  m, :— |    :
f :—  |s :—   d :d |d :t    d :— |    :
f, :— |m, :—  f, :d,|s, :—  d, :— |    :
```

hi ku na - be - la - ko.

1 Moya wanga wa ku laba
  Wena Moya wa Jehova,
  Wena Moya wa Jesu!
  Han*d*le ka wena ha kuma
  Wusiwana ni munyama,
  Ku lahleka ni lufu.
    Moya, Moya.
  Hi hlayise, hi ponise.
    Hi woninge;
  Hina hi ku nabelako.

2 Moya wanga wa ku laba,
  Wena u cabelelako
  Banhu laba barilako
  Wa hi tikela hlomulo,
  Wa hi kombisa liranzo
  La Jehova Dadani.
    Moya, Moya,
  Cabelela-U miyeta,
    U rulisa
  Timbilu ta ku *k*la*b*yiwa.

3 Moya wanga wa ku laba,
Wena Moya a wa ntamo,
Moya a wa Pentekosta!
Hlula a wutoya gon*k*le,
Hi be laka ba tiyako.
Hi gonzise za Jesu.
Moya, Moya,
Wa le hehla-Wa wutomi,
Wa wungwazi,
Tana timbilwin' ta hina.

---

179. DADANI JEHOVA, GI HUMILE GAMBO.

Doh is G.

1 Da - da - ni Je - ho-va, gi hu - mi - le ga - mbo.

Ba hle - nge - le - ta-na ba-na ba we-na.

U hi h - nyi - si - le, U hi po - ni - si-le:

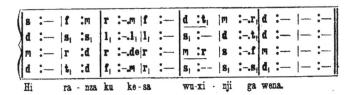

1 Dadani Jeȟova, gi humile gambo.
Ba hlengeletana bana ba wena..
U hi hanyisile, U hi ponisile:
Hi ranza ku kesa wuxinji ga wena.

2 Ha ku laba wena, Dadani Jehova;
Hi kombela ntamo ka Hosi Jesu.
Ntamo wa ku famba ni ku Ku kozela
Ndlelen' ya kuhanya ndlelen' ya Jesu,

3 Sibela timbilu le ti nga ni gome
Loku ti nabela lezi bolako.
Hi nyike timbilu leti tirelako
Wukosi ga tilo gi nga ga wena.

180. LE NDLWINI YA BETANIA.

1 Le ndlwini ya Betania,
Na siku ga ha mbela,
Maria ni a Marta
Ba lo longisa kuga.

2 A Munhu wa Nazereta
I cikela le kabye,
A karele hi kutira
Kona le Jerusalem

3 Maria wa m' amukela
Hi kutsaka ka hombe;
I lo tsama mikonzweni
A kuzwa timhaka takwe.

4 A Marta wa longisa kuga,
A karele hi ntiro;
I lo ta ka Hosi aku,
Laya yena ku nzi vuna.

5 Kanilezi a Hosi aku,
"Xilo xinwe xi labeka:
Na Maria wa hlawula
A klelo go saseka.

181. HI KESA LUFU LA JESU.

Do—mi-b 4.

:d.r	m :m	m :f	s :-.f	m :r .m	f :f	f :l	l :-.s	s :m.f
:d	d :d	d :r	m :-.r	d :t,.d	r :f	r :f	f :-.m	m :d.r

1 Hi ke-sa lu-fa la Je-su A hi hlu-le-le-ko lu-fu; I

s :s	s :d¹	t :-.l	l :d¹.	d :m	l.s:f.r	d :m.r	d
m :m	m :s	s :-.f	f :f.	m :d	t, :t,	d :t,	d

su - si - le ku-ba - yi-sa Lo - ku ƙla-ba-ko ti - mbi-lu.

CHORUS.

:m.f	s :—	— :m.f	s :—	— :s	d¹ :t	d¹ :l	s :—	— :f
:d.r	m :—	— :d.r	m :—	— :m	m :f	s :f	r :—	d :t,
:s	s :s	s :s	s :s	s :s	s :—	s :d¹	t :—	s :s
:d	d :d	d :d	d :d	d :d	d :r	m :f	s :f	m :r

A hi ca-bi hlo - wo ya lu-fu Hi la-

m :s	d¹ :m	r :f	l :f	m :—	m :-.r	d :—	—
d :r	m :d	d :—	d :r	d :—	t, :—	d :—	—
s :—	m :s	l :—	f :l	s :—	s :-.f	m :—	—
d :t,	l, :s,	f, :—	f, :f,	s, :—	s, :—	d :—	—

ngu - te - la ka we-na, ka we - na.

1 Hi kesa lufu la Jesu
  A hi hluleleko lufu;
  I susile kubayisa
  Loku ƙlabako timbilu.

    CHORUS—
      A hi cabi hlowo ya lufu
      Hi langutela ka wena.

2 Ba ranziwa ba kutala
  Ba fambile ba ya hehla;
  Kambe ba rangile ntsena;
  Hina hi ta ba lanzela.
    CHORUS—

3 Hi nga ta tsama kuriɟen'
  Hi nga ta hlwela misaben',
  Hi ta haƙlisa, hi tsika
  Lezi zi hi bayisako.
    CHORUS—

182. KA MUWUMBI WA HIN'.

Do—sol 2.

d :d.d	m.,r :d	r :r.r	f.,m :r	m :fe.fe	s :—	r :r.r
s₁ :s₁.s₁	s₁.,s₁:s₁	t₁ :t₁.t₁	r.,d:t₁	d :d.d	t₁ :—	t₁ :t₁.t₁
m :m.m	s.,f :m	s :s.s	s.,s:s	s :r.r	r :—	s :s.s
d :d.d	d.,d:d	s₁ :s₁.s₁	s₁.,s₁:s₁	d :r.r	s₁ :—	s₁ :s₁.s₁

1 Ka mu-wu-mbi wa hin', Hi - na ba mi-la-nzu, Ha ti so - la.   A   hi ti-

f.,m:r	m :m.m	s.,f:m	l :l.l	s.,f:m	r :m.r	d :—
r.,d:t₁	d :d.d	m.,r:d	d :d.d	d.,d:d	t₁ :d.t₁	d :—
s.,s:s	s :s.s	s.,s:s	f :f.f	m.,f:s	s :s.f	m :—
s₁.,s₁:s₁	d :d.d	d.,d:d	f₁ :f₁.f₁	d.,d:d	s₁ :s₁.s₁	d₁ :—

si ncu-mo, Za ku bi-ha ntse-na, Hi te-le ti - nga-na Ma-hlwe-ni ka wen'.

1 Ka muwumbi wa hin',
   Hina ba milanzu,
   Ha ti sola.
   A hi tisi ncumo,
   Za ku biha ntsena,
   Hi tele tingana
   Mahlweni ka wen'.

2 Tiyimpi ta tilo
   Ti cula tisimu
   Ta Jehova.
   Tiku, U wa hombe,
   Wa hombe, wa hombe!
   Ta ku kizamela
   Hi madzolo.

3 Na hina, misaben',
   Hiwa hi zimombo,
   Hi kucaba!
   Hosi leyi nene!
   Loku ba kizama,
   U ba tsetselela,
   Bana ba wen'.

16

183. U HI PAMELILE, HOSI YA WUXINJI.

Do—sol 4.

1 U hi pa-me-li-le,   Ho-si   ya   wu - xi-nji,   Wu-

to - mi ga he - hla   gi   ti - le   ka   hi-na.   Nka-

ta   wu hla-zi-le   zi - o - nho za   hi - na   Wu-

swa ga   ti - yi - sa   nta - mo   wa   wu   Kri - stu.

1 U hi pamelile, Hosi ya wuxinji,
Wutomi ga hehla gi tile ka hina.
Nkata wu hlazile zonho za hina
Wuswa ga tiyisa ntamo wa wu Kristu.

2 Ha ku hlalela a Mufambi wa hina,
  Hi wona mihlola ya liranzo la wen'!
  Na hina hi ranza ku ya ti nyikela,
  Hi tirela wena, hi fela ba*n*wane!

---

184. JESU *N*WANA WA DAVIDA.

Do—mi 6.

1 Je - su *N*wa-na wa Da-vi-da,   Nzi ma-he - le wu - xi-nji!"

Xi - ku - mu   xi wa - la le - zo,   Je - su na   hu-nza la-ho.

1 Jesu *N*wana wa Davida,
  Nzi mahele wuxinji!"
  Xikumu xi wula lezo,
  Jesu na hunza laho.

2 Laba bo ranga ba m'sola
  Ba ku kakwe, miyela!
  Yena a engeta aku,
  Nzi mahele wuxinji!

3 Jesu a mu bita, yena,
  A ku kakwe, U yini,
  Yena a nengela, aku,
  Hosi! nzi ku nzi wone.

4 Jesu a vumela, aku.
  Kota u kolilweko.
  Mahlo yakwe ma hanyiswa,
  A suka a m' lanzela;

185. ZION' MUTI WA JEHOVA.

Key F.

1 Zi - on' mu - ti wa Je - ho - va, Wu a - ki - lwe le ti - lwe-ni;

Ye - na a nga he - mba wu-nwa A ha tsa - ma na we - na-wu.

1 Zion' muti wa Jehova,
Wu akilwe le tilweni ;
Yena a nga hemba wunwa
A ha tsama na wenawu.

2 A ribyeni ga titanga,
Xini a nga ku xanisa !
Na rengelwe hi Jehova,
Xini a nga ku cabisa !

3 Zion' muti wa Jehova,
Wu akilwe kuranzeni ;
Bonkle bona ba hlazilwe !
Ba ta klanganiswa kona.

186. HI YIMBELELANI JESU.

Do is G.

1 Hi yi-mbe - le-la-ni Jesu, Ha-ku-ba hi mu-ha-nyi-si,

:d .,r	m	:— .m :f .m	r	:—	:s .,f	m .d :t,	:l,	s,	:—
:s, .,s,	s,	:— .d :r .d	t,	:—	:s, .,s,	s, .l, :s,	:fe,	s,	:—
:m .,f	s	:— .s :s .s	s	:—	:r .,r	m .m :r	:d	t,	:—
:d .,d	d	:— .d :t, .d	s,	:—	:t, .,t,	d .d :r	:r,	s,	:—

Hi yi-mbe - le-la Je-su   Hi ge-zu ni ti - mbi - lu;

:s .,f	m	:— .s :f .m	r	:—	:m .,f	s	:— .d :f .m	r	:—
:m .,r	d	:— .m :r .d	t,	:—	:d .,r	m	:— .d :r .d	t,	:—
:s, .,s,	s,	:— .s, :s .s,	s,	:—	:s, .,s,	s,	:— .s, :s .s,	s,	:—

Lo - ku hi   la-hle-ki-le,   Hi vu-ma - la a Mu-ri-si:

:s .,f	m	:— .s :f .m	r	:—	:m .,f	s,d.r,f:m	:r	d	:—
:s, .,s,	s,	:— .d :t, .d	t,	:—	:d .,d	d .d :d	:t,	d	:—
:m .,r	d	:— .s :s .s	s	:—	:d .,r	m .l :s	:f	m	:—
:s, .,s,	d	:— .m :r .d	s,	:—	:d .,d	d .f, :s,	:s,	d,	:—

Lo - ku hi   la-hle-ki-le   Je-su i hi la - bi - le.

1 Hi yimbelela Jesu,
  Hakuba hi muhanyisi,
  Hi yimbelela Jesu
  Hi gezu ni timbilu;
  Loku hi lahlekile,
  Hi vumala a Murisi:
  Loku hi lahlekile
  Jesu i hi labile.

2 Tsungeni le wa Golgota,
  Hi nkata wa kusaseka,
  Tsungeni wa Golgota,
  Kunene hi wa xaba.
  Ingisan' wa bitana
  *N*wina laba kareleko
  I ngisan' wa bitana,
  A ku wa mu hlayisa.

3 Milengeni yi ka Jesu,
  Hi kurisa ni kutsumba,
  Milengeni ya Jesu,
  A hi kizame *zi*nwe!
  Xana mu ta gi kuma
  Wuxinji go kota gakwe?
  Ni liranzo ku maha
  Kota lofu la Jesu!

187. HI SIKU GA KOMBO TIYA MAKWERU!

Do—fa 4.

:s	s :—	m :s	s :—	m :s	f :—	r :f	m :—		:m
:d	d :—	d :d	d :—	d :d	d :—	t₁ :r	d :—		:d
:m	m :—	s :m	m :—	s :s	s :—	s :s	s :—		:s
:d	d :—	d :d	d :—	d :m	r :—	s₁ :t₁	d :—		:d

1 Hı si - ku ga ko - mbo ti - ya　　ma - kwe - ru!　　Ti-

m :	f :l	s :—	m :s	f :—	s :f	m :—		:s
d :	d :d	d :—	d :d	d :—	t₁ :r	d :—		:s
s :	f :f	m :—	s :s	s :—	s :s	s :—		:s
d :	l₁ :f	d :—	d :m	r :—	s₁ :t₁	d :—		:s

ya,　u nga tai - ki, wo - ko　ga Ho - si!　　Lo-

d¹ :—	t :l	s :—	m :s	s :l	f :s	m :—		:s
m :—	m :d	d :—	d :d	d :—	d :t₁	d :—		:s
s :—	s :f	m :—	s :m	m :f	r :t	d :—		:s
m :—	m :f	d :—	d :d	s₁ :—	s₁ :s₁	d :—		:s

ku　u - ya ku - le, u ta la - hle - ke - lwa,　　Na-

d¹ :—	t :l	s :—	m :s	s :l	f :s	m :—		:
m :—	m :d	d :—	d :d	d :—	d :t	s₁ :—		:
s :—	s :f	m :—	s :m	m :f	r :r	d :—		:
d :—	m :f	d :—	d :d	s₁ :—	s₁ :s₁	d₁ :—		:

ma - re - la ye - na i ta　ku vu - na.

s :—	m :—	f :—	r :—	d :—	r :f	m :—		:s
d :—	d :—	d :—	t₁ :—	d :—	t₁ :r	d :—		:s
m :—	s :—	l :—	s :—	m :—	s :s	s :—		:s
d :—	d :—	f₁ :—	s₁ :—	l₁ :—	s₁ :t₁	d :—		:s

Ti - ya,　ti - ya,　a　ma - kwe - ru!　　La-

d¹ :—	t :l	s :—	m :s	s :l	f :s	m :—		:s
d :—	d :d	d :—	d :d	d :d	t₁ :t₁	d :—		:s
s :—	f :f	m :—	s :m	m :f	r :s	s :—		:s
m :—	f :f₁	d :—	d :d	s :—	s₁ :s₁	d :—		:s

ngu - te - la Je - su, hi si - ku ga ko - mbo! La-

d¹ :—	t :l	s :—	m :s	s :m	f :r	d :—	
d :—	d :d	d :—	d :d	m :d	t₁ :t₁	d :—	
s :—	f :f	m :—	s :m	s :	r :f	m :—	
m :—	f :f₁	d :—	d :d	s₁ :	s₁ :s₁	d :—	

ngu - te - la Je - su, hi si - ku ga ko - mbo!

1 Hi siku ga kombo tiya makweru!
Tiya, u nga tsiki, woko ga Hosi!
Loku u ya kule, u ta lahlekelwa,
Namarela yena i ta ku vuna.
Tiya, tiya, a makweru!
Langutela Jesu, hi siku ga kombo!

2 Hi siku ga nzingo lwana makweru!
Nala i na ntamo: mu caba nguvu!
Loku u ti tsika i ta ku boha ke;
Haklisani kongela, u ta mu hlula.
Lwana, lwana, a makweru!
Langutela Jesu hi siku ga nzingo.

3 Hi siku ga lufu tsumba i makweru.
U nga cabi nkele u mbela ntamo.
Nkele wa munyama, ku rangile Jesu;
I vulule ndlela, mu lanzela yena.
Tsumba, tsumba, a makweru!
Langutela Jesu hi siku ga lufu.

188. HI SABADA HOSI YANGA.

Key C.

d¹ :d¹	d¹.,t:d¹.s	l :t	d¹ :d¹	r¹ :m¹	r¹.,d¹:t.l	l :s
m :f	s.,f:m.s	f :f	m :m	s :s	s.,fe:s.fe	fe :s
s :l	s :–.d¹	d¹ :s	s :s	t :d¹	t.,l :r¹.d¹	d¹ :t
d :f	m.,r:d.m	f :s	d :d	s :d	r :–.r	r :s

1 Hi sa - ba - da Ho - si ya - nga, Hi si - ku ga we - na;

m¹.,r¹:d¹.s	s.,f:m.s	l.t:d¹.r¹	d¹ :t	m¹.,r¹:d¹.,d¹	t.r¹:f¹.t	r¹ :d¹
s.,f:m.m	m.,r:d.m	f.r:m.f	m :r	s .f :m .m	s :–.s	f :m
:	:	:	:	d¹ :–.d¹	s.t :r¹.r¹	t :d¹
:	:	:	:	d¹ :–.d	s :–.s	s :d

Ba - nhu ba tsu - mba ka we - na Hi si - ku ga we - na.

1 Hi sabada Hosi yanga,
  Hi siku ga wena;
  Banhu ba tsumba ka wena
  Hi siku ga wena.

2 U vukile wena Jesu,
  Hloko ya makolwa;
  Hi ta vuka hina honkle
  Hina hi mu kolwa.

3 Ha dumisa wena Jesu,
  Le ndlwini ya Wena;
  Hi ta ku tsumba ku nene,
  Lezi u nga vuka.

189. XANA MA MU TIBA NWANA.

Do—re 2.

d :m.f	s :–.s	l :t	d¹ : .s	d¹ :s	f.m:r.d	f :m	r :s
d :m.f	s :–.s	f :f	m : .s	s :m	d :t.,d	t, :d	t, :s
d :m.f	s :–.d¹	d¹ :s	s : .s	s :d¹	d¹ :s	s :s	s :s¹
d :m.f	s :–.m	f :r	d : .s	m :d	l.s:f.m	r :d	s, :s

1 Xa-na ma mu ti-bi Nwa-na A tra - li - lwe-ko nya-mu - kla? A

d¹ :r¹	м¹ :-.s	s¹.f¹:м¹.r¹	d¹ : .s	s :d¹	r .l :s .f	м :r	d :—
s :s	s :-.s	l :s .f	м : .r	d :м	r :м.r	d :t₁	d :—
s¹ :t	d¹ :-.d¹	d¹ :-.t	d¹ : .t	d¹ :s	l .f :s .l	s :f	м :—
м :s	d :-.м	f :s	d : .f	м :d	f .r:м.f	s :s	d :—

tra - lwa hi   wa nha - nya - na,   Hi Mo - ya   wa   ku ha - ti - ma.

1 Xana ma mu tiba *N*wana
A *t*ralilweko nyamu*k*la?
A *t*ralwa hi wa nhanyana,
Hi Moya wa ku hatima.

2 Tingelosi ta matilo
Ti woneka ni wu*s*iku;
Ti tsaka ti kesa *N*wana
Hi tisimu to saseka.

3 Hambu a *k*lela rangeni
Banhu ba mu kizamela.
Ba huma le matikweni,
Ba mu nyika *z*inyikiwa.

4 A rumiwa hi Jehova
Ku laba ba ku lahleka.
Wuxinji gakwe ga hombe
A ta ku hayisa banhu.

---

190. JESU MUFUMI WA HINA.

Do—sol 2.

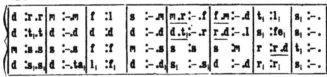

1 Je-su mu-fu - mi wa hi - na,   Hi ta   e - nge - ne-la   yi - mpi.

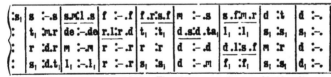

Hi ta   fa - mba' hi ya   hlu-la,   Hi ti - ngwa-zi ta   Mu-hlu - li.

1 Jesu mufumi wa hina,
  Hi ta engenela yimpi.
  Hi ta famba' hi ya hlula,
  Hi tingwazi ta Muhluli.

2 Hi nga tsumbi ku soliswa,
  Hi nga cabi ni tingana:
  Hi ka lanza hi masiku
  Wena u nga hi hanyisa.

3 Ha ku ranza Hosi Jesu
  Ha ku kesa Muhanyisi
  U hi tekile timbilu.
  Hi ta ka Mulonzowoti !

191. JESU, HOSI, NZA RILELA.

Doh is E. Moderato.

1 Je - su,   Ho-si,   nza ri - le - la;   U nzi   vu-ne   nzi nga ku fa:

Ne - ha   ku ha - nyi-swa   la-ha,   U nzi   a - mu - ke - le!

CHORUS.

U nzi   a - mu - ke - le!   U nzi   a - mu - ke - le!

:s	l :—:l ǀl :t :d¹	s :—:s ǀм :—:d	м :—:f ǀм :—:r	d :—:—ǀ—:—
:d	d :—:d ǀd :—:d	d :—:d ǀd :—:d	d :—:r ǀd :—:t₁	d :—:—ǀ—:—
:м	f :—:f ǀl :s :f	м :—:м ǀs :—:s	s :—:l ǀs :—:f	м :—:—ǀ—:—
:d	f₁:—:f₁ǀf₁:—:l₁	d :—:d ǀd :—:м₁	s₁:—:s₁ǀs₁:—:s₁	d :—:—ǀ—:—

Nza ke - se - la,   u nzi   fe - la   U nzi   a - mu - ke - le.

1 Jesu, Hosi, nza rilela;
   U nzi vune nzi nga kufa:
   Neha ku hanyiswa laha,
   U nzi amukele!

CHORUS—
   U nzi amukele!
   U nzi amukele!
   Nza kesela, u nzi fela
   U nzi amukele.

2 Nzi karele hi ku biha;
   Kani wena wa nzi fela,
   Nzi mahise hi ka wena,
   U nzi amukele!
                    CHORUS—

3 A nzi na kulonga ncumo:
   Nzi mbelisilwe ni ntamo,
   Hi bito ga wen' nza koza.
   U nzi amukele!
                    CHORUS—

192. A MULAMULI WA TILO.

Do—mi 5.

:d	м „м :м .r :м .f	s :— :м	l „l :l .s :f „м	r :— :s
:d	d „d :d .t₁:d .r	м :— :d	d „d :d .d :t₁.d	t₁ :— :r
:м	s „s :s .s :s .s	s :— :s	f „f :f .s :s .s	s :— :t
:d	d „d :d .f :м .r	d :— :d	f „f :f .м :r .d	s₁ :— :s₁

1 A   mu-la-mu-li wa ti-lo   Na   ti - le la-ha mi-sa-ben'   Ku

t .l :s	:fe	s :— :s	d¹.s :s .м :f .l	s :— :s
r .м :r	:d	t₁ :— :м	м .м :м .d :d .f	м :— :м
r¹.d¹:t	:l	s :— :s	s .d¹:d¹.s :l .d¹	d¹ :— :s
s₁.d :r	:r	s₁ :— :d	d .d :d .d :l₁.f₁	d :— :d

la-mu-la   ba - nhu;   Na   mi-na nzi ta yi-ma ke   Xi-

d¹ .s	:s .ʍ	:f .l	s	:—	:d	r .f	:ʍ	:r	d.	:—
ʍ .ʍ	:ʍ .d	:d .f	ʍ	:—	:d	l₁ .r	:d	:t₁	d	:—
s .d¹	:d¹ .s	:l .d¹	d¹	:—	:s	f .l	:s	:— .f	ʍ	:—
d .d	:d .d	:l₁ .f₁	d	:—	:ʍ	f₁ .f₁	:s₁	:s₁	d	:—

ka-ri   ka ba ha-nyi-swe   Xi - ne-ne ka   We - na?

1 A mulamuli wa tilo
   Na tile laha misaben'
     Ku lamula banhu;
   Na mina nzi ta yima ke
   Xikari ka ba hanyiswe
     Xinene ka Wena?

2 Nza ranza banhu ba Wena
   Ku *k*langaniswa na bona,
     Hambu nzi muonhi;
   Kani nzi nga ta maha yin'
   Loku a bito ga mina
     Gi nga hoxwa hi Wen'!

3 O nga nzi kumilwe na bon'
   Ba bitanilwe hi Wena
     Kuteni ka Wena;
   Kona le kaya le tilwen'
   Nzi ta kesa bito ga Wen'
     Ni bon*k*le bo basa.

193. VUKANI, KESANI A HOSI YA HINA.

Do—mi 3.

:s	s	:ʍ	:ʍ	ʍ	:d	:d	d	:t₁	:d	ʍ	ʍ	:r
:ʍ	ʍ	:d	:d	d	:s₁	:s₁	s₁	:—	:s₁	.d	d	:t₁
:d¹	d¹	:s	:s	s	:ʍ	:s	f	:—	:ʍ	.s	s	:—
:d	d	:—	:d	d	:—	:ʍ	r	:—	:d		s₁	:—

1 Vu - ka - ni,   ke - sa - ni   a   Ho - si   ya hi-na,

:r	ʍ .,f :s .s :l .t	d¹	:—	:t .r¹	r¹ .d¹ :t	:l	s	:—
:t₁	d .,r :ʍ .d :d .f	ʍ	:—	:r	r .r :r	:d	t₁	:—
:s	s .,s :s .d¹ :d¹ .s	s	:—	:s .t	t .l :s	:fe	s	:—
:s₁	d .,d :d .ʍ :f .r	d	:—	:s₁	r .r :r	:r	s₁	:—

Ba - na-ni hu-ngu ga Ho-si   Ya ti-ho - si to - n*k*le - lel':

Ka-nzi-ha-ni nwi - na   le he-hla,   Yi-mbe-le-la we - na   na bo-na

Hi mu-zi - ka wa ti-lo;   Mu-zi - ka wa   ti - lo.

1 Vukani, kesani ą Hosi ya hina,
  Banani hungu ga Hosi
  Ya tihosi tonklelel':
  Kanzihani nwina le hehla,
  Yimbelela wena na bona
  Hi muzika wa tilo;
    Muzika wa tilo.

2 A hi yimbelani wuhosi ga Yena
  Ni gonkle wudumo gakwe
  Xitsanweni le xakwe:
  Dumisani nwina le tilwen'
  Dumisani nwina misaben'
  Hi titanga tonklelel',
    Titanga tonklelel'.

3 Makunu a sika ga Hosi gi tata
  Na mina nzi taya kaya,
  Nzi wone ngohe yakwe:
  Ni a Hosi, Xaka, Makweru,
  Nzi ta tsama mina na Yena
  Hi kutsaka ka hombe,
    Kutsaka ka hombe.

194. TANA A NTAMOWONKLE.

Do—sol 3.

1 Ta-na a Nta-mo-wo-nkle,   Ha yi-mba bi-to ga We-na

Ha gi ke-sa: Da-da-ni wa ti-lo,   A Ho-si

ya bo-nkle, Ta-na, fu-me he-hla Ba-nhu bo-nkle.

1 Tana a Ntamowonkle,
  Ha yimba bito ga Wena
    Ha gi kesa:
  Dadani wa tilo,
  A Hosi ya bonkle,
  Tana, fume hehla
    Banhu bonkle.

2 Tana, Mhaka yiswa
  Wonise ntamo wa Wena;
    Hi ingise.
  Tana, ku ba vuna,
  A banhu ba Wena;
  A Moya wo Basa
    Relel' ka hin'.

3 Tane, Mutangalisi,
  Klangane laha na hina
    Xikati lex',
  U na ntamo wonkle
  Engena ka hina,
  Mu nga hi tsikisi,
    Moya Basa,

195. MOYA WATSI, TANE WEN'.

Do—fa 3.

m :s :d	r :— :r	r :d :r	m :— :—	m :s :d
d :— :d	t, :— :t,	t, :.l, :t,	d :— :—	d :— :d
s :m :m	s :— :s	s :— :s	s :— :—	s :m :m
d :— :d	s, :— :s,	s, :— :s,	d :— :—	d :— :d

1 Mo - ya wa - tsi, ta - ne Wen', Hi vu-

r :— :r	r :m :r	d :— :—	f :— :f	m :— :m
t, :— :t,	t, :— :t,	d :— :—	d :— :d	d :— :d
s :— :s	f :s :f	m :— :—	l :— :l	s :— :s
s, :— :s,	s, :— :s,	d :— :—	d :— :d	d :— :d

ki - se, hi ba - on'; Hi tsa - mi - sa

r :— :d	s :— :—	s :m :d	r :— :r	r :m :r	d :—:—
s, :— :l,	t, :— :—	d :— :d	t, :— :t,	t, :— :t,	d :—:—
s :— :fe	s :— :—	m :s :m	r :— :f	f :s :f	m :—:—
t, :— :l,	s, :— :—	d :— :d	s, :— :s,	s, :— :s,	d :—:—

le na Wen', Hi ti - yi - se ku - ri - ngwen'.

1 Moya watsi, tane Wen',
Hi vukise, hi baon';
Hi tsamisa le na Wen',
Hi tiyise kuringwen'.

2 Moya watsi, vune Wen',
Hi nyike kutsaka, hin'
Hi wutomi ga Wena;
Hi tatise hi ntamo.

3 Wonisa ntamo wa Wen',
Nu kuranza ka Jesu;
Nu wuxinji ga Dadan'
Kuhanyani ka hina.

196. YIMBELELANI KA HOSI!

Do—do 4.

s :s.,s	d¹ : .s	m :f	s :m.d	l :s	f :m	m :—	r :
s :s.,s	d¹ : .s	m :f	s :m.d	d :d	r :d	d :—	t, :
s :s.,s	d¹ : .s	m :f	s :m.d	d¹ :d¹	s :s	s :—	— :
s :s.,s	d¹ : .s	m :f	s :m.d	f :m	t, :d	s, :—	— :

1 Yi - be-le-la - ni ka Ho - si! Ti - mha-ka to sa - se-ka;

s :s.,s	d¹ : .s	m :f	s :1	t :r¹.d¹	t :1	s :—	:s
s :s.,s	d¹ : .s	m :f	s :s	s :s	s :fe	s :—	:s
s :s.,s	d¹ : .s	m :f	s :de¹	r¹ :r¹.m¹	r¹ :d¹	t :—	:s
s :s.,s	d¹ : .s	m :f	s :ma	r :t,.d	r :r	s :—	:s

Ma - ti-lo, Ta - nan' nya-mu-kla Mu ko-ra-ma ka Ho - si.   Hla-

s :—.l	s :s	r¹ :—	s :s	s :—.l	s :s	m¹ :—	d¹ :s
f :—.f	f :f	f :—	— :f	m :—.m	m :m	s :—	m :m
s :s	s :s	s :s	s :s	s :s	s :s	s :s	s :s
t, :s,	t, :s,	t, :s,	t, :s,	d :s,	d :s,	d :s,	d :s,

ka - ni, Ma - ti - kwen'   Na nwi-na ma - ti - lwen'!   Wu-

s :—.l	s :s	r¹ :—	s :s	s :—.l	s :s	m¹ :—	d¹ :s
f :—.f	f :f	f :—	— :f	m :—.m	m :m	s :—	m :s
s :s	s :s	s :s	s :s	s :s	s :s	s :s	s :s
t, :s,	t, :s,	t, :s,	t, :s,	d :s,	d :s,	d :s,	d :s

si - ka gi ha - ba;   A Ho-si ya ti - lo   Yi

l :t	d¹ :r¹	m¹ :—	— :m	f :s	l :t	d¹ :—	— :d¹
l :t	d¹ :r¹	m :—	— :m	f :s	l :t	d¹ :—	— :d¹
l :t	d¹ :r¹	m¹ :—	— :m	f :s	l :t	d¹ :—	— :d¹
l :t	d¹ :r¹	m¹ :—	— :m	f :s	l :t	d¹ :—	— :d¹

ti - le hi zi - nen'!   A Ho-si ya ti - lo   Yi

FINE.

d¹ :—	t :d¹	s¹ :—	— :m¹	r¹ :—	— :d¹	d¹ :—	—
fe :—	— :fe	s :—	— :s	f :—	— :m	m :—	—
ma¹:—	— :ma¹	m¹ :—	— :d¹	t :—	— :d¹	d¹ :—	—
la :—	— :la	s :—	— :s	s :—	— :d	d :—	—

ti - le, yi ti - le hi . zi - nen'.

Do—fa 4. DUET.

| :ds₁ | s₁ :d | d :r | m :— | — :m | s :f | f :d | m :— | — :m |
| : m₁ | m₁ :m₁ | m₁ :f₁ | s₁ :— | — :s₁ | ta₁ :l₁ | l₁ :la | s₁ :— | — :s₁ |

Ku - ru - la ku ko - na, A ti - lo gi su - han'! Ku-

| m :t₁ | m :r | d :— | — :d | r :l₁ | t₁ :d | r :— | :s₁ |
| se₁:se₁ | se₁ :se₁ | l₁ :— | — :s₁ | fe₁:fe₁ | fe₁ :fe₁ | f₁ :— | :f₁ |

tsu-mba ku ne - ne Ku ti - le ka hi - na. Je-

| s₁ :d | d :r | m :— | — :d | d :r | ma :d | m :— |
| m₁ :m₁ | m₁ :f₁ | s₁ :— | — :s₁ | la₁:la₁ | la₁ :la₁ | s₁ :— |

ho - va wa ti - lo A fu - ma mi - sa - ben';

Do—do. FULL CHORUS. D. S.

:df	m :r	d :m	s :m	d¹ :s	m¹ :—	r¹ :—	d¹ :—	—
:df	m :r	d :m	s :m	d¹ :s	s :—	f :—	m :—	—
:df	m :r	d :m	s :m	d¹ :s	d¹ :—	t :—	d¹ :—	—
:df	m :r	d :m	s :m	d¹ :s	s :—	s :—	d :—	—

A Ho - si ya ti - ho - si, Yen' Ku - pi - nzu - ken'.

17

197. A KANDIYA YA NUNGUNGULU.

Do—mi 3.

s :-.l:s.l	m :— :f	m :-.r:t₁.s₁	d :— :	d :-.r:m .f

1 A   ka-ndi-ya   ya Nu - ngu-ngu-lu   Nzi   ra-nge-

s :— :m	s :— :r	s :— :	s :-.l:t .d	d :— :m

la   ndle-len'   ya   min';   Vu - ri-sa mu - nya-

r :-.m:f .s	t :— :l	s :-.l:s.l	s :— :m	m :-.f :r	d :—:

ma   wa yo-na   Nzi   nga ta pe - nga na   we-na.

CHORUS.

r :r :r	f :— :—	m :m :m	s :— :—	s :t :l
t₁ :t₁ :t₁	t₁ :— :—	d :d :d	m :— :—	f :— :f
s :s :s	r :— :s	s :s :s	s :— :d¹	t :r¹ :d¹
s₁ :s₁ :s₁	s₁ :— :—	d :d :d	d :— :—	s :— :s

Ku - wo - ne - ke   -   la ku   kwa-tsi   Nzi   ra-

s :t :l	l :— :—	s :— :—	d¹ :d¹ :d¹	d¹ :— :—
f :— :f	f :— :re	m :— :—	d :d :d	d :— :—
t :s :t	d :— :fe	s :— :—	s :s :se	l :— :—
s₁ :— :s₁	d :— :—	— :— :—	m :m :m	f :— :—

nge - le   we   -   na   Ku - wo - ne - ke-

d¹ :t :l	s :— :—	s :-.l:s	f :-.m:r	d :— :—	— :—:
d :d :d	d :— :—	t₁ :— :t₁	t₁ :— :s₁	s :-.l:f	s₁ :—:
l :s :f	m :— :—	r :— :r	l :-.s:f	m :-.f:r	m :—:
f₁ :f₁ :f₁	d :— :—	s₁ :— :s₁	s₁ :— :s₁	d :— :—	— :—:

la, nzi fu - me;   Nga   nzi fa-mba ka - ya.

. 1 A kandiya ya Nungungulu
Nzi rangela ndlelen' ya min';
Vurisa munyama wa yona
Nzi nga ta penga na wena.

CHORUS—
Kuwonekela ku kwatsi
Nzi rangele wena
Kuwonekela, nzi fume;
Nga nzi famba kaya.

2 A kandiya ya ndlela ya mina
Vurisa moya wa min'
Woninga mbilwini ya mina,
Nzi xurise hi kurula.
CHORUS—

3 A kandiya ya kuhanya kanga
Hlongola kuonha ka min';
Tatisa ku tsaka ka hombe
Nzi ta ku lanzela kwatsi.
CHORUS—

198. NZA KU RANZA, HOSI.

Do—do s.

:s	m .f :s	:l	s	:—	:d¹	d¹.t :l	:l	s	:—
:m	d .r :m	:f	m	:—	:m	fe.r :m	:r	r	:—
:s	s .s :s .d¹	:d¹	d¹	:—	:d¹	l .s :s	:fe.d¹	t	:—
:d	d .d :d	:d	d	:—	:d	r .s :d	:r	s₁	:—

1 Nza Ku ra-nza, Ho - si,   Ni yi-ndlu ya We - na;

:s	m .f :s	:s	l .t :d¹	:t	d¹.l :s	:s	s	:—
:m	d .t₁:d	:m	f .f :m	:r	s .f :r	:f	m	:—
:s	s .s :s	:d¹	d¹.s :s	:s	s .d¹:t	:r¹	d¹	:—
:d	d .r :m	:d	f .r :d	:s	m .f :s	:s₁	d	:—

A ce - ci ya Mu - ha-nyi-si, Gi ri-he-lwe hi Yen'.

1 Nza Ku ranza, Hosi,
Ni yindlu ya Wena;
A ceci ya Muhanyisi,
Gi rihelwe hi Yen'.

2 A mbuzo wa Wena
Nza wu ranza nguvu;
Kwatsi a mahlo ya mina,
Hambu canja ga min'.

3 Nza gi ranza Zion'
Wutsamo ga yena;
Nzi ta gi tirela nguvu,
Na nzi ha misaben'.

199. A XIKATI XA HOSI.

Do—sol 3.   *Fine.*

:s₁.d	m	:— .d	:s .s	m	:—	:s₁.d	m .d :r	:m .r	d	:—
:s₁.s₁	s₁	:— .l₁	:t₁ .t₁	d	:—	:s₁ .s₁	s₁ .l₁ :t₁	-:t₁	s₁	:—
:m .m	s	:— .d	:r .s	s	:—	:m .m	d .m :s	:— .f	m	:—
:d .d	d	:— .l₁	:s₁ .s₁	d	:—	:d .d	d .l₁ :s₁	:s₁	d₁	:—

1 A xi-ka - ti xa Ho-si   Xi ha kli-si-lwe   ku - ta:
    A ti-ho - si to-nkle-le-le,   Na a ba-nhu bo - nkle-le-le,   *D. C.*

:	s .s :s .m :f .m	m	:r	:	m .m :m .d :r .d	d	:t₁
:	s₁ .s₁ :s₁ .s₁ :s₁ .s₁	s₁	:—	:	s₁ .s₁ :s₁ .s₁ :s₁ .s₁	s₁	:—
:	m .m :m .d :r .d	d	:t₁	:	s .s :s .m :f .m	m	:r
:	s₁ .s₁ :s₁ .s₁ :s₁ .s₁	s₁	:—	:	s₁ .s₁ :s₁ .s₁ :s₁ .s₁	s₁	:—

A Me-si-ya wa hi-na   Nga yi fu - ma mi-sa-ben'.
Ba ta vu-me-la Ye-na;   A Sa-ta - ni i ha-ba.

1 A xikati xa Hosi
   Xi haklisilwe kuta:
   A Mesiya wa hina
   Nga yi fuma misaben'.
   A tihosi tonklelele,
   Na a banhu bonklelele,
   Ba ta vumela Yena;
   A Satani i haba.

2 Kona kulwa ni ndlala
   Zi ta ta ba haba futsi;
   Kululama nu kurul'
   Zi ta fuma misaben'.
   A hi dumiseni Yena,
   Hi keseni bito gakwe;
   Hi M' tirela hi ntamo,
   Hosi yi nene ya hin'.

200. NZI HLAZILWE HI YENA?

Doh is G.

d	:d₁	d	:r	m	:s	m	:—	d .d :d .r	m :m	r	:—	d	:—
s₁	:s₁	s₁	:t₁	d	:m	d	:—	s₁ .s₁ :s₁ .s₁	d :d	t₁	:—	d	:—
m	:m	m	:s	s	:s	s	:—	m .m :m .f	s :s	f	:—	m	:—
d	:d	d	:s₁	d	:d	d	:—	d .d :d .d	d :d	s₁	:—	d₁	:—

1 Nzi hla-zi - lwe hi ye - na?   Hi nka-ta wa ka Je - su   wocc!

```
{ d :d |d :r |m :s |m :— d.d:d.r|m :m |r :-- |d :—
{ s₁:s₁|s₁:t₁|d :m |d :— s₁.s₁:s₁.s₁|d :d |t₁:— |d :—
{ m :m |m :s |s :s |s :— m.m:m.f|s :s |f :— |m :—
{ d :d |d :s₁|d :d |d :— d.d:d.d|d :d |s₁:— |d₁:—
```

Nzi ha - nyi - swa hi yi - ni- Hɪ nka-ta wa ka Je - su woce!

CHORUS.

```
{ s :— |m :r |m :s |m :— r :— |r :d |r :r |m :s
{ d :— |d :t₁|d :d |d :— t₁:— |t₁:d |t₁:t₁|d :—
{ m :— |s :s |s :m |s :— f :— |f :m |s :s |s :m
{ d :— |d :s₁|d :d |d :— s₁:— |s₁:l₁|s₁:s₁|d :—
```

Wu   na nta - mo wo - na,   Wu   hla-za wu ba - sa!

```
{ s :— |m :r |m :s |m :— d.d:d.r|m :m |r :— |d :—
{ d :— |d :t₁|d :d |d :— s₁.s₁:s₁.s₁|d :d |t₁:— |d :—
{ m :— |s :s |s :m |s :— m.m:m.f|s :s |f :— |m :—
{ d :— |d :s₁|d :d |d :— d.d:d.d|d :d₁|s₁:— |d₁:—
```

A   ku - na wu - nwa-ne   Hɪ nka-ta wa ka Je - su   woce.

1 Nzi hlazilwe hi yena?
  Hi nkata wa ka Jesu woce!
  Nzi hanyiswa hi yini-
  Hi nkata wa ka Jesu woce!
      CHORUS—

2 Wu ta nzi hlaza mina-.
  Hi nkata wa ka Jesu woce!
  Wu ta nzi tsetselela
  Hi nkata wa ka Jesu woce!
      CHORUS—

3 Nzi nga ta binzwa zonho
  Hi nkata wa ka Jesu woce!
  A hi kusaseka ke-
  Hi nkata wa ka Jesu woce!
      CHORUS—

4 Loku hi kutsumba ke-
  Hi nkata wa ka Jesu woce!
  Loku hi kululama-
  Hi nkata wa ka Jesu woce!
      CHORUS—

Wu na ntamo wona,
Wu hlaza wu basa!
A ku na wunwane
Hi nkata wa ka Jesu woce.

MILAYO YA KUMI.

I U nga ta kuba ni ba*n*wani ba Nungungulu mahlweni ka mina.

II U nga ti maheli xifananiso xi ba*k*liwako, ni xo fanana ni xilo xa le tilweni le hehla, ni xa misabeni lahasi, ni xa matini lahasi ka misaba : u nga korami ka *z*ona, ni ku *z*i ko*z*ela : hakuba mina Jehova Nungungulu wa wena nzi Nungungulu wa mona nzi nehela *z*onho *z*a ba dadani ka banana ni ka bazukulwa*n*a banharu ni ka ba mune laba ba nzi bengako, nzi ba mahela wuxinji bamakumi mazana laba ba nzi ranzako ba hlayisako milayo ya mina.

III U nga gi komi haba bito ga Jehova Nungungulu wa wena ; hakuba Jehova a nga ta mu koma kota munhu i haba ngaba, loyi a nga koma bito gakwe haba.

IV Alakanya siku ga sabado, ku gi basisa. U ta tira masiku ya n*k*lanu ni gi*n*we, u maha yon*k*le mitiro ya wena ; kanilezi siku ga wun*k*lanu ni mambiri hi sabado ga Jehova Nungungulu wa wena ; u nga tiri ntiro ha gona, wena ni mufana wa wena, nhanyana wa wena, xitiri xa wena wa·nuna ni wasati, ni tihomu ta wena, n*i* mupfumba wa wena a mutini wa wena ; hakuba hi n*k*lanu wa masiku ni siku gi*n*we Jehova I mahile tilo ni misaba, ni bimbi, ni *z*ilo *z*on*k*le *z*i nga kona, a humula hi siku ga wu*k*lanu ni mambiri ; hile*z*i Jehova I katekisile siku ga sabado a gi basisa.

V Caba raru wa wena ni nyine wa wena : hakuba masiku ya wena ma engetelwa tikweni lego u nyikilweko hi Jehova Nungungulu wa wena.

VI U nga dayi.

VII U nga bayi.

VIII U nga yibi.

IX U nga lombeti akeleni na wena.

X U nga nabeli yindlu ya wakeleni na wena, u nga nabeli wasati wa wakeleni na wena, ni xitiri xakwe, wanuma ni wasati, ni homo yakwe, ni buro gakwe, ni xinwanyani xo maha xa wakeleni na wena.

KUHLENGELETELA KA MILAYO.

Jesu a hlamula, a ku Wo, ranga wu ku, "Ingisa: Israeli, Hosi Nungungulu wa hina, hi Hosi yinwe. U ta ranza Hosi Nungungulu wa wena hi mbilu yonkle ya wena, ni muhefemulo wonkle wa wena, ni kualakanya konkle ka wena, ni ntamo wonkle wa wena." Ni wa wumbiri hi lowu, "U ta ranza wakeleni na wena kota lezi u ti ranza wena." A ku na munwani nayo wa hombe wo klula leyi.

KUKOMBELA KA HOSI.

Dadani wa hina wa le tilweni, a gi hlauliwe bito ga wena. A wute mufumo wa wena. Kuranza ka wena a ku mahiwe misabeni, kota lezi ku mahiwako tilweni. Hi nyike nyamukla kuga ka hina ka sikn ginwani ni ginwani. Hi tsetselele zonho za hina kota hina hi ba tsetselelako laba ba nga ni zonho ka hina. U nga hi yisi kuringweni, kanilezi hi ponise ka loye wo biha, Hakuba mufumo wu hi wa wena, ni ntamo, ni wuhosi, ku kala ku pinzuka. Ameni.

KUKOLWA KA BAPOSTOLI.

Nza kolwa ka Nungungulu Dadani a nga ni ntamo wonkle; mumahi wa tilo ni misaba.

Ni ka Jesu Kristu; Nwana wakwe a nga belekiwa yece, Muhanyisi wa hina; a nga tekiwa hi Moya wo Basa, a nga bele-

kiwa hi Maria nhwana; a nga xaniseka ka Pontio Pilatu; a nga
belelwa xihambanweni, afa, a kelelwa; hi siku ga manharu I lo
vuka ka bafileko; I lo kanziya tilweni; ni lezi wa tsama hi xi-
nene ka Nungungulu Dadani a nga ni ntamo won*k*le: I tata hi
seyo ku lamula *l*aba ba hanyako ni bafileko.

Nza kolwa ka Moya wo Basa: ni ka ban*d*la gi basileko go-
n*k*le; ni ku*k*langana ka labo bo basa; ni kutsetselelwa ka *z*onho;
kuvuxa ka miri ni kuhanya kala ku pinzuka. Ameni.

ZIWUTISO ZA BANANA.

1 Hi mani Nungungulu?
  Hi Dadani wa hina wa le tilweni.

2 I woneka ku kwatsi hi yini?
  I woneka ku kwatsi hi moya.

3 Ha kota ku mu wona ke?
  A hi koti ku mu wona.

4 Wa hi wona ke?
  Wa hi wona *z*ikati *z*on*k*le.

5 I kota hi ku yini ku hi wona *z*ikati *z*on*k*le?
  Hi lezi a nga kona wutsa*n*weni gon*k*le.

6 Kaya kakwe hi kwihi?
  Hi le tilweni.

7 I lo sangulu rini?
  Cima a nga sangulangi.

8 I tafa rini?
  Cima a nga tafa; I ta tsama kwatsi.

9 I na ntamo kani?
  I na ntamo wa hombe nguvu.

10 I *k*larihile ke?
I *k*larihile nguvu: wa *z*i tiba *z*ilo *z*on*k*le.

11 Hi ta wono hi ku yimi a ku Nungungulu I *k*larihile?
Hi ta wona hi mitiro yakwe.

12 Nungungulu wa *z*i kota *z*ilo *z*on*k*le ke?
Wa *z*i kota.

13 Wulawulani mitiro yakwe a nga yi maha tikweni?
Tisinya, ni *b*yanyi ni *z*ilo *z*on*k*le.

14 *Z*o yini le*z*o a nga *z*i maha lahan*d*le ka tiko?
I lo maha gambo, ni hweti, ni tinyeleti.

15 Nungungulu I lo tira masiku mangani ku mbetisa mitiri ya-
kwe yon*k*le?
I lo tira *k*lanu wa masiku ni siku ginwe.

16 I lo maha yini hi siku ga wun*k*lanu ni mambiri?
I lo tsika ku tira, a humula.

17 Nungungulu wa *z*i tiba le*z*i hi *z*i alakanyako ke?
Wa *z*i tiba.

18 Wa koma tiko ke?
Wa koma *z*ilo *z*on*k*le.

19 Nungungulu wa *z*i tiba le*z*i *z*i ta nga ta, na *z*i nga se kuta ke?
Wa *z*i tiba.

20 Nungungulu wa hi nyika kuga ka hina ke?
Wa hi nyika.

21 Wa nyika ni tinyanyane ni *z*ihari *z*on*k*le kuga ka *z*ona ke?
Wa *z*i nyika.

22 Nungungulu I yiniyini?
I sasekile I rulile nguvu.

23 Cima a nga gohangi ncumo ke?
Cima a nga gohangi ncumo.

24 Nungungulu I lo hi mahela yini?
I lo hi mahela ku mu kozela, nu ku mu dumisa kala ku pi-
zuka.

25 Hi ta mu kozela hi ku yini?
Hi ku maha kuranza kakwe.

26 Hi fela ku mu kozela hi yini?
Hi lezi a nga hi maha: a nga hi alakanya masiku wonkle.

27 Hi mani Satani?
Hi yena hosi ya mimoya yo biha yonkle.

28 Mitiro yakwe hi yini?
Mitiro yakwe hi ku pima ku bihisa banhu bonkle.

29 Hi yini kungumesa kakwe?
Kungumesa kakwe hi ku xaniswa nzilweni kala ku pinzuka,
ni banhu bonkle ba ingisako kuxenga kakwe, ba ta xani-
swa na yena.

30 Hi mani munhu wo sangula?
Hi Adamu.

31 Hi mani wasati wo sangula?
Hi Eva.

32 Nungungulu I lo maha Adamu hi yini?
Hi misaba.

33 Nungungulu I lo maha Evi hi yini?
Hi limbambo la Adamu.

34 Nungungulu I lo maha Adamu ni Eva ba sasekile ke?
A ba sasekile.

35 Nungungulu I lo ba beka kwihi?
Sinwini ga Edeni.

36 Simu ga Edeni gi yini?
Zi wa hi kona zilo zonkle zo saseka, ni tisinya tonkle ti tra-
lako mihanzu yo nanziha.

37 A ba vumela kuga mihanzu yonkle ke?
     Ba lo vumela kuga mihanzu yonkle ba siya munwe.

38 Ba lo ingisa gezu ga Nungungulu ke?
     A ba ingisangi.

39 Ba lo gi tsika hi yini?
     Ba lo rengwa hi Satani.

40 Ba lo onha lezi banga maha lezo ke?
     Ba lo onha; hi lezi Nungungulu a nga ku ba nga gi sinya
     leyo.

41 Hi yini kuonha?
     Hi ku tsika kuranza ka Nungungulu, hi lanzisa kuranza ka
     hina.

42 Hi nako kuonha kota Adamu na Eva ke?
     Hi nako.

43 Hi zi tiba hi ku yini hi ku hi nako kuonha?
     Hakuba a hi ingisi milayo ya Nungungulu.

44. Milayo ya Nungungulu hi yini?
     Hi ku mu ranza Nungungulu hi mbilu yonkle ya hina, ni
     ntamo wonkle wa hina, ni kualakanya konkle ka hina; ni
     ba akeleni ba hina kota lezi hi ti ranzako hina.

45 Nungungulu I ta ba komisa ku yini banhu bo biha?
     Ba ta xaniswa nzilweni ku kala ku pinzuka.

46 Ba mani labo ba ta nga hanyiswa?
     Labo ba hunzulukako kuonheni kabye, ba kolwa ka Jesu
     Kristu, ba maha kuranza kakwe.

47 Hi yini kuhunzuluka?
     Hi ku kuxaniseka hi zonho za hina, nu ku zi tsika.

48 Hi yini ku kolwa ka Jesu?
     Hi ku vumela timhaka takwe, ni ku ti maha.

49 Hi mani Jesu Kristu?
     Hi Nwanana wa Nungungulu.

50 Jesu wa *z*i kota *z*ilo *z*onkle ke?
   Wa *z*i kota ku maha *z*ilo zon*k*le.

51 Hi kwihi kaya kakwe?
   Hi le tilweni.

52 I lo tsama lomo xikati xon*k*le ke?
   Ahihi; gi*n*wani siku I lo siya kaya kakwe ko saseka, a relela
   tikweni.

53 Jesu I lo cikelisa ku yini?
   I lo cikela na *n*wanana.

54 Himani a nga *t*rala?
   Hi Maria a nga tekiwa hi Josefa.

55 I lo *t*raliwa kwihi?
   Betlehema wa Judia.

56 Jesu I lo maha yini na ha tsama tikweni?
   I lo maha *z*iriwukiso *z*o tala.

57 I lo maha *z*iriwukiso *z*o yini?
   I lo hanyisa ba ba*b*yako, a ba fambisa: I lo vuxa bafileko, ba
   fela ku ha*n*ya kambe: I lo nyika n*k*lanu wa mazana ya banhu
   a ba xurisa hi *z*ibaba: I lo *b*yela mheho a ku miyela, yi mi-
   yela: I lo famba hehla ka mati, ni *z*ilo *z*o tala kambe.

58 I lo kota ku maha *z*ilo le*z*i hi yini?
   Hi le*z*i hi yena Nungungulu.

59 Jesu cima a nga bihisangi ncumo ke?
   Cima a nga bihisangi ncumo.

60 Jesu i lo tsama tikweni malembe ma ngani?
   Makumi manharu ya malembe ni manharu.

61 I lo ringiwa kota hina ke?
   I lo ringiwa.

62 I lo hanyisa ku yini?
   I wa hi munhu wa xi*z*iwana ni kuxaniseka.

63 A hi nako ku karala ke?
   A hi nako.

64 I lo fisa ku yini?
   I lo fa kota kamba, a belelwa sinyeni.

65 Jesu I lo laba yini tikweni?
   I lo laba ku hi hanyisi kuoneni ka hina, hi lezi a nga hi ranza.

66 Lenzako ka kufa kakwe i lo bekiwa kwihi miri wakwe?
   I lo kelelwa nkeleni.

67 I lo tsama nkeleni ke?
   I lo tsama kona masiku manharu, anzako ka lezo i lo vuka
   nkeleni;

68 Jesu I loya kwihi lenzako ka kuvuka kakwe?
   I lo kanziya tilweni.

69 Hi zi tiba hi ku yini hi ku I le tilweni?
   Hi lezi banhu banyingi ba nga mu wona anzako ka kuvuka
   kakwe ni kuya tilweni.

70 I tsama kwihi nyamukla?
   Kaya kakwe tilweni.

71 Wa hi wona lezi ke?
   Wa hi wona.

72 A zi saseki ku mu ranza Jesu ke?
   Za saseka, hi lezi a nga hi ranza, a ngata ku hi fela hina, ku
   hi hanyisa.

73 Hi ta wonisa banhu hi ku yini a ku ha mu ranza?
   Hi ku maha milayo yakwa.

74 Hi ta yi wona kwihi milayo yakwe?
   Hi ta gonza Papilo gakwe.

75 Hi mani a nga tsala Papilo ga Nungungulu?
   Hi banhu bo saseka ba nga byelwa hi yena.

76 Hi fela ku yini ku gonza?
   Hi fela ku gonza timhaka ta Nungungulu.

77 Hi famela kombela ka mani loku hi kombela?
Ka Nungungulu.

78 Nungungulu wa hi *b*yela ku kombela kakwe ke?
Wa hi *b*yela.

79 Nungungulu wa zwa ku kombela ka hina ke?
Inaka, loku hi kombela *z*ilo hi *z*i labako mahlweni ka yena.

80 Nungungulu wa hi nyika lezi hi *z*i kombelako *z*ikati *z*on*k*le ke?
Kokwihi: hi lezi xi*n*wani xikati *z*ilo hi *z*i kombelako a hi
*z*inene.

81 Ku saseka ku kombela ka Jesu ke?
*Z*inwane *z*ikati ku saseka.

82 A Moya wo Basa wa dumiswa ke?
*Z*inwani *z*ikati ku saseka.

83 Loku hi tsika bito ga Jesu ku kombeleni ka hina Nungungulu
I ta hizwa ke?
A nga hizwi.

84 Loku hi kombela hi fela ku maha yini lahandle ka ku ko-
mbela *z*ilo hi *z*i labako?
Hi fela ku vumela kuonha ka hina ni ku dumisa Nungungulu
hi *z*ilo *z*on*k*le a hi nyikako.

85 Hina hi nyikilwe moya ke?
Hi nyikilwe.

86 Mimoya ya hina yi ta fa ke?
Cima yi nga ta fa.

87 Mimiri ya hina yi ta fa ke?
Yi tafa lukuluku.

88 Loku hi fa hi ta maha yini?
Mimiri ya hina yi ta maha misaba: mimoya ya hina yi ta
tsama tikweni ga mimoya.

89 Mimiri ya hina yi ta vuka kambe, yi ta hanya kambe ke?
Yi ta vuka kugumeseni ka tiko.

90 Kugumeseni ka tiko hi mani a ta nga ta?
Hi Jesu, a ta nga relela hi le tilweni, ni tingelosi takwe.

91 I ta tela yini?
I ta ta ku ba nyika banhu bonkle kota mitiro yabye.

92 Ba ta maha yini banhu bo biha?
Ba ta yiswa Hayidesi.

93 Hi yini Hayidesi?
Hi wutsamo ga kuxaniseka nguvu.

94 Ba ta maha yini banhu ba mu ranzako Jesu ba maha kuranza
kakwe?
Ba ta yiswa tilweni.

95 Hi yini tilo?
Hi wutsamo go saseka ba hlakana bonkle kona.

96 Ku kona kufa ni kuxaniseka tilweni ke?
Ku haba.

97 Ba kona banhu bo biha tilweni ke?
Ba haba.

98 Hi mani a tsamako lomo?
Hi Jesu, ni Nungungulu, ni Moya wo Basa, ni tingelosi ni
banhu bo saseka bonkle.

99 Ba maha yini tilweni?
Ba hlakana basi kala ku pinzuka.

100 Nzi ta engena kona mina ke?
Nzi ta amukela kota mitiro ya mina.

TISIMU TA DAVIDA.

Siku 1,   **Lisimu 1.**

1·I katekisilwe a munhu loyi a nga fambiko kungweni ka bo
biha,—hambu ni ku yima lendleleni ya baonhi, hambu ni ku
tsama xitsanweni batseketseli:

2 Kanelezi kutsaka ka yena ku le nayweni wa Jehova;—ni le
nayweni wakwe wa alakanyela a mumu ni wusiku.

3 Yena i ta kotisa sinya yi *b*yalilweko hi le micongweni ya
mati, leyi yi ta nga *t*ra*l*a mihanzu ya yona hi tinguba ta
yona:—a wihi a ma*k*luka ya yona kambe gi nga ta wuna; ni
ka xihi lexi a yi mahako xi ta vuvuma.

4 Ni ba kubiha a ba ngaho—kanile*z*i ba kota mungu lowo a
mheho yi wu kukuletako.

5 Hikwalaho a ba kubiha ba nga ta yima lamuleni,—hambu ni
baonhi le *k*langanweni. wa ba lulamileko.

6 Hakuba Jehova wa tiba a n*d*lela ya lulamileko; kanile*z*i a
n*d*lela ya ba kubiha yi ta loba.

Siku 2,   Lisimu 8.

1 O Jehova, Hosi ya hina, a bito ga wena gi dzunzekisile ku
yini misabeni yon*k*le,—loyi u yimisileko a wukosi ga wena
hehla matilweni!

2 Hi le no*n*wini wa *z*ihlangana ni laba ba anwako hi wena u
yimisileko a tamo,—hi kota ya balala ba wena, kasi wa miye-
ta a muali ni mupoti:

3 Ni laha na nzi pima hi matilo ya wena, a tiro wa titiho ta
wena,—a hweti ni tinyeleti, leti wena u ti yimisileko;

4 Xini munhu, loyi we*n*a u celako kota ha yena ke?—ni *n*wana
wa munhu, loyi wena u mu enzelako ke?

5 Hakuba wena u mu mahile ku laba kutsongwanyani ku hunza
Nungungulu,—ni ku mu bombisa hi wukosi ni ku dzunziwa.

6 Wena u mu mahile yena a ku fumela a tiro wa man*d*la ya
wena;—wena u beki*l*e *z*ilo zon*k*le lahasi ka mikonzo yakwe.

7 Ton*k*le tiyivu ni tihomu,—ina, ni *z*ibanza *z*a kwati,

8 Ni tinyanya*n*i ta tilo, ni *z*i*d*luwani *z*a bimbi,—ni ka zihi lezi
zi hunzako hi misoko ya mabimbi.

9 O Jehova, Hosi ya hina, gi dzunzekisile ku yini a bito ga we-
na misabeni yon*k*le.

Siku 3,   Lisimu 14.

1 A pupulu gi wulile mbilwini ya gona, A ku kona Nungungu-
lu—bona ba bulile, bona ba mahile mitiro yi nyenyizako;
laho a ku kona loyi a mahileko kusaseka.

18

2 Jehova i lo cuwuka lahasi hi letilweni hehla ka banana ba banhu,—a ku wona lezaku laha i kona loyi a pimako, loyi a hlotako Nungungulu.

3 Bon*k*le ba yile *k*lelweni ; bona katigi*n*we ba nyenyezisilweni ; —a nga kona loyi a mahako kusaseka, ge, hambu mu*n*we.

4 Ni bon*k*le batiri ba kugoha a ba na kutiba,—labo ba gako banhu ba mina kota ba gako *z*ibaba, na ba nga bitani ka Jehova ke?

5 Laho bona ba le kucabeni ka hombe ;—hakuba Nungungulu i le xizukulwaneni xa ba lulamileko,

6 Mu cela tingana ikunga ga zisiwano, hakuba Jehova i muvuni wakwe.

7 O kuhanyisa ka Israeli nga ku humile ka Zioni ! Laha Jehova i klelisa kukonwa ka ban*h*u bakwe, labo Jakobe i ta tsaka, na Israeli i ta hlakana.

Siku 4,   **Lisimu 18.**

1 Matilo ma kanela wuhosi ga Nungungulu ;—ni *z*a le hehla *z*i wonisa mitiro ya man*d*la yakwe.

2 A siku ga kanela ku kanelele ni siku,—ni wusiku ga wonisa ni wusiku kutiba.

3 Ku haba kukanela, ku haba ni mawulawulelo,—gezu ga *z*ona a gi zwali.

4 A nzati wa *z*ona wu humele misabeni yon*k*le, ni timhaka ta *z*ona magu*n*weni ya tiko.—I akele gambo xaxa xikari ka *z*ona.

5 Gona gi kotisa mukonwana a huma*k*o xikupeni xakwe,—a hlakana kota nhene a piketa matsabo.

6 A kuhuma ka gona ku suka hi magu*n*weni ya tilo, ni kurenzelekela ka gona magu*n*weni ka gona—ku haba xilo zi fihleleko ku hiseni ka gona.

7 A nayo wa Jehova wu hetele ku *k*lelisa muhefemulo:—hungu ga Jehova gi tiyisile ga klarihisa wo kala a nga *k*larihangi.

8 *Z*igonziso za Jehova zi sasekile, *z*a nengelisa mubilu:—nayo wa Jehova wu hlazekile wa woninga mahlo.

9 Kucabe ka Jehova ku hlutekile, ku ta tsama ku kala kupinzuka ;—malamulelo ya Jehova ma tiyisile ma na nduda futsi.

10 Ma nabekile ku hunza nzałama, ina ni nzalama yi nyingi yi hlutekileko;—Ma nanziha ma hunza wulombe ni madona ya wulombe.

11 Nanza ga wena gi layilwe hi wona:—hi kuhlayisa ka wona wu kona ncacazelo wa hombe.

12 Hi mani a pimako kugoha kakwe? nzi *ribeli zo* fihlaleni.

13 Beletela nanza ga wena xilo zi wonekaku ku kwatsi kuonha zi nga fumi hehla ka mina:—laho nzi ta nga nzi hetele na nzi hlazekile kuonha ka hombe.

14 A timhaka ta nomu wa mina, ni kualakanya ka mbilu ya mina a ku amukelwe mahlweni ka wena, Jehova a ntamo wa mina ni Muriheli wa mina.

Siku 5, Lisimu 23.

1 Jehova hi Murisi wa mina;—nzi nga ta laba.

2 Wa nzi *eklc*lisa mikobeni yo nyuka:—wa nzi hletela matini ya malenga.

3 Wa *k*lelisa muhefemulo wa mina;—wa nzi hletela tin*d*leleni to luluma hi kota ya bito gakwe.

4 Ina hamhu nzi famba nzelelweni wa nzuti wa kufa nzi nga ta caba *zo* biha;—hakuba wena u nga na mina, nhonga ya wena ni cotongelo wa wena *za* nzi miyeta.

5 Wena wa longisela meza mahlweni ka mina a xikari ka balala ba mina:—u totile hloko ya mina hi mafura; a koko ga mina ga pupuma.

6 Hi *z*inene kusaseka ni kurula ku ta nzi lanzisela a masiku won*k*le ya kuhanya ka mina: Nzi ta tsama n*d*lwini ya Jehova kala kupinzuka.

Siku 6, Lisimu 24.

1 A misaba nja Jehova, ni ku tala ka yona;—a tiko, ni bona ba tsamako ka gona.

2 Hakuba yena wa yi sekatela hehla ka mabimbi,—wa yi yimisa hehla ka mintalo.

3 Hi mani a ta nga kanziya xitsungeni xa Jehova?—hi mani a ta nga yima wutsa*n*weni gakwe go basa ke?

4 Hi yena a nga ni mandla ma basileko, ni mbilu yi hlazekile-
ko;—loyi a nga klakuseliko muhefemulo wakwe mawunweni,
a nga hlambanyiko hi kukohlisa.

5 I ta amukela a katekiso ka Jehova,—ni kululama ka Nungu-
ngulu wa kuhanya kakwe.

6 Lexi hi xizukulwana xa bona ba mu labako,—ba yi labako
ngohe ya wena, na Jakobe.

7 Klakusani tihloko ta nwina, a tinyangwa;—mu ta klakuswa
tinyangwa ta kupinzuka: yi ta engena a Hosi ya kunganga-
mela.

8 Hi mani a Hosi ya kungangamela ke?—hi Jehova a nga ni
ntamo a nga ngwazi, Jehova i ngwazi ya kulwa.

9 Klakusani tihloko ta nwina, O tinyangwa;—enaka, mu ti
klakusa, a tinyangwa ta kupinzuka; yi ta engena a Hosi ya
kungangamela.

10 Hi mani a Hosi ya kungangamela ke? hi Jehova wa maba-
ndla, hi yena Hosi ya kungangamela.

Siku 7,　　　　　　　　　　　　　　Lisimu 27.

1 Jehova hi kuwonekela ka mina ni ku hanyiswa ka mina; nzi
ta caba mani ke?—Jehova hi ntamo wa wutomi ga mina; nzi
ta rurumela ha mani ke?

2 A ku tsineleni ka bakubiha hi le hehla ka mina a kuga a
nyama ya mina,—haku a baxanisi ba mina ni balala ba mina,
ba lo ngumulwa ba wa lahasi.

3 Loku yimpi yi ti yimisela mina, a mbilu ya mina yi nga ta
caba;—loku a yimpi yi nga vuka hehla ka mina, ni lezo nzi
ta tsumba.

4 Nza kombela xilo xinwe ka Jehova, nzi ta laba lexo;—ku
ngalo, nzi tsame ndlwini ya Jehova masiku wonkle ya kuha-
nya ka mina, nzi wona matsenya ya Jehova, nzi wutisa te-
mpeleni yakwe.

5 Hakuba i ta nzi fihla xigondlweni xakwe hi siku ga ku xani-
seka;—a nzi fihla kufihlaleni ka tenta gakwe; i ta nzi klaku-
sela le ribyeni.

6 Ni ka lezi a hloko ya mina yi ta klakuka hi le hehla ka balala
ba mina laba ba nzi ranzelako;—makunu nzi ta nyika tente-

ni gakwe a minyikelo ya kutsaka; nzi ta yimbelela, enaka, nzi ta yimbelela ku dumisa ka Jehova.

7 Ingisa, O Jehova, na nzi rila hi gezu ga mina;—maha wuxinji ka mina, u nzi hlamula.

8 Hi kuwula ka wena, ku ngalo, Labani ngohe ya mina;—a mbilu ya mina ya hlamula ka wena, a ngohe ya wena, Jehova, nza ta laba.

9 U nga ffhli a ngohe ya wena ka mina, u nga hoxi nekwa ya wena hi zanga; wena u ba loyi a nzi vunako;—u nga nzi hoxi, u nga nzi siyi, O Nungungulu wa kuhanyisa ka mina.

10 Laho dadani na mamani ba nzi siyileko;—na kona laho Jehova i ta nzi koma.

11 Nzi ngonzise O Jehova, a ndlela ya wena;—u nzi koka le ndleleni yi sasekileko, hi kota ya balala ba mina.

12 U nga nzi nyikeli kona kuranzeni ka balala ba mina—hakuba bakustumunyu ba mawunwa ba nzi vukela, ni labo ba hefemula kuxaniseka.

13 Rinzela loku nzi wa nga kolwangi a ku wona kululama ka Jehova tikweni ga ba hanyileko.—nga nzi wile hi sululwani.

14 Rinzela Jehova, u ba ni ntamo; tiyisa a mbilu ya wena; eneka futsi, rinzela Jehova.

Siku 8,   **Lisimu 32.**

1 I katekisilwe yena wihi a zihambunyeto zakwe zi tsetselelweko,—a wihi zonho zakwe zi fengetilweko.

2 I katekisilwe a wihi munhu Jehova a nga mu hlayeliko kuonha,—ni moya wa wihi wu nga hiko ni kukohlisa.

3 Laha na nzi miyela,—marambo ya mina ma lo nguklangukla hi kuketa ka mina gonkle siku.

4 Hakuba a mumu ni wusiku a canja ga wena gi wa binzile hehla ka mina:—a kutsakama ka mina ku lo hunzulwa kota kubalela ka ximumu.

5 Nzi lo vumela kuonha ka mina ka wena, ni zigoho za mina nzi wa nga zi fihlangi:—nzi te ngalo, Nzi ta vumela a zihambunyeto za mina ka Jehova; wena u tsetselela a zonho za kugoha ka mina.

6 Hakuba lezi nga bonkle laba ba wunungungulwini ba ko-
mbela ka wena xikatini laha wena wa ha kumiwe:—ha ku-
nene laha mamati ya hombe ma kulungako wona ma nga ta
cikela ka yena.

7 Wena u wutsamo ga kufihlala ka mina; wena u ta lonzowota
mina le zikaratweni;—wena u ta nzi ranzela hi tisimu ta
kuklakliswa.

8 Nzi ta ku pimisa nzi ku gonzisa wena a ndlela leyi u ta nga
famba ha yona:—nzi ta pimisa wena hi mahlo ya mina hehla
ka wena.

9 Mu ngi kwatsi mu haxi, kutani kwatsi mu mbongola, leyi yi
nga hiko na kupima;—leyo ku fuya ka yona hi matomu ma
yi komako, ma nga taku ma cikela ku suhani na wena.

10 Ni zixaniso zo tala zi ta ba ka ba kubiha:—kanilezi loyi a
tsumbako ka Jehova, a kuranza ka wunene gakwe ku ta mu
ranzela yena.

11 Tsakani ka Jehova, ni mu buma, nwina ba kululama;—mu
hlalela hi kunengela, nwenkle laba mu lulamileko mbilwini.

Siku 9,   **Lisimu 37.**

1 U nga katali wutsumbu ga wena hi kota ya bamahi ba kuo-
nha,—wena u nga be ni na wukuxu hi bona labo ba tirako a
ku nga lulamangiko.

2 Hakuba bona lokuloku ba ta tsemiwa ku fanana ni byanyi,—
na ba wuna kwatsi hi lihunga liswa.

3 Tsumba ka Jehova, u maha kusaseka,—aka lomu tikweni, u
gela kukolekisisweni ka yena.

4 Buma wutsumbu ga wena hi ka Jehova;—yena i ta nyika ka
wena a kuxuba ka mbilu ya wena.

5 Nyikela a ndlela ya wena ka Jehova;—tsumba ka yena ka-
mbe, i ta ti hunzisa.

6 Na yena i ta maha kululama ka wena ku huma kota kuwo-
nekela,—nongameto ya wena kota laha munwani.

7 Humula ka Jehova, rinza hi lihlaza mbilu ka yena: u nga
nonoki wutsumbu ga wena hi kota ya yena loyi a vuvamako
hi ndlela yakwe,—hakuba ka munhu loyi a nehako a mana
ma bihileko ku hunza.

8 Miyela le zangeni, u tsika makulo:—u nga katali wutsumbu ga wena, kona ku engetela ku maha kuonha.

9 Hakuba bamahi ba kuonha ba ta tsenwa:—kanilezi labo ba rinzelako ka Jehova, ba taga tsomba ya misaba.

10 Kasilezi hi xikatanyana, a muonhi a nga ta kuba kona,—ina, wena u ta pimisisa hi wutsamo gakwe, a nga ta ku ba bona.

11 Kanilezi ba rulako ba taga tsomba ya tiko,—ba ta buma wutsumbu ga*b*ye ni wunyingi ga kurula.

12 A muonhi Wa hleba ha yena a lulamileko,—a getsela hehla ka yena hi meno yakwe.

13 Ni Hosi yi ta hleka ka yena;—hakuba wa wona lezaku siku gakwe gi tako.

14 A baonhi ba hlomula supado, ni kú kon*d*la mawura ya*b*ye, a ku hoxa lahasi zisiwana ni bavumali,—ni ku daya laba ba lulamileko n*d*leleni.

15 A supado ya*b*ye yi ta engena lomu mbilwini ya bona benyi,—ni mawura ya*b*ye ma ta tso*b*yiwa.

16 *Z*i sasekile lezo zi tsongwani a munhu wo lulama a nga nazo,—ku hunza wunyingi go tala ka wa kuonha.

17 Hakuba a mawoko ya ba kubiha ma ta tso*b*yiwa;—kanilezi Jehova i komile a balulamileko.

18 Jehova wa ma tiba masiku ya ba lulamileko;—ni tsomba ya*b*ye yi ta ba kala ku pinzuka.

19 Bona ba nga ta celwa tingana hi xikati xa kubiha;—ni masiku ya tin*d*lala ba ta xuriswa.

20 Kanilezi a bakubiha ba ta mbemba, ni balala ba Jehova ba ta kota a mafura ya tiyivana:-bona ba ta mbetiswa; ni le musini bona ba ta mbetiswa.

21 A wa kubiha wa pemba, a nga ha zi koti ku riha kambe;-kanilezi a lulamileko wa maha hi ku tralekisilweko, a nyika.

22 Hakuba a ba ku ngahi ba katekisilweko ba yena ba ta ga tsomba ya tiko;—ni laba ba ruketelilweko ha yena ba ta tsenwa.

23 A kufamba ka munhu ku tiyiswa hi Jehova;-Na yena a ranza n*d*lela yakwe.

24 Hambu yena a kuwa, a nga ta hoxelwa magumo;-hakuba Jehova wa mu kamukela hi canja gakwe.

25 Nzi wa hi muswa, makunu nzi wa kala;—kani lezi a nzi se
kuwona a lulamileko aku nyenyiwa, ge ni mbewu yakwe a
yi kombeli zibaba.

26 Gonkle siku wa maha hi ku tralekisilweko na ba nyika ba
pemba ;-ni mbewu ya yena yi katekisilwe.

27 Sukani kuonheni, mu maha kusaseka ;- mu tsama kala ku
pinzuka kambe.

28 Hakuba Jehova wa ranza nongameto, a nga ba nyenyi labo
ba ku basa ba yena ;—bona ba lonzowotilwe kala ku pinzuka :
kanilezi a mbewu ya bakubiha yi ta tsenwa.

29 A ba lulumileko ba ta ga tsomba ya tiko,—ba ta aka kona
kala ku pinzuka.

30 A nomo wa ba' lulamileko wu wulawula kutiba,—na lirimi
lakwe li wulawula nongameto.

31 A nayo wa Nungungulu wakwe wu lomo mbilwini yakwe ;—
ni kwihi kukanziyela kakwe ku nga ta retemuka.

32 A wa kubiha u rinza a lulamileko,—na hlota ku mu daya.

33 Jehova a nga ta mu tsika canjeni gakwe,—ge ni ku mu kona
laha a lamulwa.

34 Rinzelani ka Jehova, mu hlayisa ndela ya yena, i ta ku kl-
kusa uga tsomba ya misaba :—laha na wa kubiha a tsikiswa,
wena u ta zi wona.

35 Mina nzi wonile wa kubiha le ntanweni wa hombe,—a ndlela
ya wutsumbu gakwe kota sinya yo nyuka laha yi milileko
kona.

36 Kanilezi loyi a hunzako hi laho, ni mangabye, yi wa hi
haba :—ina, na nzi wa mu laba, i wa nga a nga kumiwi.

37 Cuwuka a munhu a mbeleleko, languta a loye lulamileko ;—
hakuba ku kona kuxalala ku gumelweni ka munhu wa kurula.

38 Kwatsi hi ba hambunyetako, ba to lobyiswa katiginwe :—a
kugumelwa ka wa kubiha i ta tsenwa.

39 Kanilezi a kuhanyiswa ka a lulamileko hi Jehova :—yena hi
ntamo wabye xikatini xa zikarato.

40 Jehova wa ba vunetela a ba hanyisa : yena wa ba ponisa ka
bakubiha, a bahanyisa, hakuba bona ba cabela ka yena.

Siku 10, **Lisimu 40.**

1 Nzi rinzele hi lihlaza mbilu ka Jehova;—na yena i lo panga-
ma ka mina, i zwile kurila ka mina.

2 Yena i lo nzi humesile kambe kobokleni kubiha ni le maro-
peni ya piriwa;—yena i lo yimisile mikonzo ya mina le ri-
byeni, i tiyisile kufamba ka mina.

3 Yena i bekile lisima liswa nonwini wa mina, hambu ku
bonga ka Nungungulu wa hina:—banyingi ba ta ku wona,
ba ta caba, ba ta tsumba ka Jehova.

4 I katekisilwe loye munhu a mahako Jehova kutsumba ka
yena,—a nga hiko na xicabo hi matsanza, ge ni ku kwatsi hi
laba ba retemukako ba hemba wunwa.

5 Yi tele, O Jehova Nungungulu wa mina, a mitiro yi hlama-
lisako leyi wena u yi mahileko, ni ku amukela ka wena hi klelo-
lo ga hina: a yi na ku xaxametiwa ka wena;—loku nzi hlohlo-
sa ku wulawula ha yona, yona yi tele ku hunza ku hlayiwa.

6 A mipahlelo ni minyikelo wena a ku yi ranzangi; tindlebeni
ta mina wena u ti vululeko;—a mupahlelo wa ku hiswa ni
mu nyikelo wa kuonha wena a ku wutisi.

7 Zonake nzi wa te ngalo, Mangabye, mina nzi tile;—lomu pe-
tsweni wa buku ku tsalilwe ha mina.

8 Nza nengela ku maha kuranza ka wena, O Nungungulu wa
mina;—enaka, a nayo wa wena wu lomu mbilwini ya mina.

9 Mina nzi bile hungu ga mahungu ya kutsaka ya kululama le
muklanganweni wa hombe;—wangabye, nzi nga ta finyelela
a milomu ya mina, O Jehova, wena hi wena u zi tibako.

10 Mina a nzi fihlangi a kululama ka wena nzeni ka mbilu ya
mina; mina nzi humesile a kukoleka ka wena ni kuhanyiswa
ka wena;—mina a nzi tumbetangi a kuranza ka wunene ga
wena ni zinene za wena le muklanganweni wa hombe.

11 Wena u nga tsimbeteli a titralo ta wena ka mina, O Jehova;
—nga kuranza ka wunene ga wena ni zinene za wena xonkle
xikati a ku lonzowota mina.

12 Hakuba a kuonha ku nga hiko na ku hlayiwa ku nzi ranzele;
ni zigoho za mina zi nzi kamanyetile, lezake a nzi zi koti ni
hafula nzi cuwuka;—zona zi tele ku hunza misisi ya hloko
ya mina; ni mbilu ya mina yi hlulekile.

13 A zi ku xalalise, O Jehova, a ku klaklisa mina ;—haklisisa ku
ta nzi vuna mina, O Jehova.

14 Nga bona ba celwa tingana katiginwe ni vilinganya laba ba
hlotako muhefemulo wa mina ku wu lobisa :—nga ba renze-
letwa ba ku koyo tingana labo basungwako hi ku lamatwa
ka mina.

15 Nga ba hangalaswa hi kota ya tingana tabye ;—labo ba wula-
ko ka mina, wo, wo.

16 Nga bonkle laba ba hlotako wena ba buma ni kunengela ka
wena :—nga bo kwatsi hi labo ba ranzako kuhanyiswa ba
wula hi ku simamisisilweko, Jehova nga a kuliswe.

17 Kanilezi mina nzi xisiwana ni muvumali ; nga a Hosi yi ala-
kayisisa mina : wena u mu klaklisi wa mina ni muvuneteli
wa mina ; u nga ha nonoki, O Nungungulu wa mina.

Siku 11,   Lisimu 42.

1 Kwatsi hi matsune wa mhuti a nabela ma congweni ya
mati,—zingaho a muhefemulo wa mina wa nabela wena, O
Nungungulu.

2 A muhefemulo wa mina wuzwa tora ha Nungungulu, yena
Nungungulu a hanyako :—hi rini nzi ta nga ta nzi ta woneka
mahlweni ka Nungungulu ke?

3 A mihloti ya mina yi wa kari yi hi kuga ka mina a mumu ni
wusiku,—laha ku nga wa simamisisilwe ku wulwa ka mina,
I kwihi Nungungulu wa wena ke?

4 Lezi zilo nza zi alakanya, ni muhefemulo wa mina a wu hu-
ma nzeni ka mina, nzi fambisa ku yini ni maviyo, nzi mara-
ngela ndlwini ya Nungungulu—hi gezu ga ku dumisa, a
xindlemo xo hlayisa siku gi humula.

5 Hi yini u hoxilweko lahasi, O muhefemulo wa mina, hi yini
u nga hiko na ku renga lumu nzeni ka mina ke?—tsumba
wena ka Nungungulu ; hakuba nza ha ta mu dumisa yena
hakuba hi kuvuna ka ngohe ya mina.

6 O Nungungulu wa mina, muhefemulo wa mina wu hoxilwe
lahasi nzeni ka mina ;—hi kwalaho nza ku alakaya wena hi
le tikweni ga Jordani, wa ma Hermoni, hi le xitsunganini
xa le Mizare.

7 A kueta ku bitako kueta le guweni ga bomubomu ga wena:—
wonkle mabyandlati ya wena ni ku bikubiku ka wena ma nzi
ku bunyetile.

8 Kasi Jehova i ta laya a kuranza ka wunene gakwe laha mu-
nwini;—ni laha wusikwini a lisimu lakwe li ta ba zinwe na
mina, hambu mukombelo ka Nungungulu wa wutomi ga
mina.

9 Nzi ta wula ka Nungungulu a ribye ga mina, hi yini wena u
nzi ribakelweko ke?—hi yini nzi fambako na nzi rila hakuba
hi tsimbeketwa ka ba lala?

10 Kwatsi hi supado marambyini ya mina, a balala ba mina ba
nzi kamanyeta,—laha na ba simamisisile ku wula mina, I
kwihi Nungungulu wa wena ke?

11 Hi yini u hozako lahasi, O muhefemulo wa mina? hi yini u
nga rangiko nzeni ka mina ke? tsumba wena ka Nungungulu;
hakuba nza hata mu dumisa yena, loyi a nga kuvuna ka ngo-
nhe ya mina, ni Nungungulu wa mina.

Siku 12,   **Lisimu 43.**

1 Lamula mina, O Nungungulu, eklisa zunga ga mina ka tiko
gi nga hiko wunungungulwini:—nzi klaklise mina ka munhu
ba kohlisako ni ba nga lulamiko.

2 Hakuba wena hi wena Nungungulu wa ntamo wa mina; hi
yini u nzi hoxileko ke?—hi yini nzi fambako na nzi rila ha-
kuba hi kutsimbeketwa ka balala ke?

3 O rumela kuwonekela ka wena ni zinene za wena; nga zi nzi
rangela:—nga zona zi nzi nehela xitsungenini xa wena xo
basa, ni le tabernekeleni ga wena.

4 Zonake nzi taya alatini ga Nungungulu, ka Nungungulu a
nga kutsaka ka mina ku hunzisiko;—na hi xitende nzi ta ku
kumisa wena, O Nungungulu, Nungungulu wa mina.

5 Hi yini u hoxakilwe lahasi, O muhefemulo wa mina? hi yini
u nga hiko na ku humula nzeni ka mina? tsumba wena ka
Nungungulu; hakuba mbuya nza ha ta dumisa ka yena, loyi
a nga kuvuna ka ngohe ya mina, ni Nungungulu.

Siku 13,   **Lisimu 46.**

1 Jehova hi kokolo ni ntamo wa hina,—kuvunetela ku nga ku
suhani nguvu kuxanise keni.

2 Hi lezi hi nga ta caba loku misaba yi hunzuluswa,—ni loku
zitsunga zi ninginiswa mbilwini ya mabimbi:

3 Hambu mamati ya wona ma goboza ma vindlukiswa,—ni
loku zitsunga zi tsekatsekiswa hi ku kukumuka ka wona.

4 Wu kona congo, marabi ya yona ma nengelisako muti wa
Nungungulu,—wutsamo go basa ga mixaxa ya loyi a nga
hehla nguvu.

5 Nungungulu i kona xikari ka wona; wu nga ta tsekatsekis-
wa;—Nungungulu i ta wu vunetela, ni lukuluku nguvu.

6 Matiko ma kulumela, mifumo ya tsekatsekiswa:—wa hume-
sela gezu gakwe, misaba yi nyeka.

7 Jehova wa mabandla i na hina;—Nungungulu wa Jakobe hi
kokolo ga hina.

8 Tanani, mu wone mitiro ya Jehova,—a zihangalaso a zi ma-
hileko misabeni.

9 Wa miyeta kulwa ni magunweni ya misaba; wa tsoba wura,
wa tsema klari hi xikari:—wa hisa tikareta nzilweni.

10 Miyelani, mu tiba hakuba nzi Jehova:—nzi ta klakukiswa
xikari ka matiko, nzi ta klakukiswa misabeni.

11 Jehova wa mabandla i na hina; Nungungulu wa Jakobe hi
kokola ga hina.

Siku 14,   **Lisimu 51.**

1 Zi zwele wuxiji, O Nungungulu, hi kuranza ka kuranza ka
wena:—hi kota ya wunyingi go saseka ga wena vinyetela
zihambuko za mina.

2 Nzi hlazise nguvu kubiheni ka mina,—u nzi hlaze kuonheni
ka mina.

3 Hakuba nzi vumela zihambuko za mina;—ni kuonha ka mina
ku kona mahlweni ka mina xikati xonkle.

4 Nzi onhile ka wena wece, nzi mahile loko kubiha mahlweni

ka wena:—kasi u hlazeke laho u kanelako, ni ku pima laho u lamulako.

5 Languta, nzi mahilwe kubiha;—ni kuonheni nyine wa mina i lo nzi teka.

6 Languta, wa laka zinene lomo nzeni:—ni xipanzana xi fihlilweko u ta nzi tibisa kuklariha.

7 Nzi hlaze hi sope, nzi ta ga nzi hlazekili;—nzi hlaze, nzi maha wobasa ku hunza hunguba.

8 Nzi zwise kunegela nu kuhlakana,—kasi a marambo u ma tsobileko ma nengela.

9 Fihla ngohe ya wena zonhweni za mina,—u vinyetela kubiha ka mina konkle.

10 Nzi mahele mbilu yi hlazwekileko, O Nungungulu;—vuxa moya wu tiyisileko xikari ka mina.

11 U nga nzi lahli mahlweni ka wena; u nga susi ka mina Moya wa wena wo Basa.

12 Klelisa ka mina kunengela ka kuhanyisa ka wena;—u nzi klakusa hi moya wu vumelako.

13 Laho nzi ta gonisa baonhi tindlela ta wena;—ni laba ba hambukako ba ta kleliswa ka wena.

14 Nzi klakle nkateni, O Nungungulu, wena Nungungulu wa kuhanyisa ka mina;—lirimi la mina li ta yimbelela kululama ka wena.

15 Hosi, vulula wena nomu wa mina;—a nomu wa mina wu ta wonisa kudumisa ka wena.

16 Hakuba a ku nengela hi minyikelo; leyi nzi nga ku nyika yona:—a ku kumi kunengela hi minyikelo yo hiswa.

17 Minyikelo ya Nungungulu hi moya wu tsobeki leko:—mbilu yi tsobekileko ni yi panzekileko, O Nungungulu, u nga ta hi nyenya.

18 Maha kwatsi ka Zioni hi wuxinj ga wena:—aka wena zipetso za Jerusalema.

19 Laho u ta nengela hi minyikelo ya kululama yi hisilweko ni leyi yi hisilweko yonkle; laho ba ta nyikela tikuzi hehla ka manganzelo ya wena.

Siku 15,   **Lisimu 63.**

1 O Nungungulu, wena u Nungungulu wa mina; hi lihlaza mbilu nzi ta laba wena:—a muhefemulo wa mina wu omela wena, a nyama ya mina yi nabela wena, lomu xikwakweni ni tikweni go karala, laho ku nga hiko kona na mati.

2 Zingaho nzi lo cuwuka ka wena le ceceni ya wena,—ku wona ntamo wa wena ni wukosi ga wena.

3 Hakuba a kuranza ka wunene ga wena kusasekile ku hunza wutomi,—a milomu ya mina ya ku dumisa.

4 Zingaho nzi ta ku dumisa na nza ha hanya:—nzi ta klakusa mandla ya mina bitweni ga wena.

5 Muhefemulo wa mina wu ta xuriswa hi mafura ni kunonisisilweko:—a nomu wa mina wu ta ku dumisa hi milomu yi tsakisako.

6 Laha na nzi ku alakanya hehla ka mubedi wa mina,—na nzi xuba ka wena hi zirinzo za wusiku.

7 Hakuba wena hi wena kuvunetela ka mina,—ni le nzutini wa tipapa ta wena nzi ta nengela.

8 Muhefemulo wa mina wa lanzela nguvu a nzako ka wena:— ni canja ga wena ga xinene ga nzi klakusa mina.

9 Kanilezi labo ba labako muhefemulo wa mina, ku wu lobisa,—ba taya llelweni ga lahasi ga misaba.

10 Bona ba ta nyikelwa tanweni wa supado:—bona ba ta ba xilawulo ka tihlati.

11 Kanilezi a hosi yi ta nengela ka Nungungulu: bonklelele laba ba hlambanyako ha yona ba ta dumisa: milomu ya bona laba ba wulawulako mawunwa ma ta miyetwa.

Siku 16,   **Lisimu 65.**

1 Kudumisa ku rinzele wena, O Nungungulu, le Zioni;—ni ka wena a xifungo xi ta humelela.

2 O wena loyi u zwako a kombelo,—ni ka wena a nyama yonkle yi tata.

3 Zigoha zi nzi hlulile mina:—kwatsi hi zihambunyeto za hina, wena u ta tsetselela zono.

4 I katekisilwe a munhu a wihi wena u mu hlawulileko, na u
mu mahile kutsinela ka wena, kasi a fela ku aka huʙyeni ya
wena:—hina hi ta xuriswa hi kusasekisilweko ka yɪnɗlu ya
wena, a tempeli ya wena yo basa.

5 Hi zilo zi tsisisako wena u ta hlamula ka hina hi kululamisi-
lweko, O Nungungulu wa kuhanyisa ka hina.—wena u nga
kutsumba da konɬle kugumelwa ka misaba, ni ka bonɬle la-
ba ba nga le kule hehla ka bimbi ;

6 Lowu hi ntamo wakwe a tiyisako zitsunga ;—na a nga zi bo-
hile hi ntamo. .

7 Loyi a miyetako ku goboza ka mabimbi, a kunguboza a ma-
byanɗlati ya wona, ni vilinganya ya ʙanhu.

8 Labo kambe ba akileko kwaleyo magumelweni ya maɬlelo
ba caba ka ziwoniso za wena ;—wena u mahako a ku huma
ka mixo ni gambo ku tangala.

9 Wena u enzelako misabeni, u ye tsamisa, wena hi kukulisi-
silweko u yi pfunisile ; a congo wa Nungungulu wu tele hi
mati :—wena u ba nyikako a mbewu, laba na wena u longi-
sele misaba.

10 Wena u tsakamisako a tifa ta wona hi kutatisisilweko ; wena
u kulutela kukayeka ka kona:—wena u wu olobisa hi kuna
ka refu ; wena u katekisako a kukula ka kona.

11 Wena u bombisako a lembe hi kusasikisisilweko ;—ni misoko
ya kona yi dona kunonisisilweko.

12 Ma dona magelweni ya le ziwuleni ;—ni zitsunga zi bohiwa
hi kutsaka.

13 A magelo ma ambexwa hi miɬlambi ; ni minzelelo kambe
yi fenengetiwa hi mabele ; bona ba hlalela hi ku ɬlanga, bo-
na kambe ba yimbelela.

Siku 17, **Lisimu 67.**

1 Nungungulu nga u hi ni wuxinji ka hina, u hi katekisa,—ni
ku woninga ngohe yakwe ka hina ;

2 Kasi a nɗlela ya wena ya tiʙyiwa hehla ka misaba,—a kuha-
nyisa ka wena zikari ka matiko wonɬle.

3 Nga banhu ba dumisa wena, O Nungungulu ;—nga banhu
bonɬle ba dumisa wena.

4 O nga matiko ma tsaka ma yimbelela kuklanga ;—hakuba wena u ta lamula banhu hi kueceko, ni ku luluka mifumo misabeni.

5 Nga banhu bonkle ba dumisa wena, O Nungungulu ;—nga banhu bonkle ba dumisa wena.

6 A misaba yi humesile loku kuanzisilweko:—Nungungulu, yena Nungungulu wa hina benyi, i ta katekisa hina.

7 Nungungulu i ta katekisa hina ; ni bonkle kugumelwa ka misaba ku ta mu caba.

Siku 18, Lisimu 72.

1 Nyika hosi kulamula ka wena, O Nungungulu,—ni ku lunga-misilweko ka nwana wa hosi.

2 Yena i ta lamula banhu ba wena hi kululamisilweko,—ni zi-siwana hi nongameto.

3 Ni zitsunga zi ta neha kurula ka banhu,—na zitsumba hi ku-lulama.

4 Yena i ta lamula a wusiwana ga banhu, i ta hanyisa a banana ba laba ba vumelako,—i ta trandlisa a tsimbeketa.

5 Ba ta ku caba wena na gambo na ga hi bona,—i ta ba ngaho ni hweti kambe, ka zonkle zizukulwana.

6 Yena i ta relela ku fanana ni vula ka byanyi gi kanyiswako, —kota refu legi gi tsakamisako misabeni.

7 Masikwini yakwe, ba lulamileko ba ta bombiswa,—ni wunyi-ngi ga kurula, kala hweti yi nga ha hi kona.

8 I ta ba ni kufumela kambe ku sukela bimbini kala kuya bi-mbini,—ni ku sukela congweni kala magumelweni ya misaba.

9 Bona laba ba akileko lomu xiwuleni ba ta kizamo ka yena ;— ni balala ba yena ba ta laza a tsutsungwane.

10 A tihosi ta le Tarxixi ni ta le zihlaleni ti ta luba nzubo :—a tihosi ta le Xeba ni le Seba ti ta nyika zinyikiwo.

11 Inaka, ni tonkle tihosi ti tawa lahasi mahlweni ka yena ;— yonkle mifumo yi ta mu kozela.

12 Hakuba yena i ta klaklisa muvumali laha a rilako,—ni xisi-wana xi nga hiko ni muvuni.

13 Yená i ta ba ni wuxinji ka zisiwana ni ka bavúmali,—ni mu-hefemulo wu labako yena i ta wu hanyisa.

14 Yena i ta *klaklisa* mihefemulo ya*b*ye le kutsimbeketweni ni le kupangweni;—ni ku ba wu sasekileko a nkata wa*b*ye ma-hlweni ka yena

15 Bona ba ta hanya; ni ka yena ku ta nyikiwa a nzalama ya le Xeba;—ni banhu ba ta kombela yena hi kusimamisilweko; bona ba ta katekisa yena gon*k*le siku.

16 Ku ta ba kona a wunyingi ga mbewu le hehla ka xixungwe xa *z*itsunga; ni mihânzu ya gona yi ta *klakl*eka kwatsi hi Lebanoni:—ni laba ba lomu mitini ba ta bombiswa kota *b*yanyi ga misaba.

17 Ni bito gakwe gi ta tsama kala ku pinzuka; a bito gakwe gi ta simamisa kwatsi hi gambo:—ni banhu ba ta katekiswa hi ka yena; won*k*le matiko ma ta mu bitana kuxalala.

18 A katekiswe Jehova Nungungulu, a Nungungulu wa Israeli, —a nga wihi yece a mahako a *z*ilo *z*o hlamalisa:

19 A gi katekiswe a bito gakwe gi ngangamelisilweko kala ku pinzuka; ni nga misaba yon*k*le yi tatiswa hi wukosi gakwe. Ameni, ni Ameni.

Siku 19,   **Lisimu 73.**

1 Hakunene Nungungulu i sasekile ka Israeli,—hambu labo ba basileko mbilwini.

2 Kanile*z*i ha mina, a mikonzo ya mina ku tsongwani na yi wile;—ni mikonzo ya mina yi wa hi ku suhani ni ku rete-muka.

3 Hakuba nzi wa hi ni wukuxu ni la ba tikukumukisako,—laha na nzi wona a kuvuvuma ka baonhi.

4 Hakuba ku haba ku nyenyetela kufeni ka*b*ye;—kanile*z*i a ntamo wa*b*ye wa ha tiyile.

5 Bona a ba na kukarateka kota banhu ba*n*wani;—ge ni ku xanisiwa kwatsi ba*n*wani.

6 Hikwalaho a matsanza hi kwatsi ma ngenje nha*n*weni ya*b*ye; —a kupanga ku fenengetile bona kwatsi hi nguwo.

7 Ni mahlo ya*b*ye ma nd*l*wand*l*wama hi mafura;—bona ba na *z*o tala ku hunza ku laba ka mbilu.

19

8 Ba tsetselela, hi kuonhakalisilweko ka*b*ye ba wulawula *z*inyi-kiwo:—bona ba wulawula kukumuka.

9 Ba yisile milomu ya*b*ye le matilweni,—ni lirimi la*b*ye li famba li tsemakanya, misaba.

10 Hikwalaho a banhu bakwe ba *k*lelela laha:—ni mati yo tala kopo ma kamilwe hi bona:

11 Na bona ba ku, Nungungulu i tibisa ku yini ke?—ni kutiba kona ku ka loyi a *k*lalukileko nguvu ke?

12 Languta, laba hi baonhi;—na, ba ha tenja xon*k*le xikati, ba anziswa ku pfuneni.

13 Ha kunene hi mahala nzi hla*z*ile a mbilu ya mina,—nzi hla*z*ile man*d*la ya mina na ku i haba nan*z*u.

14 Hakuba cumbu hi masika won*k*le mina nzi wa kari nzi giwa, —na nzi tsayiswa yon*k*lelele mixo.

15 Loku mina nzi wa te ngalo, Nzi ta wulawula *z*a kungahi; languta, nzi nga maha kuohlisileko ka xizukulwana xa banana ba wena.

16 Laha nzi nga wa alakanya nzi fela ku tibisa ku yini lexi,— ku wa bayisa nguvu ka mina;

17 Nzi kala nzi ya lomu n*d*lwini ya Nungungulu,—ni kugume-lwa nzi ya ku pima.

18 Ha ku nene wena u ba yimisa wutsa*n*weni gi retemukako:— wena u ba hoxa lahasi kulo*b*yisweni.

19 Bona ba hangalakisa ku yini hi katanyana! bona ba mbeti-swa hi kutsisa.

20 Kwatsi hi kulora laha mu*n*we a kin*d*limuka;—*Z*ingaho, O Hosi, labona wena na a kin*d*limukako u ta nyenya mufanani-so wa*b*ye.

21 Hakuba muhefemulo wa mina wu wa kwakwene;—nzi wa porokitilwe mbilwìni.

22 Lezaku a dangaya ku wa hi mina, ni ku nga tibi;—nzi wa kwatsi nzi xibanza mahlweni ka wena.

23 Ahemba nza simamisa nzi hi na wena;—wena u komileko a canja ga mina ga xinene.

24 Wena u ta nzi rangela hi kungo ga wena,—a nzako ka le*z*i u ta nzi amukela wukosini ga wena.

25 Nzi ni wihi a nga le tilweni saseka a hi wena ke?—ni laho a nga kona misabeni a xubekako hi la handle ka wena.

26 A nyama ya mina ni mbilu ya mina za hluleka;—kanilezi Nungungulu hi ntamo wa mbilu ya mina ni xiabelo xa mina kala ku pinzuka.

27 Hakuba, mangabye, bona laba ba nga kule na wena ba ta loba:—wena u lobisile bona bonkle laba ba bayako, ba sukile ka wena.

28 Kanilezi zi sasekile ka mina ku tsinela ku suhani ka Nungungnlu: mina nzi mahile a Hosi Jehova xiponelo xa mina, kasi nza fela ku byela yonkle mitiro ya wena.

Siku 20,   **Lisimu 84.**

1 Ma ranzekisa ka yini a matabarnekeli ya wena,—O Jehova wa mabandla!

2 Mu hefemulo wa mina wa nabela, ina, wu wune la a hubye ya Jehova;—a mbilu ya mina ni nyama ya mina za rilele ka Nungungulu a hanyako.

3 Ina, ni xinyanyani xi kumile a yindlu ya xona, ni mbewulwani a xisaka xa wutsumbu ga yona, laho yi ta nga tsikela kona mavinyani,—hambu ni ma alati ya wena, O Jehova wa mabandla, Hosi ya mina, ni Nungungulu wa mina.

4 Ba katekile bona labo ba tsamileko ndlwini ya wena:—bona ba ta nonohisa na ba bonga wena.

5 Katekisilwe munhu loyi a ntamo wa yena wu nga ka wena;—ni lomo mbilwini yakwe ti kona tindlela ta Hosi ta Zioni.

6 A hunza a nzelelo wa Kurila ba yi maha a wutsumo ga tihlowo,—ina, ni vula ya ku ranga yi yi fenengeta hi zikatekiso.

7 Bona ba suka ntanweni baya ntanweni;—bonklelele ba bona ba woneka mahlweni ka Nungungulu Zioni.

8 O Jehova Nungungulu wa mabandla, zwana kukombela ka mina;—nyika ndlebe, O Nungungulu wa Jakobe.

9 Languta, O Nungungulu muvikela ka hina,—cuwuka a ngohe ya a hlawulilweko wa Wena.

10 Hakuba siku le hubyeni ya wena gi sasekile ku hunza kume ga mazana,—Mina nzi nga laba ku tsama mulabeleli ndlwini

ya Nunguṅgulu wa mina, ku hunza ku tsama lomo tenteni
ga wa kuonhakala.

11 Hakuba Jehova Nungungulu hi gambo ni kuvikela: Jehova
i ta nyika wuxinji ni wukosi;—a ku kona xa kusaseka a ta
nga tsimbetelwa ka kona laba ba fambako hi kululamileko.

12 O Jehova wa mabandla, i katekisilwe a munhu a tsamako ka
wena.

Siku 21,   **Lisimu 89.**

1 Mina nzi ta yimbelela a kuranza ka wunene gá Jehova kala
ku pinzuka:—hi nomu wa mina nzi ta ku maha ku tibyiwa a
kukolekisilweko ka zizukulwana zonkle.

2 Hakuba nzi wa te ngalo, A wuxinji gi ta akiwa kala kupi-
nzuka;—ni kukolekisilweko ka wena u ta ku yimisa nzeni ka
milawo ya matilo.

3 Nzi mahile xivumelwano zinwe ni ba hlawulilweko ba mina,
—nzi wa lo hlambanya ka Davida nanza ga mina.;

4 .A mbewu ya wena nzi ta yi yimisa kala ku pinzuka,—ni ku
aka xitsamo xa wena xa wuhosi ka zonkle xizukulwana.

5 Ni matilo ma ta dumisa zihlamaliso za wena, O Jehova;—a
kukolekisilweko ka wena kambe ku le kuhlengeletaneni ka
ba basileko.

6 Hakuba hi.mani le tilweni a ta nga ecana ka Jehova ke? hi
wihi xikari ka banana ba tinhenha a ta nga fanana na Je-
hova,

7 Nungungulu wa cabeka le kungweni ga ba basileko,—ni ku
cabyiwa ka bona bonkle laba ba mu ranzeleko?

8 O Jehova Nungungulu wa mabandla, hi wihi a nga nhenha,
ku fanana na wena, O Jehova ke?—ni kukolekisilweko ka
wena ku ranzele wena.

9 Wena u fumileko a kukumuka ka bimbi:—laha na mabya-
ndlati ya wona wena u ma meyitsa.

10 Wena u tsobileko Rahabi zipanzana, kota a klabyilweko:—
wena u hangalasile balala ba wena hi woko ga ntamo wa
wena.

11 A matilo nja wena, ni misaba kambe nja wena;—a tiko ni
ku tala ka gona, hi wena u zi sanguleko.

12 A nwalungu ni dzonga, wena hi wena uzi bangileko:—Tabo-
ra Hermoni ba buma bitweni ga wena.

13 Wena u nga ni woko ga ntamo;—gi na ntamo a canja ga
wena, gi klakukile canja ga wena ga xinene.

14 A kululama ni nongameto zi hi xiseketelo xa xitsamo xa wu-
kosi xa wena:—kuranza ka wunene ni zinene kuya mahlwe-
ni ka ngohe ya wena.

15 Ba katekisilwe a banhu laba tibako a guwa ga kutsaka:—bo-
na ba famba, O Jehova, kuwonekeleni ka ngohe ya wena.

16 Hi bito ga wena bona ba tsaka gonkle siku;—ni kululameni
ka wena bona ba klakusiswa.

17 Hakuba wena hi wena u nga wukosi ga ntamo wabye;—hi
tomo ga wena a linhonzo la hina li ta klakuswa.

18 Hakuba kuvikela ka hina kuta hi ka Jehova;—ni hosi ya hi-
na ka Loyi wo Basa wa Israeli.

19 Zonake wena u wulako hi muwonisi ka laba bo basa ba wena,
u wa te ngalo, Nzi bekile kuvunwa ka Munwe a nga ni nta-
mo;—nzi nklakusile munwe a hlawulilweko xikari ka banhu.

20 Nzi mu kumile Davida nanza ga mina;—hi mafura ya mina
yo basa nzi mu totile:

21 Na yena a canja ga mina gi ta nga yimiswa;—ni woko ga
mina kambe gi ta tiyisa yena.

22 A nala a nga ta kurumeta le ka yena,—hambu nwana wa
kuonhakala a nga ta xanisa yena.

23 Mina nzi taba a balala bakwe mahlweni ka yena,—nzi ta ba
lamata labo ba bengako yena.

24 Kanilezi a kukolekisilweko ka mina ni kuranza ka wunene
ga mina zi ta ba na yena,—ni bitweni ga mina a limhonzo la-
kwe li ta klakuswa.

25 Nzi ta yimisa canja gakwe lomu bimbini,—ni canja gakwe
ga xinene lomu micongweni.

26 Yena i ta rila ka mina, Wena u raru wa mina,—Nungungulu
wa mina, ni ribye ga kuhanyiswa.

27 Kambe mina nzi ta mu maha yena matewula ya mina,—a
klakusisilwekc tihosini ta misaba.

28 Ni kuranza ka wunene ga mina ku ta hlayisa yena kala ku
pinzuka kambe ;—ni xivumelwano xa mina xi ta yima xi ti-
ya zinwe na yona.

29 Ni mbewu yakwe nzi ta yi maha yi tsama kala ku pinzuka,
—ni xitsamo xakwe kwatsi hi masiku ya tilo.

30 Loku a banana ba yena ba tsika milayo ya mina,—ba nga
fambi hi ziyimiso za mina ;

31 Loku ba tsoba a zilayelo za mina,—ni ku nga hlayisi a mila-
yo ya mina.

32 Zonake nzi ta yela a zihambunyeto zabye hi nhonga,—ni ku-
goha kabye ni timbirimbi.

33 Kanilezi a kuranza ka wunene ga mina ni ku mbetisilweko
nzi nga ta tekwa ka yena,—hambu ni ku vumela kukolekisi-
iweko ka mina ku hluleka.

34 Xivumelwano xa mina nzi nga ta xi tsoba,—hambu niku ha
mbukisa lezi zi humeleko milonwini ya mina.

35 Ku wa hi kanwe nzi hlambanyile hi kubasa ka mina:—nzi
nga ta hemba mawunwa ka Davida:

36 A mbewu yakwe yi ta tsama kala ku pinzuka,—ni xitsamo
xakwe xawukosi kota gambo mahlweni ka mina.

37 Yi ta yimiswa kala ku pinzuka kota hweti. ni kustumunyu a
tsumbekileko le hehla.

38 Kanilezi wena u hoxile u alile,—wena u wa kari u hi ni kulo
ni a hlawulilweko wa wena.

39 Wena u nyenyileko a xivumelwano xa nanza ga wena: wena
u nyenyezisile a xidlodlo xa yena hi ku hoxa lahasi misabeni.

40 Wena n tsobile tonkle tibingo takwe ;—wena u nehileko a zi-
ponelo zonkle zakwe kuhlakaleni.

41 Bonkle laba ba hunzako hi ndlela ba mu panga:—yena i ma-
hile nzukano ka ba akelweni bakwe.

42 Wena u klakusile a canja ga balala ba yena ;—wena u mahi-
le bonkle balala bakwe ba huma.

43 Inaka, wena u hunzulusile a wukla ga supada ya yena,—na
u mu mahile a nga yimi le yimpini.

44 Wena u mahile kugangamela kakwe ku kawula,—ni ku hoxa xitsamo xa wukosi xa yena lahasi misabeni.

45 Masiku ya wuswa gakwe wena u ma komisile:—wena u mu fenengetile hi tingana.

46 Ku ta kala ku yini, O Jehova? wena u ta fihla ngohe ya wena kala ku pinzuka ke?—ku ta kala ku yini a kulo ga wena gi vura kota nzilo ke?

47 O alakanya lezaku xi komisile ku yini xikati xa mina:—hakuba hi ncumo wihi u ba mahileko banana ba banhu ke?

48 Hi wihi munhu a hanyako a nga ta wona kufa,—loye a ta nga klaklisa muhefemulo wakwe a tanweni wa Xaoli ke?

49 Hosi, ku kwihi kuranza ka wunene ga ku sangula ga wena,—loku u ku fungisileko ka Davida ku kolekisweni ka wena ke?

50 Alakanya, Hosi, a kurukatelwa ka milanza ya wena;—lezaku nzi rwalisa xifubeni xa mina ku yini a kurukatelwa ka bonkle banhu ba ntamo.

51 Hi kwihi laho a balala ba wena ba ku rukateleko, O Jehova, —hi kwihi laho ba rukatelile a konzo wa a hlawuglilweko wa wena.

52 A katekiswe Jehova kala kupinzuka ni kupinzuka. Ameni, ni Ameni.

Siku 22,   **Lisimu 90.**

1 Hosi wena u wa kari u hi wutsamo ga kuaka ka hina—zizukulwaneni zonkle.

2 Hi mahlweni ka zitsunga na zi nga se ku humesiwa, kasi kala ku pinzuka wena u wumbile misaba ni tilo, kupinzukeni kala ku pinzukeni wena u hi Nungungulu.

3 Wena u hunzako munhu kulobyisweni,—na u ku, Klelani, nwina banana ba banhu.

4 Hakuba a kume ga mazana ya malembe mahlweni ka wena ma kwatsi hi tolo laha na ma hunzile,—ni ku kwatsi kurinzela ka wusiku.

5 Wena u ba susa kwatsi hi ntalo; ba kwatsi mburango:—ni mixweni bona ba kota byanyi legi gi kulako.

6 Ni mixweni ba bombiswa, ni ku kula;—ni laha gambyeni ga tsenwa na gi wuna.

7 Hakuba hina ha mbetiswa zangeni ya wena,—ni le moneni wa wena hina hi karatilwe.

8 Wena u yimisile zigoha za hina mahlweni ka wena,—a kuonha ka hina ku fihleleko ku le ku wonekeleni ka ngohe ya wena.

9 Hakuba wonkle masiku ya hina ma hunza le kulweni ga wena;—ha neha malembe ya hina ku ta gumelwa kwatsi hi kuhefemula.

10 A masiku ya malemba ya hina i nklanu wa makume ni makume mambiri, kutani loku ku nga ku hi tsamo ga ntamo hi nklanu wa makume ni makume manharu ya malembe;—kanilezi a ku kula ka wona ka kubinza ni kuxaniseka, hakuba lokuloku ku hunza, hina hi nwalala.

11 Himani a tibako a ntamo wa zanga ya wena,—ni kulo ga wena hi kucabya loku ku faneleko ka wena ke?

12 Zingaho hi gonzise ku hlaya masiku ya hina,—kasi ha teka ka hina a mbilu ya kutiba.

13 Klela, O Jehova; ku ta kala ku yini ke?—nga ku kuhunzulusa hi kota ya malanza ye wena.

14 O hi xurise wena mixweni hi kuranza ka wunene ga wena,—kasi ha fela ku buma ni ku tsaba wonkle masiku ya hina.

15 Hi mahe hi tsaka hi masiku lawo wena wa ha hi xanisako ha wona,—ni malembe lawo ha wona hi wonileko kubiha.

16 Nga a tiro wa wena wu woneka ka malanza ya wena,—ni wukosi ga wena hehla ka banana ba wena.

17 Nga ntamo ga Jehova Nungungulu wa hina gi hi hehla ka hina; wena u yimisa a tiro wa mandla ya hina hehla ka hina; inaka, a tiro wa mandla ya hina yimisa wena wona.

Siku 23,   **Lisimu 91.**

1 Yena a tsamileko kufihlaleni ka loyi A nga Hehla-Hehla,—i ta tsama nzutini wa loyi A nga ni Ntamo.

2 Nzi ta ku ka Nungungulu, i kokolo ga mina wurena ga mina;—Nungungulu wa mina nza tsumba ka yena.

3 Hakuba yena i ta ku klakla klanwini wa mudembeli,—ni ka ntungu wo biha.

4 I ta ku fenengeta hi mawoya yakwe, ni lahasi ka tipapa ta-
kwe u ta tsumba:—zinene zakwe hi xiklangu ni ngenge.

5 U nga ta caba kucabeka ka wusiku,—ne ni galala gi tumako
hi siku:

6 Ni tungu wu fambako munyameni,—ne ni kufa ku dayako
mihlekanhi.

7 Kume ga mazana ba tawa hi rebeni ga xinene; ni mazana ya
mazana canjeni ga wena ga xinene;—kanilezi ku nga ta tsi-
nela ka wena.

8 U ta cuwuka hi mahlo ya wena basi,—u wona kuhalakelwa
ka bo biha.

9 Hakuba wena, O Jehova, U kokola ga mina!—u mahile Loyi
a Hehla-Hehla wutsame ga wena.

10 Ku haba kubiha ku ta ngawa hehla ka wena,—ne ni kuxani-
seka ku nga tata kusuhani ka xaxa wa wena.

11 Hakuba yena I ta laya tingelosi takwe ha wena—ku ku hla-
yisa, tindleleni tonkle ta wena.

12 Tona ti ta ku klakusa mandleni ya tona,—kutani u nga ku-
ngubanyeka konzo wa wena ribyeni.

13 U ta gandla ngonyamo ni piri:—ni ngonyanwana ni nyoka u
ta zi gandla lahasi ka mikonzo ya wena.

14 Hakuba yena i namarele ka mina, hikwalaho nzi ta mu kla-
kla:—nzi ta mu beka hehla, hakuba i tibile bito ga mina.

15 I ta nzi bitana yena, nzi ta mu hlamula:—nzi ta tsama na
yena kuxanisekeni; nzi ta mu klakla, nzi ta mu dumisa.

16 Nzi ta mu xurisa hi kuhanya ka leha, nzi ta mu wonisa ku-
hanyisa ka mina.

Siku 24,   **Lisimu 95.**

1 O ngonani, nga hi yimbelela ka Jehova;—nga hi maha guwa
ga kutsaka ka ribye ga kuhanyiswa ka hina.

2 Nga hita mahlweni ka yena zinwe ni ku nyika kubonga;—a
hi maheni guwa ga kutsaka ka yena zinwe ni tisimu.

3 Hakuba Jehova hi Nungungulu wa hombe,—ni Hosi ya ho-
mbe ka hehla ka banungungulu bonkle.

4 Ni le mandleni ya yena ku kona kueta ka misaba ;—ni kule-ha ka zitsunga zi ka yena kambe.

5 Ni bimbi ga yena, hi yena a gi mahileko ;—ni mandla yakwe ma mahile misaba yi omileko.

6 O ngonani, nga hi kozela ni kukorama lahasi ;—nga hi kizama mahlweni ka Jehova Mumahi wa hina.

7 Hakuba yena hi Nungungulu, na hina hi banhu ba ngelo gakwe, ni tiyivu ta canja ga yena.—nyamukla, O lezaku nga muzwa a gezu ga yena!

8 Mu nga nonohisi a mbilu ya nwina, kota le Meriba,—kwatsi sikwini ga Masa xiwuleni ;

9 Laha bararu ba nwina ba lo nzi ringa —ba wa lo nzi ringanisa, ni ku wona tiro wa mina.

10 Mune makume ya malembe bu nabalata nzi nga wa kwa-kwene ni lexo xizukulwana,—na nzi wa te ngalo, laba banhu ba mahako zihambunyeto mbilwini yabye, ba nga tibangi tindlela ta mina.

11 Ngahilezo nzi wa lo hlambanya zangeni ya mina, lezaku bona nga ba nga engeni kuhumuleni ka mina.

Siku 25,   **Lisimu 100.**

1 Mahani a guwa ga kutsaka ka Jehova,—nwenkle nwina matiko.

2 Kozelani Jehova hi kutsaka :—ngonani ku suhani ka yena hi kuyimbelela.

3 Tibani lezaku Jehova, yena hi Nungungulu : hi yena loyi a hi mahileko, na hina hi bakwe ;—hina hi banhu bakwe, a tiyivu ta ngelo wakwe.

4 Engenani nyangweni ya yena hi kunyikubonga, ni le hubyeni yakwe ni kudumisa :—nyikani kubonga ka yena, mu katekisa bito gakwe,

5 Hakuba Jehova i sasekile ; ni kuranza ka wunene gakwe ku tsamile kala ku pinzuka, ni kukoleka ka yena ka zukulwana zonkle.

Siku 26, **Lisimu 103.**

1 Kesa Jehova muhefemulo wa mina ;—ni loku konkle kunga lomu nzeni ka mina a ku kese bita gakwe go basa.

2 Kesa Jehova muhefemulo wa mina,—u nga kohlwi hi tisakwati takwe tonkle.

3 Yena a tsetselelako kubiha ka wena konkle ;—a hanyisako mitungu ya wena yonkle.

4 A klaklako kuhanya ka wena kudaweni ;—a ku bombisa hi kurula ni wuxinji ga kuranza.

5 A xurisako nomu wa wena hi zilo zo saseka :—hi lezi kuhanya ka wena ku klelisilwe kota koti.

6 Jehova wa maha mitiro yo saseka,—ni kulamula ka labo bonkle ba xanisilweko.

7 I lo tibisa Mosi tindlela takwe,—ni mitiro yakwe ka banana ba Israeli.

8 Jehova i tele hi kuzwela wuxinji ni kurula,—wa hlela ku zangari wa rula nguvu.

9 A nga ta pikizana zikati zonkle ;—zanga yakwe a nga ta yi tsimbeta kala ku pinzuka.

10 A nga mahangi ka hina kota kuonha ka hina ;—a nga hi cacazelangi kota kubiha ka hina.

11 Hakuba kotisa tilo gi nga hehla ka misaba,—ga hombe lezo wuxinji gakwe ka labo ba mucabako.

12 Kota mutsuwukagambo ku nga kule ni muhlagambo,—I humesela lezo kuonha ka hina.

13 Kota raru a zwelako wuxinji banana bakwe,—hi lezo Jehova wa ba zwela wuxinji labo ba mu cabako.

14 Hakuba wa tiba ku maha ka hina :—wa alakanya a ku hina hi tsuri.

15 Kanilezi munhu masiku yakwe ma kota byanyi—kotisa xitsangi xa lomu kwatini, i kulisa lezo.

16 Hakuba mehe yi hunza hehla ka gona gi suka,—ni wutsamo ga gona hi nga ta gi tiba kambe.

17 Kanilezi wuxinji ga Jehova gi suka hi kupinzukeni ku kala kupinzukeni,—gi tsama hehla ka labo ba mu cabako, ni kululama kakwe ka banana ba banana :

18 Ka labo ba hlayisako xivumelwano xakwe,—ni ka labo ba
hlayisako zigonziso zakwe ku zi maha.

19 Jehova I yimisile xitsamo xakwe tilweni:—ni mufumo wa-
kwe wa fumela hehla konkle.

20 Kesani Jehova nwina tingelosi takwe, ti hunzako hi ntamo,
—mu mahako milayo yakwe mu ingisako gezu ga mhaka
yakwe.

21 Kesani Jehova nwina mabandla yakwe nwenkle:—nwina ma-
lanza yakwe, mu mahako kuranza kakwe.

22 Kesani Jehova, mitiro yakwe yonkle matsanweni wonkle ya
kufuma kakwe; mu kese Jehova muhefemulo wa mina.

Siku 27,   **Lisimu 107.**

1 O nyikani kubonga ka Jehova; hakuba i sasekile;—hakuba
kuranza ka wunene gakwe ku tsamela kala ku pinzuka.

2 Nga ba klaklisilweko ba Jehova ba wula za ku ngaho,—labo
a ba klaklisilweko canjeni ga nala wabye,

3 Ni ku ba tsombanyisa hi le matikweni,—hi le mutsuwuka
gambo ni le muhlwa gambo, ni le nwalungu ni dzongeni.

4 Bona ba nzula lomu xiwuleni ni lomu xiwunzeni;—bona a
ba kumangi ni muti wa kuaka.

5 Ba na ndlala ni tora,—ni mihefemulo yabye wu coma ka
bona.

6 Zonake ba lo rilela ka Jehova kukaratekeni kabye,—na yena
a ku ba klaklisa bona bona makombyeni yabye.

7 I wa lo ka yisa kambe hi ndlela yi lulamileko,—kasi ba fela
kuya mutini wa kuakiwa.

8 O kasi banhu ba fela ku dumisa Jehova hi kuranzaka wune-
ne gakwe,—ni mitiro yakwe yi hlamalisako ka banana ba
banhu.

9 Hakuba yena wa xurisa muhefemulo wu vumalako,—ni mu-
hefemulo wa ndlala i wu xurisa hi kusaseka.

10 Labo ba nga tsamileko munyameni ni nzutini wa kufa,—na
ba bohilwe hi zixaniso ne ziketse.

11 Hakuba ba hlubukile ka timhaka ta Nungungulu,—ba tsikile
kungo ga loyi a Klakukileko Nguvu.

12 Hikwalaho yena i reletile a mbilu yabye hi nzwalo;—bona
· ba lowa, ni laho a ku kona ku ba vunetela,

13 Zonake bona ba rilile ka Jehova kukaratekeni kabye,—na
yena i lo ba hanyisa bona makobyeni yabye.

14 Yena i lo ba humesa munyamni ni le nzutini wa kufa,—na i
lo pulakanyisa a kubohwa kabye ku tsemeka.

15 O lezaku nga banhu ba dumisa Jehova hi kuranzaka wunene
gakwe,—ni mitiro ya yena yi hlamalisako ka banana ba
banhu!

16 Hakuba yena i tsobile tinyangwa ta misuku,—ni ku pulaka-
nyisa a tsoba tibati ta ziketse.

17 Mapupulu hi kota ya zihambunyeto zabye,—ni hi kota ya ku-
goha kabye, ba xanisilwe.

18 Mihefemulo yabye yi honekela tonkle tixaka ta kuga;—bona
ba tsinele ku suhani ni tinyangwa ta kufa.

19 Zonake ba rilela ka Jehova kukaratekeni kabye,—yena i wa
ba hanyisa makobyeni yabye.

20 Yena a rumelako mhaka yakwe, yi ba hanyisa,—yi ba klakli-
sa bona kulobyisweni kabye.

21 O kasi banhu ba nga mu dumisa Jehova hi kuranza ka wu-
nene gakwe,—ni mitiro ya yena yi hlamalisako ka banana ba
banhu!

22 Ni ku nga ba nyikela mipahlelo ya ku nyika kubonga,—ba ·
tibekisa mitiro yakwe hi kuyimbelela.

23 Bona ba relelako baya bimbini nzeni hi mataro,—labo ba
mahako mitiro ya hombe mamatini ya hombe;

24 Laba na ba wona mitiro ya Jehova,—a zihlamaliso za yena
kueteni.

25 Hakuba yena wa laya, a vuxa a xipupuri xa mheho,—lexi xi
klakusako mabyandlati ya kona leyo.

26 Wona ma kluleko le matilweni wona, ni ku relele kambe
kueteni:—ni muhefemule wabye wu nyekiswa hi kota ya
zikarato.

27 Ba nziwiteka, ni kundlengandlengiswa, ni ku dedereka kota
munhu a popilweko,—ni kugumelwa kuklariheni kabye.

28 Ni laba ba rilako ka Jehova kukaratekeni kabye,—yena wa
ba humesa makombyeni yabye.

29 Yena a mahako mheho yi kawuka,—kasi a mabyandlati ya kona ma rutisa.

30 Zonake bona ba tsaka hakuba bona ba rutisilwe;—zingaho yena i ba neha suhweni ka wutsomo legi gi xubileweko gabye.

31 O lezaku banhu nga ba dumisa Jehova hi kota ya kuranza ka wunene gakwe,—ni mitiro ya yena ka banana ba banhu!

32 Nga bona ba klakusa yena kambe kuhlengeletaneni ka banhu,—ni ku mu dumisa xitsanweni xa masingalakati.

33 Yena a yisako micongo le xiwuleni, ni tihtaowo mamati misabeni yi omileko;

34 A misaba ya matsobo yi maha xiwunga xa munyu,—hi kota ya kubiha ka bona ba akileko kona.

35 Yena a hunzulusako a xiwula xi maha tiba ga mati,—ni misaba yi omileko a ku maha tihlowo ta mati.

36 Ni laho a maha a wandlala kuaka,—kasi ba fela kulongisa muti wa ba akileko.

37 Ni ku rima masimu, ni ku byala mavini,—ni ku ba nyika mihanzu ya ku tala.

38 Yena wa ba katekisa bona kambe, lezaku bona ba anziswa hi ku enzelekileko;—a nga vumeliko a tihomu tabye ku coma.

39 Kambe, bona ba mbeteka ni koramiswa lahasi; hi kota ya kutsimbeketwa, hi zikarato, ni zixaniso.

40 Yena a celako kuhukela ka tihosana,—ni ku maha ba nzula xikwakweni,—laho ku nga hiko kona ni ndlela.

41 Kani a klakusa loyi a vumalako hehla ka zixaniso,—ni ku mu maha mingango kota klambi.

42 A xisaseka xi ta ku wona, ni ku ba a tsaka;—ni zibi zonkle zi ta dumara a nomu wakwe.

43 Loye a tibako i ta cela kota hi lezi zilo; na bona ba ta alakanya hi kuranza ka wunene ga Jehova.

Siku 28,   **Lisimu 121.**

1 Nzi ta klakusa mahlo ya mina zitsungeni:—ku tata hi kwihi kuvunetela ka mina?

2 Kuvunetela ka mina kuta hi ka Jehova,—a nga maha tilo ni misaba.

3 A nga ta ku vumela konzo wa wena ku humeswa:—yena a
ku hlayisako a nga ta kudzehela.

4 Languta yena a hlayisako Israeli, a nga ta kudzehela,—ne ni
ku eklela.

5 Jehova hi Muhanyisi wa mina:—Jehova hi nzuti wa wena
canjeni ga wena ga xinene.

6 A gambo gi nga ta kuba hi hlikanhi,—ne ni hweti hi wusiku.

7 Jehova i ta ku beletela kubiheni konkle:—i ta hlayisa mu-
hefemulo wa wena.

8 Jehova i ta hlayisa kuhuma ka wena ni kuengena ka wena,
· kusuka lezi ni kala ku pinzuka.

Siku 29,   **Lisimu 115.**

1 A hi ka hina, O Jehova, a hi ka hina, kanilezi ka bito ga we-
na nyika wukosi,- hi kota ya kuranza ka wunene ga wena, na
hi kota ya zinene za wena.

2 Ngahilezo nga matiko ma wula,- I kwihi makunu Nungu-
ngulu wabye ke?

3 Kanilezi Nungungulu wa hina i le matilweni:—i mahile kani
zihi a zi ranzako.

4 A zifananiso zabye za siliva ni nzalama,—a mitiro ya mandla
ya banhu.

5 Zi na ni milomu, kanilezi a zi wulawuli;—ni mahlo zi nawo,
kanilezi a ma woni.

6 Zi na ni tindlebe, kanilezi a tizwi;—zona zi na tinhovu, kani-
lezi a ti nuheti;

7 Zi na ni mandla, kanilezi a ma weleli; ni milenge zi nayo,
kanilezi a yi fambi;—hambu ku wulawula zona hi mikolo ya
zona.

8 Bona ba zi mahako ba ta fanana na zona;—inaka, ni bonkle
laba ba tsumbako ka zona.

9 O Israeli, tsumba wena ka Jehova:—yena hi kuvuna kabye ni
xivikelo xabyi.

10 O yindlu ya Aroni, tsumbani nwina ka Jehova:—yena hi ku-
tsumba kabye ni kuvikela kabye.

11 Nwina laba mu cabako Jehova, tsumbani Jehova:—yena hi
kuvuna kabye hi kuvikela kabye.

12 Jehova i wa kari a cela kɔta ha hina; yena i ta hi katekisa:—
yena i ta katekisa yindlu ya Israeli; yena i ta katekisa yi-
ndlu ya Aroni.

13 Yena i ta katekisa bona laba ba cabako Jehova,—bonkle ba-
tsongwani ni bahombe.

14 Jehova a mu enzelekise kambe ni kambe,—nwina ni banana
ba nwina.

15 Mu katekisilwe nwina ha Jehova,—loye a mahileko matilo
ni misaba.

16 A matilo hi matilo ya Jehova;—kanilezi a misaba i yi nyikile
ka banana ba banhu.

17 A bafileko a ba mu dumisi Jehova,—hambu ni labo ba rere-
leko humiyeleni;

18 Kanilezi hina hi ta katekisa Jehova ku sukela lexi xikati ni
ku kala ku pinzuka kambe, Dumisani nwina Jehova.

Siku 30,   **Lisimu 136.**

1 O nyikani kubonga ka Jehova; hakuba i sasekile;—hakuba
kuranza ka wunene gakwe ku tsama kala ku pinzuka.

2 O nyikani kubonga ka Nungungulu wa banungulu;—hakuba
kuranza ka wunene gakwe kutsamile kala kupinzuka.

3 O nyikani kubonga ka Hosi ya tihosi;—hakuba kuranza ka
wunene gakwe ku tsamile kala ku pinzuka.

4 Ka yena wihi yena a mahako zihlamaliso za hombe;—hakuba
a kuranza ka wunene gakwe ku tsamile kala kupinzuka.

5 Ka yena hi kupima i lo maha matilo;—hakuba a kuranza ka
wunene gakwe ku tsamile kala kupinzuka.

6 Ka yena loyi a nga kukumuxa misaba hehla ka mamati;—
hakuba kuranza ka ·wunene gakwe ku tsamile kala ku-
pinzuka.

7 Ka yena loyi a mahilêko a kuwonekela ka hombe;—hakuba
kuranza ka wunene gakwe ku tsamile kala kupinzuka:

8 A gambo a ku fumela hi siku;—hakuba kuranza ka wunene
gakwe ku tsamile kala ku pinzuka;

9 A hweti ni tinyeleti a ku fumela wusiku ;—hakuba kuranza ka wunene gakwe ku tsamile kala ku pinzuka ;

10 Ka yena loye a dayako a matewula ya*b*ye a ba le Gipiti ;—hakuba kuranza ka wunene gakwe ku tsamile kala ku pinzuka ;

11 Ni ku humesa ba Israeli xikari ka*b*ye ;—hakuba kuranza ka wunene gakwe ku tsamile kala kupinzuka.

12 Hi canja ga ntamo, na hi woko gi *k*lakusilweko ;—hakuba kuranza ka wunene gakwe ku tsamile kala kupinzuka.

13 Ka yena a nga pulakanyisa Bimbi go *T*ruka gi banyeka ;—hakuba kuranza ka wunene gakwe ku tsamile kala kupinzuka.

14 Ni ku mana Israeli a hunza a tsemakanya xikari ka gona ;—hakuba kuranza ka wunene gakwe ku tsamile kala ku pinzuka :

15 Kanilezi i lo hoxa Faro ni yimpi yakwe lomu Bimbini go *T*ruka ;—hakuba kuranza ka wunene gakwe ku tsamile kala ku pinzuka ;

16 Ka yena loyi a nga rangela banhu bakwe ba tsemakanya xiwuleni ;—hakuba kuranza ka wunene gakwe ku tsamile kala ku pinzuka.

17 Ka yena loyi a tsobileko tihosi ta hombe ;—hakuba a kuranza ka wunene gakwe ku tsamile kala ku pinzuka.

18 A dayako tihosi ti dumileko ;—hakuba kuranza ka wunene gakwe ku tsamile kala kupinzuka.

19 Sihoni a hosi ya m'a Amoriti ;—hakuba kuranza ka wunene gakwe ku tsamile kala kupinzuka.

20 Na Ogi a hosi ya le Baxani ;—hakuba karanza ka wunene gakwe ku tsamile kala kupinzuka.

21 Ni ku nyika matiko ya*b*ye ku maha tsomba ;—hakuba kuranza ka wunene gakwe ku tsamile kala ku pinzuka ;

22 Hambu a tsomba ya Israeli nanza gakwe ;—hakuba kuranza ka wunene gakwe ku tsamile kala kupinzuka :

23 A nga hi alakanyako na hi wutsanweni ga lahasi ga hina ;—hakuba kuranza ka wunene gakwe ku tsamile kala ku pinzuka ;

20

24 Ni ku i hi *klak*lisile le balaleni ba hina;—hakuba kuranza
ka wunene gakwe ku tsamile kala ku pinzuka:

25 A nyikako *z*a kuga ka nyama yon*k*le;—hakuba kuranza ka
wunene gakwe ku tsamile kala ku pinzuka;

26 O nyikani kubonga ka Nungungulu wa tilo; Hakuba kura-
· nza ka wunene gakwe ku tsamile kala ku pinzuka.

Siku 31,   ZIKATEKISO.

Bakatekile *z*isiwana moyeni: hakuba ngwa*b*ye mufumu wa
le tilweni.

Bakatekile laba ba rilako: hakuba ba ta miyetiwa.

Bakatekile laba ba rulako: hakuba ba ta ga tsomba ya
misaba.

Bakatekile laba ba nga ni n*d*lala ya *z*olulama ba na tora ga
zona: hakuba ba ta xuriswa.

Bakatekile laba ba nga ni wuxinji; hakuba ba ta mahelwa
wuxinji.

Bakatekile laba ba ku basa timbilu: hakuba ba ta wona Nu-
ngungulu.

Bakatekile laba ba lamulako: hakuba ba ta bitanwa bana-
na ba Nungungulu.

Bakatekile laba ba xanisekako hi kota ya kululama: hakuba
mufumo wa le tilweni ngwa*b*ye.

Mu kutekile loku ba mu rukatela, ba mu xanisa, ba wula ka
*n*wina ton*k*le tixaka ta kubiha ni mawunwa, hi kota ya mina.

Hlakanani, mu nengela nguvu: hakuba ncacazelo wa *n*wina
ngwa hombe tilweni: hakuba le*z*o ba lo ba xanisa bona bapro-
feti laba *b*a mu rangeleko.